RE++ 融媒体版

入眼 · 入脑 · 入手 · 易教 · 乐学

高等职业教育公共基础课系列教材

人际沟通

RENJI GOUTONG

陈志平 /主　编

王　慧　刘　婷　李子钰 /副主编

北京师范大学出版集团
BEIJING NORMAL UNIVERSITY PUBLISHING GROUP
北京师范大学出版社

图书在版编目(CIP)数据

人际沟通 / 陈志平主编 .—北京：北京师范大学出版社，2021. 1
ISBN 978-7-303-26376-9

Ⅰ. ①人… Ⅱ. ①陈… Ⅲ. ①人际关系学－高等职业教育－教材 Ⅳ. ①C912. 11

中国版本图书馆 CIP 数据核字(2020)第 188008 号

营销中心电话 010-58802755 5880035
北师大出版社职业教育分社网 http://zjfs. bnup. com
电子信箱 zhijiao@ bnupg. com

出版发行：北京师范大学出版社 www. bnup. com
北京市西城区新街口外大街 12-3 号
邮政编码：100088
印　刷：保定市中画美凯印刷有限公司
经　销：全国新华书店
开　本：787 mm×1092 mm 1/16
印　张：14. 75
字　数：228 千字
版　次：2021 年 1 月第 1 版
印　次：2021 年 1 月第 1 次印刷
定　价：38. 00 元

策划编辑：鲁晓双　责任编辑：杨磊磊　宋　星
美术编辑：焦　丽　装帧设计：焦　丽
责任校对：康　悦　责任印制：陈　涛

目　　录
CONTENTS

绪 论

获得诺贝尔和平奖的特蕾莎修女曾说：“除了贫穷和饥饿，世界上最大的问题就是孤独和冷漠……孤独是一种饥饿，是期待温暖爱心的饥饿。”人是一种社会性、群体性动物，人的社会性决定了人类社会活动的必然存在以及在交往活动中人与人之间必然形成人际关系。人际沟通作为一种社会行为是人际关系的必然需求。人际沟通，是人与人之间复杂的联系过程，是人与人之间通过相互交往、相互作用和相互影响而建立人际关系的社会活动。有了人际沟通，人际关系才得以形成和发展。

本书根据人际关系和人际沟通交流活动的基本过程和规律，具体介绍人际沟通和人际交流的基本原理、目标、原则、形式等知识，并通过案例分析、实践操作等方式强化操作技能。本书是一本融合媒体教材，开发制作了配套微课资源，帮助学生更深刻地理解重难点知识。

本书可以作为职业院校就业指导与人际沟通的公共课教材和国家开放大学(中央广播电视大学)开放教育专业通识课程教材，亦可以作为企事业单位岗位培训教材以及一般读者学习人际关系与沟通的参考书籍。

一、 本教材概述

（一）本教材的主要特点

1. 通识性

作为一门通识课程的教材，本教材在编写过程中首先关注教材内容的通识性，即从形成良好的人际关系的角度出发，介绍人际关系与人际沟通的关系、人的身心发展的规律和影响人的身心发展的因素，旨在通过人际沟通能力的培养，提高学习者的社会适应能力，建立良好的人际关系，实现人的身心和谐发展，使学习者成为全面发展的社会人。

2. 实用性

本教材在编写过程中注重内容的实用性和可读性，减少对理论性较强的内容的阐述，从生活实际出发，立足学习者的需要，对人际关系与人际沟通的基础理论、基本知识、基本技能等与学习者生活、学习、工作息息相关的内容进行阐释，并融入典型案例，使学习者易于理解和接受。

3. 针对性

从学习者在学习、生活、工作中所处的不同人际关系类型需要的不同沟通方式出发，针对实际存在的困惑和问题，本教材在介绍理论知识的同时，融入情感与思维方面的内容，关注行为背后的心理活动与思维方式，更有针对性地解决实际问题。

4. 易学性

本教材在编写体例上注重对知识点的清晰呈现，在各章之前的“学习目标”中，对需要掌握的知识点从了解、理解、掌握不同层次提出了具体的要求。“项目一”至“项目七”每部分内容的最后设置了“案例分析”和“训练项目”，使学习者在自主学习的同时也能够清楚地知道各部分的学习重点和难点。在学习后通过“案例分析”和“训练项目”促进学习者对知识点的巩固，并了解自己对所学内容的掌握情况，进而及时调整自己的学习策略和学习进度。

（二）本教材的结构与体系

本教材由绪论、认识本原、人际沟通、家庭沟通、学校沟通、职场沟通、商务沟通、网络沟通八个部分构成。本教材以学习者应用能力的培养与提高为主线，依照人际关系形成与人际沟通活动的基本过程和规律，结合知识要点，突出技能训练，循序渐进地进行讲解。本教材通过案例分析和讨论等方式，让学习者将所学的知识运用于社会实践当中，“以学促做、以做践学、学做结合”，不断提高人际交往和人际沟通的能力。

“绪论”主要介绍了本教材的特点、结构、体系及基本要求，人际关系与人际沟通所涉及的相关概念等基本内容。

“项目一”及“项目二”主要介绍了人际关系及人际沟通的含义、要素等基本知识，是全书的基础。

“项目三”至“项目七”分别介绍了在具体情境中处理不同人际关系时的人际沟通状况，分析解决了一些现实中存在的纷繁复杂的沟通问题，帮助学习者适度把握并有效应对各种人际关系，提高学习者在学习及工作实践过程中的人际沟通能力，培养良好的沟通习惯及态度，提高学习者的社会适应能力，以便建立良好的人际关系。

（三）学习本教材的目的与要求

对于本教材的学习者而言，学习的基本要求是在了解人际沟通相关理论的前提下，注重理论联系实际，通过学习，不断提高自身的综合素养，养成良好的沟通习惯，建立良好的人际关系。

首先，了解和掌握人际关系和人际沟通的基本内涵、人际沟通的基本规律和影响因素，并形成在现实生活中主动运用人际沟通技巧的意识。

其次，掌握人际沟通的理论知识和应用策略，积极参加课堂讨论及课后实践，自觉提高人际沟通能力。

最后，在学习的基础上，理论联系实际，科学、合理地运用沟通理论和技巧，针对人生成长及职业发展的不同阶段进行合理的应用，不断提高自身的综合素养与生活品质，建立良好的人际关系，从而不断促进自己的职业发展，健康、快乐地生活。

（四）学习本教材的方法

了解本教材的多媒体教学资源配备情况，并对文字教材的体系和主要内容做全面了解。

制订自主学习计划，合理安排好学习时间并按照计划进行学习。根据计划合理安排和处理学习与工作、生活的相互关系。

循序渐进地分任务系统学习。最佳的学习顺序就是从绪论部分开始，然后按照章节的安排系统地逐步进行学习。

结合对文字教材的学习，认真分析、研究本教材的教学大纲和考核说明。

处理好系统学习与重点学习的关系。学习者在全面系统学习的基础上，应当掌握基本知识、基本理论、基本方法，切忌在没有全面学习教材知识的情况下孤立地学习重点知识。

在学习本教材时，注重理论联系实际，在学习、生活、工作中不断培养和提高自己人际沟通的素养与能力，建立良好的人际关系，以更好地适应职场、适应社会，更快乐地工作与生活。

二、 人际关系与人际沟通

人际关系是一种静态的表述，人际沟通则是一种动态的表述。在研究重点上，人际关系侧重于研究在人际沟通过程中形成的关系，而人际沟通则侧重于研究人际关系形成的程序与形式。

两者相互依赖，人际沟通是人际关系实现的前提和基础，人际关系是人际沟通的起点和依据。人际沟通的状况决定了人际关系的状况，人际关系的发展和变化往往是人际沟通的结果，人际沟通的效果与人际关系的发展程度成正比；人际沟通又是人际关系在行为上的反映，人际关系的好坏又影响和制约着人际沟通的广度、深度及发生频率，决定人际沟通的内容和性质。由此可以看出人际关系与人际沟通是辩证统一的关系。

三、 人际沟通与人的发展

人际沟通是人的全面发展的现实需要，人的全面发展又是促进人际沟通良性开展的基础，两者相辅相成。

人际沟通是个人社会化的起点和必经之路。人的社会化是指人接受社会文化、成长为社会人的过程。即指个人学习社会知识、生存技能和文化，从而取得社会生活的资格，开始发展自己的过程。社会化是人类特有的，是只有在人类社会中才能实现的。个体的社会化过程有赖于个体与社会的相互作用，有赖于个体参加社会实践活动。这就需要个体间的相互协调合作，即人际沟通。人的成长、发展与沟通密不可分。21 世纪是资源、财富共建共享的时代，要想共同发展，其关键就是合作，这就需要同他人的沟通和联系，建立关系，从人际关系中得到信息、机遇，帮助个人更快地成长。

人际沟通是协调社会关系、形成社会合力的纽带。良好的社会环境，能促进个体良好的个性品质的形成，对个体不断发展、完善自我起着至关重要的作用。

每个人的生命只有一次，掌握人际沟通的技巧、建立良好的人际关系正是为了有意义地生活，为了有价值地生存，为了能够快乐地工作与生活，畅享美好人生。拥有高位、健康的情商，妥善控制与释放情绪的能力，掌握良好的人际沟通知识和技能是个体全面发展的基石，是实现职业进步、生活和谐、自我不断完善与升华的现实需要。

PROJECT1

项目一
认识本原

PROJECT 1

认知目标

掌握人际关系及人际沟通的含义、特点，了解人际沟通的历史变迁；深入理解沟通的要素和过程。

素养目标

理解沟通的各个环节，分析可能出现的问题，有效提高沟通能力。

运用目标

掌握人际关系和人际沟通的基本内涵、跨文化沟通的差异性，并将其在实践中加以运用。

任务导入

颜回攫食

《吕氏春秋·审分览·任数》记载了这样一个故事：孔子和众弟子周游列国，行至陈国和蔡国之间的某地，遍地饥荒，七天颗粒未进。一天，颜回好不容易要到了白米煮饭，他让众人休息，自告奋勇地忍饥做饭。在饭将熟之际，饭香飘出，孔子看见颜回掀起锅的盖子，看了一会儿，便伸手抓起一团饭来，匆匆塞入口中。孔子见到此景，又惊又怒，一向最疼爱的弟子，竟有这等行径。读圣贤书，所学何事？学到的是偷吃饭？因为生气肚子也就饱了一半，孔子懊恼地回到大堂，沉着脸生闷气。没过多久，颜回双手捧着一碗香腾腾的白饭来孝敬恩师。

孔子气犹未消，起来说："刚刚我梦见父亲，这一锅米饭还没动过，拿来供奉先人之后我们再吃。"颜回说："不，这些饭无法敬奉先人，我已经吃过了。刚才我掀开锅盖，想看饭煮熟了没有，正巧落下一片炭灰，我怕坏了整锅饭，赶忙一把抓起，又舍不得那团饭粒，就顺手塞进了嘴里……"

至此孔子方大悟，原来不只耳听之事未必正确，有时竟连亲眼所见之事，都有可能造成误解。于是他欣然接过颜回的大碗，开始吃饭。

想一想

若眼见都不一定为实，还有什么办法来化解误会？

人们在社会生活中相互依存，通过相互沟通，形成一定的人际关系。良好的人际关系的形成，需要良好的沟通作为基础。

一、 知识储备与拓展

人际关系

（一）人际关系

人际关系是一种较为复杂的社会现象，不同的学科对人际关系的理解角度和程度也不尽相同。社会学认为，人际关系是指在社会关系总体中人们的直接交往关系。

社会心理学认为，人际关系是在社会生活和实践过程中，个体所形成的对其他个体的一种心理倾向及相应的行为，是通过交往而形成的人与人之间的心理关系。这种关系是由两个或者更多相互依存和相互作用的人组成的，指个人或团体彼此寻求满足的心理状态。行为科学认为，人际关系是人们社会关系的一种形态，指人与人之间相互联系、相互影响和相互作用的状态。

综上所述，人际关系就是人们在社会生活的交往中形成的关系。人际关系的概念主要包含三个层次的内容。

互动性。人际关系不是一种虚无的关系，它存在于人与人之间的现实沟通中，是人际沟通的实质，表现为人们之间的思想和行为的互动过程。

情意性。人是有情感和意志的，因此人际关系是现实生活中有情感、有意志的人之间所形成的一种沟通关系，即人际关系包含情感和意志等因素。

社会性。人是社会的产物，人不能离开社会而生存。社会性是人的本质属性，是构成人际关系的基本内涵之一。人际关系是社会交往的联结点。随着社会生产力的发展和科学技术的进步，人类活动的范围不断扩大、频率逐渐增加、内容日趋丰富，人际关系的社会性也随之不断增强。

1. 人际与人际关系

人际是指人与人之间的交际和交往。人际关系是人们在社会交往中形成的各种心理关系和行为关系的总和，它属于微观关系，与个体及社会行为直接联系，以感情心理为基础。人际关系不具备强制性和契约性，其最大特点是自由性和私人性。

2. 人际关系的层次和范围

第一层——不构成联系。

这一层次，即我们通常所说的点头之交。这一层次的人际关系基本不存在交流，彼此之间只是打打招呼，如便利店的店员、快递员、送餐员等。在这一层次的关系中，人们相互之间保持着相对的独立性，同时也能够更好地做到相互尊重。

第二层——分享基本信息。

在这一层次的人际关系中，人与人之间会分享，但仅限于一些关于个人的基本信息、不受社会义务约束的信息、简单的工作信息等，彼此仍然没有观念、思想、情感的交流，如工作的交接、与在某项专业技能培训的过程中接触过的人的交往或者某种非正式的友谊等。此类关系中人与人之间的陌生感已经减少，他们能彼此礼貌地交谈诸如天气、新闻等内容，但相互之间依然是相对独立、无交流、无影响的。

第三层——情感舒适状态。

在这一层次的人际关系中，双方有了观点、思想的交流，并且有了通过更多的交流来丰富自己，且在对方那里获得认可和尊重的渴望。这一层次的关系诸如同事、客户以及其他专业合作伙伴等。这一层次的人际关系开始出现“冲突的墙”，既阻碍关系向更高层次发展，同时也为关系的互动和增进提供了机会。

第四层——拥有共同的利益、目标。

跨越情感的舒适状态，突破“冲突的墙”后，达到更深层的关系，关系双方拥有共同的利益、目标等，因为这种一致性使情感的交流加深，彼此开始以朋友来定位这种关系。

第五层——稳固的深层次联结。

对于经过长时间的交往沉淀下来的相对稳固的关系，关系双方在观念、思想、情感等方面都达成了一致或互补，彼此达到深度自我开放，关系牢固。

3. 人际关系的基础

人际关系的基础是交往。不同学科对交往这一概念的理解有所不同，心理学上的交往指人与人之间的心理接触或直接沟通，彼此达到一定的认知；社会学上的交往主要指特意完成的交往行为，通过交往行为形成特定的社会联系；语言学上的交往主要用来表明信息交流；哲学上的交往是指人所特有的相互往来关系的一种存在方式，即一个人在与其他人的相互联系中形成的一种存在方式。

总的来说，交往，即相互往来，是指由于共同活动的需要而在人们之间所产生的相互联系的复杂和多方面的过程。

人类的一切人际关系都离不开人际交往，交往是人类特有的存在方式和活动方式。交往始于物质生产活动，又不仅仅存在于物质生产活动中，它是以物质交往为基础的全部经济、政治、思想文化交往的总和。没有人际交往就没有彼此的认识，没有彼此的认识也就没有彼此的了解，就更谈不上彼此交流思想、获得稳固的关系。因此，交往属于人与人之间的社会关系，人是交往的主体，交往双方不仅要承认自己是交往的主体，同时要承认他人也是交往的主体，交往是一种以主客体关系为中介的主体与主体之间的关系。

（二）人际沟通

人际沟通

1. 人际沟通的本原

(1)沟通的含义

沟通，本意指开沟使两水相通，后指两方彼此连通。古往今来，对于沟通的概念有多种解释，从一般意义上来讲，沟通就是指信息发送者借助一定的媒介或渠道将想要表达的信息发送给既定的接收者，并寻求反馈以达到信息的共享或交流的过程。

沟通不是人类所特有的现象。人类社会以外的自然界存在沟通现象，动物界也存在沟通现象。

(2)人际沟通的含义

在社会交往的过程中，狭义的人际沟通是指以符号、记号为媒介实现的社会行为的交互作用，即人们在互动过程中通过某种途径或方式将一定的信息传递给接收信息的人；广义的人际沟通则是指人类的整个社会互动过程，是人与人之间、人与群体之间用视觉、听觉符号系统等，如语言、文字、图像、记号等，彼此传递知识、观点、愿望，交流思想、情感和兴趣以达成一致和感情畅通的过程，也是一种信息沟通的过程。在这里，人们不仅交换观念、思想、知识、兴趣、情绪等信息，而且还交换相互作用的个体的全部社会行动。人际沟通是形成人际关系的手段，人际沟通是人类沟通中重要的沟通之一 。人们通过人际沟通与社会环境相联系，同时又由这种沟通构成紧密联系的社会环境。人际沟通就像人体内的神经系统遍布于社会有机体，并为整个机体服务，也像血液流经人的心血管系统一样流过社会系统，为整个有机体服务。

(3)人际沟通的基本要素

人际沟通是一个互动的过程，沟通过程是由各种要素组成的一个信息的流动过程。信息的发送——接收——反馈构成了沟通过程。沟通过程会受到发送者信息编码的准确性、周围环境、传递渠道、接收者解码的准确性的影响。具体过程见图 1-1。

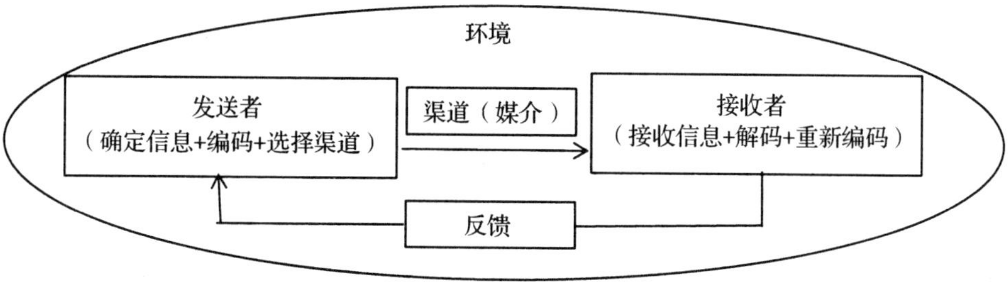

图 1-1　沟通过程示意图

由此可见，构成人际沟通的要素主要有发送者、信息、接收者、渠道、反馈及环境。

发送者，是信息的收集、加工、传递和接收反馈者。发送者是发送信息的主体，可以是个人、群体、组织、国家。

信息，是沟通活动能得以进行的最基本的因素，是沟通的灵魂。经过编码的信息，就是发送者根据接收者的理解能力，综合考虑沟通的渠道和媒介因素，使用语言或非语言符号表达出的内容。信息只有在表现为符号时才得以传达、实现。语言符号用于表示某一种特定事物或思想，通常指用来进行口头和书面沟通的词语。非语言符号是指面部表情、手势、姿势、语调和外表等。人们赋予非语言符号特定的含义，如哭泣表示伤心或激动，皱眉表示疑虑或愤怒，双手环抱表示自我保护或抗拒等。

接收者，是信息传递对象。接收者在接收传递信息的同时，也将新的信息注入其传递的信息中，并且反馈给信息发送者。

渠道，是信息经过的路线，是信息得以传递的物理手段和媒介，是连接发送者和接收者的桥梁。在面对面的沟通中，渠道主要依靠听觉和视觉，除了语言的直接表述之外，还有其他渠道如利用非语言符号握手（接触）、着装（视觉）、尊敬的语气（声音）等，渠道的主要任务是保证沟通的双方信息传递所经过的线路畅通。非面对面的沟通，则可以借助信件、电话等个人媒介，以及报刊、书籍、广播等大众沟通媒介。

反馈，是接收者接收发送者所发出的信息，通过解码分析采取一定的行动，同时将产生的反应加以编码回传给发送者。此时，接收者充当的是信息发送者的角色，原信息发送者此刻便成为接收者。在沟通中，反馈是非常重要的一环，它可以使沟通双方确定信息内容是否有效传达。在沟通中参与的人数越少，反馈的机会就越多；

参与的人数越多，反馈的机会就越少。接收者的反应与发送者的意愿相同，就会达成有效沟通。

环境，是指沟通发生的特定自然或人文环境。环境中包含一定程度的“噪声”，即对信息的干扰。噪声往往会增强信息编码、解码中的不确定性，导致信号在传送和接收时失真，从而模糊、干扰信息发送者的意图，造成沟通不畅。

(4)人际沟通的类型

按不同分类标准，人际沟通有多种类型。

从信息的流向来看，人际沟通主要分为单向沟通、双向沟通和多向沟通。单向沟通是指信息的流动是单向的，即信息的发送者和接收者是固定的。双向沟通是指沟通双方相互交流信息，每一方既是接收者，又是发送者。多向沟通则是指一种全开放式的沟通网络，其信息交流是多向的。

从人际关系的层次性来看，人际沟通主要分为上行沟通、下行沟通和平行沟通。上行沟通即自下而上的沟通，是群体和组织决策层及时而准确地了解内部运行状况、成员意见或意愿，以便做出正确决策的主要环节。下行沟通是一种自上而下的沟通，具体来讲，是指决策部门的指示、命令、决议等逐级或直接下达到各级成员的一种交流形式。平行沟通又称桥式沟通，意指组织或群体中的同级机构之间的和成员之间的横向沟通。这种沟通的功效在于可以调整组织或群体之间及其成员之间的关系，减少摩擦和冲突，增进相互间的合作。

从沟通的途径来看，人际沟通主要分为直接沟通、间接沟通、正式沟通和非正式沟通。直接沟通指不经过任何中间环节，当事者双方直接进行的信息交换和意见沟通。间接沟通指沟通双方不直接接触，需要借助第三方这一中间环节实现的信息交流。正式沟通指在一定的组织系统中，通过明文规定的渠道进行的信息传递与交流。非正式沟通又称小道消息，指在正式组织系统外进行的信息传递与交流。

从沟通的行为、方式及所借助的媒介来看，人际沟通主要有语言沟通和非语言沟通。语言沟通是指以词语符号为载体实现的沟通，主要包括口头沟通、书面沟通等。非语言沟通则是通过与语言无关的途径，如听觉、视觉、嗅觉、触觉等传递信息，主要包括肢体动作、神态、语调等。

从沟通的物质条件来看，人际沟通主要分为现实沟通和虚拟沟通。现实沟通是沟通双方对对方的身份和角色都有比较清楚的认知的沟通，其最普遍的形式是面对面沟通。虚拟沟通也叫网络沟通，是随着互联网的发展而出现的一种沟通形式，是指沟通双方对对方的身份和角色并没有真实了解的一种沟通形式。在互联网中，人们往往脱离实际而扮演某种角色，因此沟通双方主要依靠主观感受和想象建立沟通过程。

(5)人际沟通的功能

人际沟通普遍而广泛地存在于我们生活的各个层面：人们为了满足社会性需求和维持自我感觉而沟通；为了发展和维持关系而沟通；为了分享资讯和影响他人而沟通。由此可以看出，人际沟通具有心理、社会和决策功能。

心理功能。主要是通过人际沟通来实现满足社会需求、肯定自我的心理需求的功能。人是一种社会性动物，需要与他人相处。人们通过人际沟通获得与他人相处的机会，满足彼此互动的需求及达到表达自我及肯定自我的目的。

社会功能。主要是通过人际沟通发展、维持与他人的关系。借助沟通，关系才能得以发展、改变或者维系下去。

决策功能。我们每时每刻都在做决策，无论是午饭的选择、休闲方式的选择，还是在接人待物中语气神态的选择，都是在做决策。人际沟通满足了决策过程中的两个功能，一是促进资讯交换，二是影响他人。正确和适时的资讯对做出有效决策是至关重要的。

2. 人际沟通面面观

(1)人际沟通的历史变迁

人类沟通本身经历了一个漫长的发展历程，并演化出四个不同的历史发展阶段：口语交流阶段、文字传播阶段、印刷传播阶段和电子传播阶段。

①口语交流阶段。人类张嘴说话，口语成为将声音与周围环境、事物等联系起来的符号。经过漫长的沟通实践，人们形成了较为稳定、丰富的声音符号系统。口语加速了人类沟通的步伐，也提升了人类思维的水平。这个阶段，除了语言，人类还同时使用着非语言方式进行沟通，如手势、记号、图形等。

②文字传播阶段。人类发展迈向了高级阶段。关于文字的产生，中国传统文化主张“书画同源”，甲骨文就是中国的一种古代文字。文字的使用，突破了沟通时间和空间的限制，更摆脱了依附于人身体的沟通方式，使沟通的信息可以固化在身体之外，能够长期保存、积累和传承，同时也大大拓宽了沟通的广度和深度。

③印刷传播阶段。印刷传播阶段大幅提升了沟通传播的效率，优化了人工抄写

成本高、规模小、效率低的诸多问题。15 世纪中期，中国的印刷术与西方近代技术变革产生火花，金属活字印刷术应运而生，信息沟通进入批量生产和复制时代，知识、信息得到较为广泛的普及，不再为少数人所掌握，为沟通带来空前的便利，同时更推动了文化教育的发展。

④电子传播阶段。电子传播实现了沟通的“天涯若比邻”。从有线电子传播电报、电话到无线电报、无线广播，到今天的移动通信、互联网，它们不仅改变了人类沟通的历史，更改变了人们的生活方式。信息沟通的瞬时性使沟通变得异常便捷和频繁，人们的沟通欲望被大大激发。得益于新媒体的迅捷之余，传统的纸笔沟通则更显得用心和难得。

(2) 人际沟通与文化传承

马塞拉认为，文化就是为了提升个人和社会的生存能力，增强适应能力，以及保持他们的成长和发展，一代一代传承下来。人际沟通与文化传承有共同的纽带，即符号化。沟通的符号化使文化传承变成现实。人类在长期的沟通中积累下来的用于发送、接收、储存等的符号系统使得沟通的能力更为发达，也使得文化得以传承。

在所有的沟通符号化中，文字对于将语言、沟通、文化固化并传承下来的作用举足轻重。文字突破语言沟通的时空限制，拓宽了沟通的延展性，使人们需要沟通的内容可以“传于异地，留于异时”。文字出现之前，人类的历史文化主要是以口口相传的方式来进行的，如史诗、传说等，如果会唱史诗的人去世，记录也多半被中断了。又如生产生活经验、技艺，通过口耳相传无法完好地被固化，易于流失。文字的产生为记录人类历史、传承文化提供了固化的手段，人际沟通不仅可以超越时空，而且可以使文化得以积淀传承。

3. 公共文化视野下的人际沟通

2017 年 3 月正式施行的《中华人民共和国公共文化服务保障法》将“公共文化服务”定义为“由政府主导、社会力量参与，以满足公民基本文化需求为主要目的而提供的公共文化设施、文化产品、文化活动以及其他相关服务”。从通俗意义上来讲，公共文化实际指的是政府或社会力量为培育国民文化素质而提供的文化消费或消费文化的便利条件。从广义上来看，公共文化包括供文化生活的场地、设备、产品、活动等，以及由此提供的内容。从狭义上来看，公共文化包括文体活动场馆、街道服务中心、各式书屋、公共文化展示、广播电视等提供的内容。与我国公共文化的含义不同，西方学术体系下提出的“公共文化”指的是一种作为公共现象出现的文化。

围绕公共文化这一概念，在提供与接收公共文化服务过程中形成的人际关系，也是具有中国特色的一种人际关系。在这种关系中，政府及社会力量作为服务的提供方，需要承担统筹协调、共建共享的职责。公民则在享受服务的同时，也承担着传承中华优秀传统文化，弘扬社会主义核心价值观的职责，以期实现增强文化自信，促进中国特色社会主义文化繁荣发展，提高全民族文明素质的共同目标。

二、 情绪和情感与思维在沟通中的体现及影响

（一）情绪和情感

情绪主要指感情过程，也就是个体的需要与当下的情境相互作用的过程，如高兴时欢呼雀跃、难过时声泪俱下。情绪具有较大的情境性、激动性和暂时性。当个体的需要得以满足时，相应的情绪会减弱甚至消失。情感则是具有稳定、深刻和持久的社会意义的感情，如对英雄的崇敬、对自然美景的欣赏等。

情绪和情感有所不同，同时又相互依存、不可分离。情感在情绪的基础上形成，并且通过情绪来表达。情绪也离不开情感，情绪的变化反映着情感的深度，情绪中蕴含着情感。

我们在日常生活中经常提到的高兴、悲伤、喜爱、欣赏等，都是情绪和情感的部分体现，并且在不同的时间、不同的心境下，情绪和情感还会有起伏变化。每个人在社会生活中都要与他人交往，我们所表现出的这些情绪和情感对人际沟通有什么影响呢？在回答这个问题之前，我们需要先了解什么是情绪和情感。

情绪和情感是人对客观事物的态度体验及相应的行为反应。情绪是以个体的愿望和需要为中介的一种心理活动。当客观事物或情境符合主体的需要和愿望时，个体就会产生积极、肯定的情绪和情感。当客观事物或情境不符合主体的需要和愿望时，个体就会产生消极、否定的情绪和情感。

（二）情绪和情感在人际沟通的影响

情绪和情感是个体适应社会、生存和发展的一种重要方式，如遇到危机时大声呼救，婴儿饥饿或难受时哭泣等①。通过各种情绪和情感的表现，我们可以了解自身

① 彭聃龄：《普通心理学》，365页，北京，北京师范大学出版社，2007。

以及他人当下的状况，尤其与他人沟通时，我们需要时刻观察对方的情绪状况，选择适当的言辞及沟通方式。

情绪和情感在人际沟通时还具有传递信息、互通思想的功能。情绪的外部表现——表情是这种功能的实现方式。表情是思想的信号，如皱眉表示反对或发愁，微笑表示认同或赞赏等。

人际关系存在依赖与独立两种形式。依赖的表现是，当一些心理需求或现实需求无法自我满足时，需要借助他人的力量来满足自己的需求。例如，有的人在工作中遇到困难，觉得自己无法解决，于是寻找更有能力或经验的同事帮忙；有的人忙于家庭和工作，想要平衡两者却把自己弄得特别累，这时他就会对伴侣、孩子、父母、朋友等产生依赖的需求，希望他们可以分担自己的辛苦，并且给予自己关怀。而独立的表现与之相反，独立是通过自身努力满足自己的心理需求和现实需求。例如，当所有人都看不起自己时，给自己鼓励；当遇到不顺心的事情时，更多通过自己的思考来缓解情绪及解决问题。独立的人会把更多时间留给自己，而不是向他人倾诉。

人与人之间之所以能产生关系，其实就是独立与依赖综合后产生的结果。这里我们可能会有疑问，依赖好还是独立好？这两者不能按好坏来区分，而是结合来看，我们应敢于依赖，也敢于独立，不怕冲突。实际上，关系必备的三要素就是依赖、独立和冲突，缺一不可。依赖关系中自己向对方投入更多情感，独立关系中自己向自己投入更多情感，而冲突通过情绪表现出来。人际关系的发展，在不同的阶段体现不同的依赖、独立、冲突关系，两个人在初识磨合期会有愤怒与失望的情绪，在这个时期相互寻找独立与依赖的边界，冲突是两个人在关系长期发展中的必经之路，通过冲突不断改善人际关系。

（三）情绪 ABC 理论

情绪 ABC 理论

人的身心健康离不开良好的情绪调节，而情绪调节不良或失调会破坏身心健康。有研究表明，某些认知策略，如认知评价上的忽视，可以预防或减轻抑郁。良好的情绪调节可以使表情行为减少，情感体验降低，从而减轻焦虑等负性情绪对人们的不良影响，这样做有益于身心健康。反之，不良的情绪调节不利于身心健康。例如，长期压抑悲伤的情绪或哭泣，容易引起个体呼吸系统的疾病，甚至支气管疾病或癌症。

我们该如何更好地调节自己的情绪呢？常见的方式有深呼吸或者选择适当的方式宣泄等。这里介绍一种能够帮助我们调节情绪的好办法——情绪 ABC 理论。

情绪 ABC 理论由美国心理学家埃利斯创立，A(activating event)代表诱发性事件，B(belief)代表认知和评价而产生的信念，C(consequence)代表情绪和行为结果。该理论认为，诱发性事件 A 只是引发情绪和行为结果 C 的间接原因，认知和评价而产生的信念 B 是引发 C 的直接原因。即人的消极情绪和行为障碍结果(C)，不是某一诱发性事件(A)直接引发的，而是经受这一事件的个体对它不正确的认知和评价所产生的错误信念(B)直接引发的，其中错误信念也被称为非理性信念。

通常人们会认为诱发性事件 A 是情绪和行为结果 C 产生的直接原因，发生了什么样的事就会引发什么样的情绪体验。然而，你会发现面对同样一件事，不同的人会产生不同的情绪体验。不同的人经历同样的刺激事件 A，可能会产生不一样的结果 C1 和 C2。在同一情境 A 下，不同的人的理念以及评价与解释 B1 和 B2 不同，会得到不同的结果 C1 和 C2。因此，情绪 ABC 理论认为情绪的发生源于我们对事件的想法、解释和评价等，正是我们常有的一些不合理的信念才使我们产生情绪困扰。如果这些不合理的信念长期存在，还会引起个体的情绪障碍。

例如，同宿舍两个同学考研究生，结果两个人都没考上。一个人重整旗鼓，寻找工作，另一个人悲痛欲绝，不知未来的方向。两个人的表现为何如此大相径庭？就是因为两个人对考研失败的看法或解释不同。一个人认为考不上可以先工作，明年继续努力再考一次，而另一个人则认为自己付出了很多却得到失败的结果，无法接受现实，没有想过失败后应该如何应对。

两种不同的想法就会导致两种不同的情绪和行为反应。前者通过自我激励，重拾自信，乐观面对，找到未来的方向；后者可能忧心忡忡，以至于无法冷静下来思考毕业后的道路。从这个简单的例子中我们就可以看出，人的情绪及行为反应与人们对事物的想法、看法有直接关系。这两个人的信念，前者为合理的信念，后者为不合理的信念。合理的信念会引起人们对事物适当、适度的情绪和行为反应；不合理的信念则相反，往往会导致情绪和行为障碍。有的人坚持某些不合理的信念，长期处于不良的情绪状态之中，最终导致情绪障碍的产生。

当你遇到不开心的事情时，或已经出现消极情绪时，不妨运用一下情绪 ABC 理论，问问自己，是什么原因导致的情绪不良。是事件本身，还是自己对这件事的解释不合理，还是自己把事情想得太严重了等。让我们遇事换种想法，或许就能换个心情!

（四）思维——跨越沟通的迷思

思维是一个认知过程，在这一过程中，我们的大脑运用从感觉、情绪、记忆等方面获得的信息来创造和操控诸如概念、表象、图式和脚本这样的心理表征。对这些心理表征的认知的基本建构单位，思维会依据意义对它们进行组织，最终形成推理、想象、判断、决策、问题解决等思维过程。思维是人类所具有的高级认知活动。按照信息论的观点，思维是对新输入的信息与脑内已储存的知识经验进行一系列复杂的心智操作的过程。

思维可以从不同的角度进行分类①，此处列举三种分类。

1. 直观动作思维、形象思维和逻辑思维

根据思维任务的性质、内容和解决问题的方法，思维可分为直观动作思维、形象思维和逻辑思维。

(1)直观动作思维

直观动作思维也被称为实践思维，指处理直观形式的思维任务，运用实际的动作解决问题的思维活动。例如，当汽车出现故障，不能正常行驶时，人们需要通过检查相应部件来寻找问题的原因，才能确定是发动机超负荷，还是气缸压力不足。这种通过实际操作解决直观具体问题的思维活动，就是直观动作思维。

3 岁前的幼儿只能在动作中思考，他们的思维基本上属于直观动作思维。他们在玩玩具时，反复进行拆开和重新组合的动作，当动作停止后，他们的思维也就停止了。成人有时也会运用表象和动作进行思维，但直观动作思维的水平要比幼儿的水平高。例如，数学家阿普顿刚到爱迪生研究所时，爱迪生给他一个试验用的灯泡，要求他计算出灯泡的容积，以此考察他的能力。一小时过后，爱迪生去检查，发现阿普顿正忙着测量计算。爱迪生说："要是我，就往灯泡里灌水，然后将水倒入量杯，就知道灯泡的容积了。"在这个问题上爱迪生运用的便是直观动作思维。

(2)形象思维

形象思维是人们利用头脑中的具体形象来解决问题的思维活动。例如，我们开车或坐车去某个地方办事，事先会在头脑中想出可以到达目的地的路线，经过分析

---

① 彭聃龄:《普通心理学》，248～249 页，北京，北京师范大学出版社，2007。

与比较，最后选择一条最佳路线，这样的思维就是形象思维。形象思维在问题解决中有重要的意义，艺术家、作家、导演、设计师等更多地运用形象思维。

(3)逻辑思维

当人们面对理论性质的任务，并要运用概念、理论知识来解决问题时，运用到的思维为逻辑思维。例如，学生学习语文、数学、物理等学科知识，科学家进行某种推理、判断都要运用这种思维。逻辑思维是人类思维的典型形式。

2. 经验思维和理论思维

人们凭借日常生活经验进行的思维活动叫作经验思维。例如，依据多年的生活体验，一提到夏天我们就马上想到热而多雨、植物生长旺盛的景象，这些都属于经验思维。理论思维是根据科学的概念判断某一事物，解决某个问题运用到的思维活动。

3. 辐合思维和发散思维

辐合思维是人们根据已知的信息，利用熟悉的规则解决问题。在我们的工作、生活中，辐合思维运用得最为频繁。例如，学生考试时回答问题、阐明观点；警察根据搜集到的证据寻找案件真相；医生根据病人的各种症状下诊断等。

发散思维是人们沿着不同的方向思考，重新组织当前的信息和记忆系统中存储的信息，产生出大量、独特的新思想。发散思维没有辐合思维使用广泛，而是运用于更具有创造性的事件中。例如，厨师选用不同的食材制作出不同口味的菜式；同一道数学题可以用多种方法解答等。

不同的人因为获取的知识、经验等的不同，善于运用的思维方式也会不同，这样沟通的内容及方式自然不同。在不同的沟通场景下，人们也会选择不同的思维方式与之相适应。例如，教师面对不同时代、不同年级的学生，讲授的课程内容及交流的方式会不尽相同。对待小学生，要多激发他们的发散思维，任由他们想象，引导他们多动脑、多联想；对待中学生，在让他们掌握各科题目核心内容的基础上，要激发他们思考更多解答的方式。面对听话、安静的孩子，用温和、鼓励的方式进行沟通；面对调皮、好动的孩子，要更有耐心地沟通。

三、 实践训练

（一）案例分析

案例 1

为什么她们对我不能像我对她们一样

一位女大学生刚刚毕业进入职场，最近她感觉自己都要崩溃了，原因是无法与同事很好地相处。“我顾忌她们的感受，平时去食堂吃饭，她们有时会让我帮忙带饭回宿舍，我都热情帮助，可是当我感冒了在宿舍休息时，她们不会主动帮我打饭，还得我自己叫外卖。工作时她们需要我帮忙时我都会帮，即使占用个人时间，但是在我有困难时她们不会主动来支援我。我好痛苦，为什么她们对我不能像我对她们一样?”

思考：为什么这位大学生在与宿舍同事的交往过程中有痛苦的情绪？用情绪 ABC 理论如何解释？

分析：

无论是处在学生时代，还是已经工作，在与人交往时都会遇到类似的事情，觉得别人不能理解自己，或者觉得自己不够好，不敢与人交往。我们这些“凭什么”“怎么可以这样”“完了完了”“我必须做好”“肯定不行”等想法都是不合理信念，不同的信念或想法会导致不同的情绪和行为反应。常见的不合理信念有三种：第一种是绝对化要求，如“我一定要成功”“我注定做不到”；第二种是过分概括化，如“我很失败”“我能力不行”；第三种是糟糕至极，如“一切都完了”“人生没有意义”。这些不合理信念会影响我们的情绪，甚至会将我们的生活弄得乱七八糟。

你有没有想过人生还有另一面色彩？不妨运用情绪 ABC 理论，转换不合理信念，将那些“凭什么”“怎么可以这样”换成“我思考一会儿”“我愿意接受”。案例 1 中的女生，不应把自己为人处世的标准安在别人身上，应理解他人也有各自的人际交往方式，接受每个人的不同，挖掘他人身上的优点，不止看到自己不喜欢的部分。

案例2

我是一个失败者

“我在高中时一直都是尖子生，在高考中却没有发挥好，我好失败，现在进入大学了，我什么活动都不想参加，不愿意与同学接触，看着同学们每天忙碌的身影，我感到自己好失败，没有目标，没有方向。我觉得自己再也找不回以前的自信了，看到考试、比赛和竞争我就不敢去碰，我害怕会失败，不敢与同学谈心，怕他们笑话我。”

思考：他需要如何摆脱消极的情绪？

分析：

案例2中的男生，他需要接受高考没有考好的现实，换个角度思考，或许这不是一件坏事，全方位展示自己的能力，树立自信，依然可以成就熠熠发光的自己。他要尝试参加学校和班级的活动，在这个过程中结交朋友，从而发现不是所有人都是一帆风顺的，大多数人都经历过挫折，但是他们仍然可以快乐地迎接新的生活。

其实，人生本没有那么痛苦和糟糕，也没有那么多的怨恨，很多都是源于我们的不合理信念。虽然困扰很多，但只要树立合理信念，以积极阳光的心态去迎接适合自己的挑战，这样岂不是可以避免“庸人自扰”？

（二）训练项目

情境分析题

1. 妻子因家庭琐事情绪不好时，丈夫没有安慰妻子，询问她真正的需求，而是同样以不良情绪进行对抗。请分析在这样的情境中，情绪在沟通中起到的是什么作用？

2. 早晨起床后，孩子突然说：“今天我不想上学了”。作为孩子的家长，你会如何理解孩子的这句话？这句话中可能包含了哪些情绪？

3. 女性在社会和生活中的角色有很多，比如女儿、妈妈、妻子、儿媳、职场人等等，处于不同角色中，运用的思维模式有时会有不同，但在解决问题时我们可能会将思维模式混淆。比如当老师的妈妈，在教育自己孩子的时候习惯性的运用自己熟悉的工作方式，用经验思维来解决孩子的学习问题。请想想经验思维和理论思维的区别。

4. 如果你是一家公司的销售人员，领导安排你明天见一位客户，详细介绍一下公司产品，在准备讲解资料的同时，你会思考客户可能提哪些问题，并且如何与客户进行沟通吗？这时候运用的是哪类思维方式呢？

PROJECT 2

项目二
人际沟通

PROJECT 2

认知目标

了解人际沟通的基本原则、沟通中的心理因素。

素养目标

掌握人际沟通的基本礼仪。

运用目标

掌握人际沟通中的策略与技巧和运用人际距离的原理。

任务导入

沟通结果不同为哪般

公司为了奖励市场部的员工，制订了一项海南旅游计划，名额限定为10个。可是13名员工都想去，部门经理需要再向上级领导申请3个名额，如果你是部门经理，你会如何与上级领导沟通呢？

无效沟通案例：

部门经理："朱总，我们部门13个人都想去海南，可只有10个名额，剩余的3个人会有意见，能不能再给3个名额？"

朱总："筛选一下不就完了吗？公司能拿出10个名额就花费不少了，你们怎么不多为公司考虑？你们呀，就是得寸进尺，不让你们去旅游就好了，谁也没意见。我看这样吧，你们3个做部门经理的，姿态高一点，明年再去，这不就解决了吗？"

"达标"沟通案例：

部门经理："朱总，听说去旅游，大家都非常高兴，非常感兴趣，觉得公司越来越重视员工了。领导不忘员工，真是让员工感动。朱总，这是你们给大家的惊喜，不知当时你们是如何想出此妙招的？"

朱总："真的是想给大家一个惊喜，这一年公司效益不错，是大家的功劳，考虑到大家辛苦了一年。第一，年终了，是该放松放松了；第二，放松后，才能更好地工作；第三，增强公司的凝聚力。大家高兴，我们的目的就达到了，就是让大家高兴的。"

部门经理："也许是计划太好了，大家都在争这10个名额。"

朱总："当时决定10个名额是因为觉得你们部门有几个人工作不够积极。你评选一下，不够格的就不安排了，就算是对他们的一个提醒吧。"

部门经理："其实我也同意领导的想法，有几个人的态度与其他人比起来是不够积极，不过可能有一些生活中的原因，这与我们部门经理对他们缺乏了解、没有及时调整有关系，责任在我。如果不让他们去，对他们的打击会不会太大？如果这种消极因素传播开来，影响不好吧？公司花了这么多钱，如果因为这3个名额减弱了效果就太可惜了！我知道公司的每一笔开支都要精打细算。如果公司能再拿出3个名额的费用，让他们有所感悟，促进他们来年改进，那么他们多给公司带来的利益要远远大于这部分支出的费用。不知道我说的有没有道理。公司如果能再考虑一下，让他们去，我会尽力与其他两位部门经理沟通好，在这次旅途中我们每个人带他们三个中的一个，帮助他们放下包袱，树立有益公司的积极的工作态度。朱总您能不能考虑一下我的建议?”

朱总：“你说得有道理。那好吧，同意你的方案，希望能收到很好的效果!”

想一想

前者沟通失败而后者沟通成功的原因是什么?

一、 知识储备与拓展

（一）人际沟通的基本原则

人际沟通中一条重要的总的原则就是“三A原则”，由美国人吉布林等人提出，它的含义是要求人们在与其他人进行交往的过程中，要努力地以自身的实际行动去接受(accept)对方、重视(attention)对方、赞同(approve)对方。因接受、重视、赞同这三个词的第一个英文字母皆为A，故称之为“三A原则”。接受对方指要求同存异，容纳对方，不要对对方排斥。重视对方指要使对方感受到自己尊重对方，对方在自己心目中十分重要。赞同对方指要善于发现并肯定对方的长处，既不要自高自大，又不要曲意奉承对方。具体地说，人际沟通需要遵循的原则有以下几条：尊重原则、平等原则、真诚原则、理解原则、互动原则。

1. 尊重原则

美国心理学家马斯洛在1943年发表的《人类动机理论》中提出了著名的需要层次理论，其中尊重的需要属于第四层次。尊重的需要包括自我尊重的需要和获得别人尊重的需要。人一方面要感受到自己的重要性，另一方面也要获得他人的认可，包括被给予尊重、赞美、赏识和承认地位，以支持自己的感受。

被尊重是人的本质需要，人们渴望被肯定、被称赞，就像哲学家杜威说的那样，人类本质里最深远的驱动力就是“希望具有重要性”。

尊重是人际沟通的首要原则。尊重别人，就是尊重其思想、习惯、身体、隐私、人格等。不尊重，就是冒犯了对方的这些禁忌。在人际沟通中，人们只有学会尊重，才能有真正意义上的沟通。

2. 平等原则

平等是人与人之间建立情感的基础，也是人际沟通的一项基本原则。虽然在现实社会中“不平等”是客观存在的事实，如年龄不同、职位不等、贫富不均等，但人与人在本质上是平等的。平等原则主要指在人际沟通的过程中实现人格平等、态度平等、交往地位平等和相互礼仪平等。

要想促进人际沟通顺利进行，就必须保证在平等、自由的气氛中进行交往。如果沟通双方对情况的控制不均衡，一方受制于另一方，这种沟通就会缺乏情感联系且不能深入。

3. 真诚原则

日本的电器企业松下电器公司的创始人松下幸之助有句名言：“伟大的事业需要一颗真诚的心与人沟通。”正是凭借这种真诚的人际沟通艺术，松下幸之助驾轻就熟于各种职业、身份、地位的客户之中，赢得了他人的信赖、尊重和敬仰。只有抱着真诚的态度与人沟通，才能使对方有安全感，觉得你可信，从而引起情感上的共鸣。一个人可以不善言辞，但必须有真诚的态度。用真诚去沟通，用真诚去打动对方，会得到意想不到的沟通效果。

4. 理解原则

沟通不仅是信息的传递，更是对信息的理解和把握。准确地理解信息的意义才是良好的沟通。理解是人际沟通的润滑剂，有助于人际沟通的顺利开展。

(1) 同理心

心理学研究表明，人们有一种偏向于“相信知己”的心理倾向。例如，当一个人处于矛盾之中，或遇到困境感到无助时，他非常需要别人的同情和理解。强烈的同理心及关怀的言语，能使对方敞开心扉。

(2)换位理解

在交往中，要善于从对方的角度认识对方的思想观念和处事方式，体会对方的情感和发现对方处理问题的独特方式等，从而真正理解对方，找到沟通和解决问题最恰当的方法。

5. 互动原则

沟通是互动的，需要双方共同参与。有传递有反馈，有说有听，才有双方意见的交流，在交流互动中达成共识。

沟通不是一个人唱独角戏，每个人都有表现的本能欲望。所以，共同支配时间对沟通尤为重要。说者尽可能长话短说，言简意赅。沟通从“你”开始，不要只顾谈论自己，既是对对方的尊重，也会让你有所收获。

（二）人际沟通中的社交礼仪

古人云：“不矜细行，终累大德。”即一个人如果不对自己的细小行为进行规范和约束，最终会损伤自己的品德修养。在人际沟通中，要按照他人能接受和容忍的言行举止规范和准则来约束自己，以建立和谐融洽的人际关系。

1. 服饰礼仪

孔子说过：“见人不可以不饰，不饰无貌，无貌不敬，不敬无礼，无礼不立。”他所说的“饰”，指的就是服饰。作为人际交往的主要知觉对象之一，服饰既是一种社会文化符号，又是一种礼仪语言。常言说“佛要金装，人要衣装”，这个衣装并不简单，穿衣着装是大有讲究的。

着装的基本原则是 TPO 原则。TPO 原则是有关服饰礼仪的基本原则之一。T、P、O 分别是英语中的 Time、Place、Object 三个词的首写字母，意思是时间、地点、对象。它要求人们在选择服装、穿着服装时，必须与时间、地点、对象这三个基本因素协调一致。

T 原则即时间原则，指穿戴服饰应考虑时代特点、四季特点和一天中的早、中、晚的变化。时代特点指服饰应顺应时代发展的主流和节奏。

P 原则即地点原则，指服饰穿戴要考虑自己所在的空间环境，既要注意与所在的国家、地区的地理位置、自然条件和着装习俗相适应，又要考虑自己所处的小环境和具体地点。例如，办公时应穿着整齐、庄重；外出旅游时，穿着应以轻装为宜；

平日居家，可以穿戴随便一些。

O 原则即对象原则，指穿戴打扮要看对象和目的，要考虑你在将要出现的场合会面对什么样的人，与谁打交道，你的目的是什么等。如果面对的是同龄人，又是比较随意的场合，穿戴就可以随便一些；如果在一个比较庄重、严肃的场合，面对的是上司、陌生人、远道嘉宾等，在穿戴上就应当讲究一些、精致一些、庄重一些，以表示对对方的尊重。

在人际沟通中，着装需要注意以下几点。

第一，符合身份。服装穿戴应与职业、角色、年龄协调。例如，商务人员穿着性感，会分散他人注意力。

第二，扬长避短。服装穿戴应与身材、体型协调。例如，腿部过粗者，不宜穿短裙。

第三，必须遵守“三色原则”，服装及服饰搭配用色不要超过三种。

2. 体姿礼仪

体姿指人们在日常活动中身体各部分所呈现出的姿态。在人际交往中，举止有度的原则，是要求人们的举止合乎约定俗成的行为规范，要做到坐有坐相，站有站相，走有走姿。

(1)坐有坐相，文雅端庄

具体要求：从容走到座位前面，落座后要保持上身的平直，头部平正向前看，两臂贴身自然下垂，两手自然放在腿上。不允许的坐姿有：仰头靠在座位背上，低头注视地面，或摇头晃脑、左顾右盼；上身前倾、后仰或歪向一侧；双手随意乱动，或抱在胸前、夹在大腿中间、支在下巴上；双腿张开过大或一条腿叠放在另一条腿上。

(2)站有站相，挺直如松

具体要求：两脚自然平行站立，收腹挺胸，两肩放松，手臂自然下垂，两眼平视前方，略收下颌；女性两脚内收呈 V 字形，膝下关节内扣或略呈 J 字形站立。不允许的站姿有：身体歪向一边或弓背屈膝；双腿叉开过大；双脚随意乱动；身体随意乱靠。

(3)走有走姿，从容稳直

具体要求：昂首挺胸，保持身体平直，脚尖指向前方，从容、平稳，自始至终直线前进。不允许的走姿有：左右摇摆，瞻前顾后；用力过猛，发出很大的声响，女士尤其要注意避免高跟鞋发出的声响；脚尖偏向内侧或外侧。

3. 说话礼仪

(1)称呼

与人交往，遇到的第一个问题就是称呼。选择正确、适当的称呼需注意以下几点。第一，称呼要合乎常规。第二，要考虑到被称呼者的个人习惯。第三，要入乡随俗。第四，要做到热情、谦恭、有礼。

敬称即表示尊敬、客气的态度，也叫“尊称”，如“老”：用来尊称别人，有时特指老年人，如老伯、老大爷；老前辈：用来尊称同行里年纪较大、资格较老、经验较丰富的人；老兄：用来尊称男性朋友。

职业称谓也是一种敬称，带有尊重对方职业和劳动的意思，常用的如“师傅”“老师”“大夫”等，通常称呼时前面要带姓。

职务称谓能显示出说话人对对方地位的熟知和肯定，如“书记”“处长”“工程师”“老板”等。无论是在正式还是非正式的场合，交往双方通常都热衷于这种称谓。

通称是一种不区分听话人的职务、职业、年龄等而广泛使用的一种称呼，这种称呼往往随着环境的变化而变化，如“同志”“女士”“先生”等。不同地域、不同团体也往往有其独特的通称。

(2)介绍

一般地说，介绍可分为他人介绍、被人介绍和自我介绍三种。

把他人介绍给别人也就是做中间介绍时，应注意以下几点。

①注意介绍的顺序。一般而言，遵守“尊者优先了解情况的法则”，应先把男士介绍给女士，把年轻者介绍给年长者，把职位较低者介绍给职位较高者，把当地人介绍给外地人。

②介绍语言要简洁清楚，明白易懂，如“张主任，我来给你介绍一位朋友，这是我们学校教务处的王处长。”

③介绍时，可简要提供一些被介绍人的个人情况，尤其是杰出事件，但要注意尊重他人的隐私。

自己被介绍给他人时，应该面对着对方，并显示出乐于结识对方的诚意。介绍完毕后，应该主动握手，并说“您好!”“久仰!”“幸会!”等招呼语，以示友好。

做自我介绍时，应诚挚热情，举止得体，主动大方地报上自己的姓名和职务，以示对对方的尊重。

(3)握手

握手是大多数人见面、离别时的礼节，同时还可以表示感谢、慰问、祝贺或相互鼓励。握手时，应注意先后顺序。一般而言，应由主人、年长者、身份地位高者、女性先伸手。握手时，目光要自然注视对方，微笑致意。

握手要忌讳以下情形。

· 掌心向下与对方握手，显得傲慢无理。

· 用力过大。

· 戴着手套握手。

· 交叉握手。

· 握手时东张西望。

· 握着对方的手，不停地聊天。

· 握手时握得太少(只握住几根手指)或太多(握住五根手指)。

· 对方还未伸手或无伸手之意，自己贸然伸手。

· 对方已伸手，但自己不伸手去接。

· 握手后马上擦手。

电话礼仪知多少

4. 电话礼仪

在电话沟通中，有打电话和接电话的不同，电话礼仪也要考虑这两个方面的因素。

打电话。第一，打电话要考虑通话时间的问题，什么时间通话最好，该通话多长时间。除有要事必须打电话外，最好不要在他人的休息时间打电话。电话礼仪里有“三分钟原则”，正常情况下一次通话尽量不要超过三分钟，要在短时间内表达自己的意思。第二，要考虑通话内容和讲话方式。要养成通话之前做好充分准备的习惯，和谁通话、对方的基本情况、通话要点等都必须做到心中有数。接通电话后，首先要问候对方，其次要自报家门，以便对方知道是谁在和他说话。通话的内容一定要简明扼要，直言主题。说完内容后，应由发话人终止通话。在终止通话之前要先说再见，然后轻轻地放下话筒。

接电话。电话铃响后，接听要及时，一般在响三声之内接听最为适当。拿起话筒后，应向发话人问好，然后自报家门。自报家门是为了让发话人验证是否拨对了号码，或找对了人。在单位一般报单位名称；在家里，为了自我保护，可以不必自报家门。如果电话打进来时，你的确因开会等原因不宜接听，应说明原委，表示歉意，过后及时主动打电话过去，并要再次道歉。

特别要注意的是使用手机的公共礼仪。使用手机时，一定要注意不能破坏公共秩序。在人员较多的公共场合不能旁若无人地大声打电话，妨碍别人。

连线职场

“精致”的面试

小李是某大学汉语言文学专业的一名应届毕业生。毕业前夕，通过朋友的介绍，她准备去一家知名企业应聘公关职位。为了显示自己对面试的重视，给对方留下良好的印象，在面试前一个星期，小李就花大价钱买了一件透视装和一条低腰牛仔裤，准备在面试当天穿。

小李在面试当天还特意化了一个流行的烟熏妆，穿上自己最喜欢的一双鱼嘴鞋就出发了。面试前经理主动与小李握手，小李觉得经理手上有汗，握手后拿出湿巾擦了擦手。在面试的过程中为了显得放松，她整个人靠在椅背上，还跷起了二郎腿。最后面试结果出来了，很遗憾小李与这份工作失之交臂。

想一想

案例中小李的装扮与举止有何不妥之处？

（三）人际沟通的策略与技巧

1. 语言策略与技巧

对于说话，古今中外的远见卓识者都给予了高度重视。古人用“三寸之舌，强于百万之师”来比喻语言沟通的重要性。语言的目的在于交流观念、意见和思想等，人类进行交流沟通的主要工具是语言。人们通过语言习得掌握使用语言的技能，用语言表达自己的意见、情感、思想。口语沟通和书面沟通是语言表达的两种基本方式。本书主要探讨的是口语沟通。

与人交谈时要注意两个方面的问题：一是说什么，即说话的内容；二是如何说，即说话的方式、方法。

(1)说什么——语言沟通的内容

谈话的具体内容包括两个方面：一是什么话该说；二是什么话不该说，即“有所为”和“有所不为”的问题。下面我们先谈谈“有所不为”的问题，即有些谈话内容是避讳的，在某些场合是不能说的，说了可能引起别人的反感或不愉快。

①人际沟通六不谈——哪些谈话内容是应该避讳的。

· 不谈违背伦理道德或倾向错误的话题。

· 不谈涉及别人隐私的问题。

· 不谈涉及国家机密和行业机密的问题。

· 不谈非议交往对象的话题。

· 不谈庸俗、低级的话题。

· 不谈诋毁领导、同行、同事的内容。

②人际沟通四宜谈——选择合适的话题。

在人际交往中，我们应该选择什么样的话题更合适呢？有以下几个方面可供参考。

· 宜选择双方拟定的话题。

在工作场所，多谈与工作有关的话题，有事说事，就事论事。

· 宜选择格调高雅的话题。

在交谈时，最好选择能够体现你学识和阅历或有文化、有品位的话题，如历史、政治、体育方面的话题，或者当前的时政要闻、百姓生活中的热点话题等，可以发表你的观点，进行点评议论，与他人分享交流。

· 宜选择轻松愉快的话题。

在交谈时，不要谈论过于沉重的话题。在选择话题时要考虑当时的情景、场合、交谈的对象和谈话的氛围。

· 宜选择对方所擅长的话题。

“闻道有先后，术业有专攻”，此举可谓一举多得。一是表示尊重对方；二是给对方一个展现自己、发挥特长的机会；三是以静制动，尽量把话语权交给对方，做一个忠实的倾听者，这样的沟通才会赢得对方的好感和信任，沟通的效果才会更佳。

（2）如何说——语言沟通的技巧

怎样表达是一个十分重要的技巧性问题，语言表达适当、得体就会使对方心悦诚服，促使双方感情融洽、沟通顺畅。因此，在说话时我们应该注意以下几个问题。

①懂得礼让对方。

当与人沟通时，争强好胜，逞一时的口舌之能，或喜欢显示自己的优越感及强势地位，这样会给对方造成心理上的压迫感和不自信。要尊重对方，让对方先把话说完。

②善于与人合作。

· 不搞“一言堂”。有的人在交往中，喜欢以自我为中心，不顾及他人的感受，不管他人是否感兴趣，这样的沟通可能会引起别人的反感或不愉快。

· 角色定位要准确。所谓“到什么山唱什么歌，见什么人说什么话”，在沟通中选择双方共同感兴趣的话题和能够接受的说话方式。例如，对于大学生，可以多谈就业、人生经验；对于老人，可以多谈养生、健康。

· 表情要恰当。当我们聆听别人讲话时，表情上要给予恰当的表现和反馈，表现出真诚、尊重和专注。

· 动作要恰当。沟通时一些恰当的动作，如轻轻点头或摇头、身体略微前倾等是倾听时的恰当举动。不要有分心的动作或手势，如看手表、打哈欠、伸懒腰、斜着眼看对方、双手搂在脑后等都是消极的肢体动作信号。

· 话题要恰当。交谈中多说对方感兴趣的话题，此外还要注意在交谈中尽量不要与对方争辩或发生争执，要懂得给对方留面子。

③适度赞美。

有效的赞美应该注意以下几点。

· 赞美必须出自真诚。言不由衷的夸奖，一般会给人留下不好的印象，增强对方的戒备心理。

· 赞美应该有独到之处。要想使赞美真正起作用，就应该尽量使自己的赞美新颖一些，相比对方经常听到的赞美有独到之处。

· 要针对对方的好恶进行赞美。要洞悉对方的喜好，让他听到自己渴望听到的评价。

· 赞美应自然。赞美别人时用词应把握好分寸，让赞美的话显得自然。

④善于倾听。

卡耐基曾做出这样的总结：一个善于交际的人在人际交往时，应用百分之四十五的时间聆听，百分之三十的时间说话。聆听别人讲话，不仅能满足别人倾诉的渴望，有助于我们获得有益的信息，还可以帮助我们与他人建立良好的人际关系。

倾听应有倾听的姿态。一是说话时面向当事人，不要背向他们，以表示愿意接近，但最好不要直接面对面，应该坐在对方侧身的方位，这样没有对视的压力；二是采用开放的姿态，不要抱臂、跷起二郎腿或靠在椅背上；三是保持目光接触，但不可死盯着不放，面带和善，以真诚而专注的目光去看对方。

倾听是一个积极主动的过程，倾听者应该参与其中。例如，对当事人正在表达的内容做出回应；对当事人正在表述的内容公开说出自己的感受，表示你理解和接受他所说的内容；鼓励对方进一步袒露自己的意见等。

倾听离不开反馈，你可以客观地与人分享你的想法、感受或感觉。反馈能帮助对方了解其沟通效果。

（3）语言沟通中的忌讳

勿进雷区，沟通六忌

①打断对方，乱插嘴。

培根曾说：“打断别人乱插嘴的人，甚至比发言者更令人讨厌。”在某些特殊场合，如老师对学生、长辈对晚辈、上级对下级可以根据具体情况适时地打断对方。

②补充对方。

补充对方的目的无非是逞强好胜，显得自己比别人高明。一个真正懂得沟通艺术的人，会给对方创造表现的机会，而不是努力表现自我。特别是对长辈、领导、老师更要尊重。

③纠正对方。

纠正对方无非是想告诉对方：“你错了!”这是在人际沟通中破坏力最强的三个字。因此在交谈时，不可随便对对方的谈话做是非判断，除非是原则性问题。

④质疑对方。

有的人经常在沟通时偏好于质疑对方的谈话，喜欢抬杠。他沟通的目的就是总要显得胜你一筹，他的唯一乐趣就是让别人不爽。

⑤挖苦嘲笑对方。

在沟通中不要用尖酸刻薄的语言去挖苦嘲笑对方，不拿别人的过失、缺陷当作笑柄，不开过分的玩笑，不把自己的快乐建立在别人的痛苦之上。给对方留面子，即使是最好的朋友，也要注意维护他人的尊严。

⑥不懂装懂。

不知者强为知是为愚。不懂装懂实际上是自以为是、逞强好胜的虚荣心理在作怪，不如大大方方地承认，“这个问题我确实不懂，我得向您请教”，更让人觉得你可敬。

互动空间

晏子谏杀烛邹

齐景公喜欢捕鸟。有一次，他捕到了一只漂亮的鸟，就命令烛邹管理鸟。不久，鸟逃跑了。齐景公气坏了，决定亲手杀掉他。晏子说：“烛邹有三条罪状，请让我列数他的罪状然后杀掉他。”于是召见烛邹，在齐景公面前列数他的罪行，说：“烛邹！你是我们君王的养鸟人，却让鸟逃跑了，这是第一条罪行；让我们君王为了一只鸟就要杀人，这是第二条罪行；让诸侯听到这件事，认为我们的君王看重鸟而轻视手下的人，这是第三条罪行。烛邹的罪已经列举结束，请杀死烛邹。”齐景公说：“不用处死了，我明白你说的话了。”

想一想

晏子的沟通成功在哪里？

在进行口语沟通时还要注意以下几个方面。

·举止得体。面带微笑，注意声调、语速、节奏的变化，说话速度慢一点，声音低一些，保持沟通场合的安静和谐。

·让人听懂。尽量不用过于专业的词汇用语，除非是面对专业人士。在非专业场合，尽量用让人听得懂的简单的语言进行交流。

·语言要简明扼要。讲话时的语言要简洁、准确、精要，说关键话，讲主要的问题。具体来说，要注意：第一，语言要简洁，同时要准确；第二，语言要得体，现在许多年轻人喜欢用网络流行语，如“神马”“木有”“酱紫”等词汇，在正式的社交场合中，这种词汇是不合时宜的。

· 说话要生动幽默。语言生动说明这个人性情开朗、阅历丰富，说话幽默更容易赢得他人的欣赏。

· 多用文明礼貌用语。文明礼貌用语可拉近你与他人的距离，使人如沐春风。

· 说话要留有余地。说话留有余地包含两个方面的含义：一是给别人留有余地，不要当面揭穿对方，把对方批得体无完肤，这样对人对己都没有好处；二是给自己留有余地，使自己有回旋的余地，能够随机应变，灵活地处理复杂的事情。

互动空间

秀才买柴

有个秀才去买柴，对那个卖柴的人说“荷薪者过来”，卖柴的人听不懂“荷薪者”（担柴的人）三个字，但他听懂了“过来”两个字，于是把柴担到秀才面前，秀才问他：“其价如何？”卖柴的人听不太懂这句话，但他听懂了“价”这个字，于是就告诉秀才价钱。秀才接着说：“外实而内虚，烟多而焰少，请损之。”（木柴的外表是干的，里面是湿的，燃烧时会浓烟多，火焰少，请减些价钱吧！）卖柴人这回猜不懂秀才说什么了，于是担着柴就走了。

想一想

1. 这是一次失败的口语沟通，你认为问题出在哪里？
2. 这个故事告诉我们，有效的口语沟通应该注意什么？

2. 非语言策略与技巧

非语言交流是以非言语行为作为载体的，即通过人的眼神、表情、动作和空间距离、姿势（人体动作学）、饰品、服饰、珠宝、发型等来进行人与人之间的信息交流。在人际交往中，非语言交流占非常重要的地位，是人际沟通的重要形式。心理学家们总结出一个公式：信息传递 = 7% 的语言 + 38% 的语调速度 + 55% 的表情和动作。

（1）外貌与衣着

与人第一次见面，首先映入对方眼帘的是你的穿着打扮（衣服是否得体，上下衣、配饰是否得当）。所以说服装打扮是人与人之间的第一情感交流。服装搭配最重要的是得体，即在合适的场合穿合适的服装。其次着装能显示出某人的职业、爱好、生活习惯以及民族地域的风俗特征。各种职业的人在着装方面都有他们自己的特点。不同文化背景下的服装也有截然不同的传播效果。因此着装还应考虑文化差异。在人际沟通中，要注意修整仪容，衣着得体，给他人留下良好的印象。

(2) 表情与眼神

人们在交往过程中通过面部表情不仅可以判断一个人的情绪状态，而且可以判断一个人的待人态度。

在人际沟通中，微笑是礼貌待人的基本要求，也是在社交场合中最有吸引力、最有价值的面部表情，既悦己又悦人。心理学家曾做过这样一个实验：找 100 个人作为被试，让他们根据陌生人的照片进行判断，说出对哪些人的印象好，判断哪些人的品行好和能力强。结果 90% 的被试指出面带微笑的人品行好、能力强，能给人留下最好的印象。由此可见，微笑对塑造自身的良好形象有着重要的作用。

眼睛是心灵的窗户，人们利用眼神传出的信息几乎是无限的。研究发现：在传播中，人们用 30%～60% 的时间跟别人"眉目传情"。当人们听别人讲话时，会注视讲话者；当讲话者搜索词句时，听话者会避开目光转向空间；当听话者对讲话内容感兴趣时，他会长久地注视讲话者；当与地位低的人谈话时，他会减少目光接触；当注视长达十秒以上时，我们就会感到很不舒服。目光接触是人与人之间建立思想交流的基本方式，在交谈中极其重要。专注地望着别人是明显的"倾听"信号，也是给予对方的反馈。在交际中要注意以下几点。

· 仰视对方是怀尊敬或信任之意，俯视对方是有意要保持自己的尊严。

· 视线活动频繁且很有规则，表明其在思考。

· 听别人讲话时，一边点头，一边却不将视线集中在讲话者身上，表明其对讲话者所谈的话题不感兴趣。

· 目光接触的时间保持适中，不要死盯着不放，也不要左顾右盼。

· 近距离交谈时，避免与对方的眼睛对视。

我们要学会观察，细心揣摩，并恰到好处地运用表情与眼神，以促进沟通，提高交流质量。

(3) 姿态动作

许多研究表明，我们也许能停止有声语言的传播，但不能停止无声语言的发出，姿态动作总是有意或无意地“泄露”我们内心的秘密和蕴藏的信息。每个人也都能够根据传播经验和文化背景从肢体语言中推断或“破译”有关的信息，并加以运用。

人们使用姿态动作不外乎有两个目的：一是加强一种思想或观点；二是帮助描述某些事情。但有一个总的要求，那就是适宜和协调。也就是说，你使用的姿态动作应与讲话内容相宜，并与受众的期望相符；在表达意思时，要使语言与动作合拍，身体的各部位有机协调。

坐姿可以传递丰富的内涵。常见的坐姿有以下几种。

·坐得越近越亲密。

·在椅子上深坐且双手合在一起成尖塔状，表明个体此时十分悠闲、安宁、信心十足。

·在椅子上浅坐或坐在椅子的边沿并将双手搁在膝盖上，表明个体对对方的恭敬，也表明对对方的话题感兴趣。

·坐在房间的最里面并注视房间入口处的人，多半怀有强烈的权力欲；背对入口处或坐在边角位置上的人，一般较自卑；居中而坐则是有自信心的表现。

·双手抱着脑袋斜靠在沙发上，表明个体对所谈话题已感到厌烦。

姿态动作作为非语言沟通中的一个重要的组成部分，是非语言研究不可缺少的一部分。在日常沟通和交往中，姿态动作在向人们间接传递着一种潜在的、隐形的含义，在维护人际关系、保证沟通的成功方面起着不可替代的作用。

(4)触摸行为

触摸是人际沟通的手段之一。人们在沟通中的触摸行为主要包括握手、拍肩、亲吻、拥抱等。不同的国家和地区以及不同的民族和种族有着不同的风俗习惯，表现在触摸方式上往往也大不相同。赫斯林针对触摸的类型确立了一个分类系统。

功能—职业型。这种类型的触摸指的是不带任何个人情感的有意识的行为，目的是用来完成某一项特别的任务，这项任务和两人之间的关系毫不相干。那些接受触摸的人一般都知道触摸的目的只是顺利完成某项工作，如医生对病人的触摸。

社交—礼节型。当我们触摸他人以示问候、祝贺时，我们就是在进行社交—礼节型的触摸。这些行为只是执行社交功能的一些简单方式。

友谊—温馨型。这是通过身体触摸来表示对另一个人的喜欢和尚未发展到亲密程度的感情。拍拍后背和用一只胳膊挽住他人就是这样的。

爱情—亲密型。这种类型的例子包括拥抱、亲吻和爱抚。这些行为主要用来表达浓情蜜意。

触摸可以传递安全信息，使接受者产生慰藉感、舒服感、满足感和受保护感。要在人际沟通中合理利用触摸，准确传达信息。

(5)恰当运用空间距离

一对初次相识的男女青年，坐在公园的长椅上，相互之间保持着一定的距离。男青年靠近一点，女青年就会移开一点，她的这个动作等于向他说："我们才刚刚相识，相互都不太了解，请不要靠近我。"经过一段时间的交往，他们之间的距离才会被拉近。

在沟通过程中，每个人都占据着一定的空间，与别人保持着一定的距离。每个人所占据的空间大小，与别人距离的远近及其变化，都可以传递信息、表达情意，起到交流的作用，这就是空间距离语言。在人际沟通交往中应该根据不同的场合和对象，根据交谈内容，确定说话距离，让空间距离语言同身体其他语言一起为有声语言服务。

(6)辅助语言和类语言

辅助语言主要是指声音的音调、音量、节奏、变音转换、停顿、沉默等。类语言是指那些有声而无固定意义的声音，如呻吟、叹息、叫喊等。在人际沟通中，辅助语言和类语言都发挥着重要的作用。

以声调语言为例，同样一句话，如果我们采用不同的声调，意思和效果会大不一样。譬如，当我们共同谈论一个问题时，如果甲方平缓地问乙方："你懂吗?"这意味着甲方不懂这个问题，而乙方可能懂。因此这一问话实际上是甲方在向乙方求教。相反，如果甲方激昂地问乙方："你懂吗?"这意味着甲方懂这个问题，而乙方可能不懂。因此，这一问话实际上是甲方在向乙方挑战。所以在人际沟通中要善于使用类语言进行有效辅助。

沟通中如何用声音有效地表达信息呢？要根据不同的情况调整声音的高低，语调中表现出真诚，掌握好语速，保持与倾听者同步的语速水平，恰当的语速有利于建立和谐的关系。

互动空间

你的心思他永远不懂

星期五下午3:30，某公司经理办公室。

经理助理李明正在起草公司上半年的营销业绩报告，这时公司销售部副主任王德全带着公司销售统计材料走进来。

“经理在不?”王德全问。

“经理开会去了,”李明起身让座，“请坐。”

“这是经理要的材料，公司上半年的销售统计材料全在这里。”王德全边说边把手里的材料递给李明。

“谢谢，我正等着这份材料呢。”李明拿到材料后仔细地翻阅着。

“老李，最近忙吗?”王德全点燃一支烟，问道。

“忙，忙得团团转！现在正起草这份报告，今晚大概又要加班了。”李明指着桌上的文稿纸回答道。

“老李，我说你呀，应该学学太极拳。”王德全从口中吐出一个烟圈说道：“人过40，更应该多注意身体。”

李明闻到一股烟味，鼻翼微微翕动着，用手指碰了碰鼻子，心里想：“老王大概要等这支烟抽完了才会离开，可我还得赶紧写这份报告呢。”

“最近我从报纸上看到一篇短文，说无绳跳动能治颈椎病。像我们这些长期坐办公室的人，多数都患有颈椎病。你知道什么是‘无绳跳动’吗?”王德全自顾自地往下说，“其实很简单……”

李明心里有些烦，可是碍于情面不便说，他看了一眼墙壁上的挂钟，已经4点钟了，李明将座椅往身后挪了一下，站起来伸了个懒腰说：“累死我了。”又过了一会儿，李明开始整理桌上的文稿纸。

“‘无绳跳动’与‘有绳跳动’十分相似……”王德全抽着烟，继续自己的话题……

想一想

李明在与王德全的沟通中，传递出的非语言信息有哪些?

二、 人际沟通中的心理因素

（一）情绪、情感与人际沟通

人际沟通是观念、思想、情感的交换过程。任何一个人，无论学习精力有多么充沛，他的直接经验都是有限的，都需要适应不断变化的外部世界，这一过程就必须凭借人际沟通。虽然可沟通的对象数量是有限的，但获得的思想、观念和情感是无限的。英国作家萧伯纳曾说过，假如你我每个人有一个苹果，彼此交换后，我们每个人都还是只有一个苹果。但是，如果你我每个人有一种思想，彼此交换后，我们每个人就会有两种思想，甚至两种思想可以发生碰撞，产生更多其他的思想。

在情感上，我们同样可以通过沟通来丰富自己。欣赏书画、摄影作品，看电影、音乐剧，阅读散文、诗歌等，这些活动实际上都是我们在体验作者创作的情感历程。不仅如此，通过作品的激发，在欣赏、观看、阅读等过程中我们还会产生许多作品中没有表现出来的超越作品的情感体验和思想，正如我们常说的一千个读者就有一千个哈姆雷特，每个人接收到的信息和产生的情感会有所不同。在情感体验的性质上，沟通的过程能够使积极的情感体验加强，使消极的情感体验减弱。正所谓与人分享快乐，快乐增加一倍，与人分担痛苦，痛苦减轻一半。因此可以说，沟通的过程使人生变得丰富多彩，使人有限的生命走向无限。

情绪和情感在人际沟通过程中是一种内部的主观体验，而沟通是信号传递的外部行为。情绪和情感发生时，也是伴随着某种外部表现的，是可以观察到某些行为特征的。这些与情绪、情感有关的外部表现，就叫作表情，表情时刻伴随在人与人的沟通之中。

表情主要分为三种，即面部表情、姿态表情和语调表情。

面部表情是指通过眼部肌肉、颜面肌肉和口部肌肉的变化来表现各种情绪状态。眼睛是心灵的窗户，人的眼睛是最善于表现情绪和情感的。例如，当我们感到高兴和兴奋时会眉开眼笑，气愤时怒目圆睁，惊讶时目瞪口呆等。眼睛不仅能传情，还能交流思想。在沟通中有一些事情往往只能意会，不能或不便言传，这时，通过观察眼神可以了解对方想要表达的思想和愿望，推知他们的态度。由此可见，眼神是一种十分重要的非语言沟通手段。许多证据已经表明，高兴、惊奇、生气、悲伤、厌恶和害怕这六种表情是世界通用的表情，都可以被识别。

姿态表情可分成身体表情和手势表情两种。在不同的情绪状态下，人的身体姿态会发生变化，表达不同的情绪，如高兴时捧腹大笑，生气时暴跳如雷，紧张时坐立不安等。手势通常和言语一起使用，表达赞成或反对、接纳或拒绝、喜欢或厌恶等态度。在无法用言语沟通的条件下，手势也可以单独用来表达情感、思想，或做出指示，如开始或停止、前进或后退、同意或反对等。心理学研究表明，手势表情是后天习得的，它不仅存在个体差异，而且存在民族或团体差异。后者表现了社会文化和传统习惯的影响，同一种手势在不同的民族中用来表达不同的情绪。

语调表情同样是表达情绪的重要形式，如开怀大笑表示愉快的情绪，慷慨激昂表示振奋昂扬的情绪。语调的高低、强弱、抑扬顿挫等，也是表达情绪的一种手段。例如，学校开运动会时，播音员欢快、激昂的声音表达和传递了兴奋的情绪。

总之，面部表情、姿态表情和语调表情是人类非语言交往形式的组成部分，心理学家和语言学家将它们称为“体语”。人与人之间除了使用语言进行沟通，还可以通过表情、身体姿势、手势以及语调等来进行沟通。在一些情景下，无须使用语言，通过对方的表情、动作或者语调，就能知道其意图和情绪。

（二）思维与人际沟通

思维是人际沟通的条件。在思维方面，人是经验主义和自我中心的。人只能以自己已有的经验为背景，去理解所有事物。没有经历过的事，个体事实上是不能理解的。由于人们的阅历与体验的背景不同，人们对任何一个概念和语词符号，既有来自共同社会经验而与别人相同的理解，又有来自个人独特经验的特殊理解。没有经历过贫穷的人，难以理解贫穷意味着什么。对于没有经历过进步和发达的人，对落后的理解也是非常空洞的。因此，思维是人与人沟通的条件。

我们常说的思维方式到底是什么呢？它是指我们看待世界的方式，反映个人价值观。有的人即使在相对艰难的环境中，仍能保持积极乐观的生活态度，而有的人则怨声载道，整日消极怠工。积极主动不仅指行事的态度，还意味着对自己的人生负责，即使外界条件影响，个人也应具有主动选择的能力。消极的人的想法却恰恰相反，他们眼里的世界处处和他们作对。他们消极地看待人和事，认为所有问题都是别人造成的，自己绝不会犯错。这样的人即使外表或物质生活光鲜亮丽，交流起来也会给人很不舒服的感觉。

每个人因为思维方式的不同，对生活幸福的评价标准也不同。一个人有见识，不一定具备很高的学历或资历，而是用善意来理解世界，有愿意承担的胸怀。思维方式虽是隐性的，但也在随时随地发挥着作用。你有没有观察过自己的“思维方式”呢，看它如何悄无声息地影响着情绪、感受和行为？

有的人在与人交往中感觉十分痛苦，原因可能不是与他人的价值观差别大，而是有差别却无法理解这种差别。例如，当合作的双方都朝着一个共同目标发展时，一方只看重眼前的利益而不考虑长远的战略发展，另一方不仅仅局限于眼前的利益且兼顾大格局，由此在合作过程中双方必然会互不理解对方的问题，进而导致情绪问题。这时，双方可能需要更多地去理解对方的价值观，并且把沟通做好，从而改善双方关系。能够对别人产生同理心、感同身受，站在对方的立场去想他这样做的原因，就能考虑到别人身上遭遇的公平与不公平对待，就能有效减少矛盾和冲突。如果没有相互理解与尊重，只顾自己，那么冲突会越来越多。

在与自己思维方式不同的人沟通时，我们可以怎么做呢？

首先，发现与对方价值观的不同，沟通时要摆脱自我中心，尊重对方。不要时刻都说“我认为你说得/做得不对”，而是换一种方式，可以说“你为什么这样认为，是因为有过类似的经验吗？……我们可以多商量……看看是否有更好的方法？”总之，如果可以的话，要多站在对方的立场着想，你的善意与理解也会被对方感觉到。

其次，仔细观察对方的语言和非语言动作，如肢体语言、表情等，试图了解对方的情感和经历。在沟通过程中，如果对方的表情、语气或动作等已经表现出拒绝，甚至直接表露出消极的情绪，这时沟通内容的接收会受到影响，我们可以先试图安抚对方的情绪。

总之，因为每个人的经历不同，所以价值观会不一样，理解他人和世界的方式会不一样，想要的会不一样。有时因为从未经历过相同的事件不可能做到感同身受，这时更多的是尊重对方的想法。只有理解了对方的感受，才能更好地照顾自己的感受。

（三）动机、心理需要与人际沟通

心理学家认为，动机是由目标或对象引导、激发和维持个体活动的一种内在心理过程或内部动力。也就是说，动机是一种内部心理过程，而不是心理活动的结果。需要是有机体内部的一种不平衡状态，它表现在有机体对内部环境或外部生活条件的一种稳定的要求，并成为有机体活动的源泉。

动机是在需要的基础上产生的。当某种需要没有得到满足时，它会推动人们去寻找满足需要的对象，从而产生活动的动机。例如，饿了去寻找食物，渴了去喝水，写论文去图书馆找参考书等。

提到需要，最著名的理论当属马斯洛的需要层次理论。该理论认为，人的需要是由人的本质属性决定的，在发展过程中，人的需要得到不同层次的满足。

马斯洛将人的需要分为五个层次。第一层次是生理的需要。生理的需要是人类生活最基本的需要，衣、食、住、行等是生存的最低标准，这一需要得到满足之后，人们才会去追求更高层次的需要。第二层次是安全的需要。安全、稳定的社会环境，安全的工作、生活环境都属于安全的需要，人们希望自己的生活环境是规避风险的、有所保障的、没有恐吓的。安全的需要得到满足之后人们才会追求归属和爱的需要（第三层次）。在这一层次，个体或群体会趋于得到他人的关注，并与人产生密切的关系，收获爱情、亲情、友情等，这源于人类最原始的社交欲望，也就是人际交往的需要。第四层次是尊重的需要。在这一层次，人们希望自己的社会地位稳定，个人的能力和成就得到社会的承认，在交往过程中渴望得到他人的平等对待。第五层次是自我实现的需要，理想、抱负、能力在这一层次得以极致发挥。达到自我实现境界的人，接受自己也接受他人，解决问题的能力增强，自觉性提高，善于独立处事。

个体在社会的相互关系和交往过程中，归属感和被爱感是人们希望通过沟通获取的。这也解释了为什么人们尤其是年轻人喜欢通过网络进行人际交往活动。网络世界中交往环境是虚拟的，交往角色多重化，交往范围全球化，这些方面使得人们的归属感和被爱感被无限放大。

归属和爱的需要是对友谊、爱情以及隶属关系的需要。如果一个人的归属和爱的需要得不到满足，这可能是因为他没有感受到身边人的关怀，认为自己活在世界上没有价值，不知道如何与他人建立良好的人际关系。例如，一个没有得到父母关怀、家庭中缺乏沟通的青少年，可能就会认为自己在家庭中没有存在意义，所以在学校容易结交所谓的不良少年。还有的青少年为了让自己融入同学们的社交圈，不惜给别人做牛做马，甚至参与吸烟、恶作剧等。学校或者单位可以提供多种社交机会，支持与赞许大家寻找及建立和谐温馨的人际关系，如开展有组织的体育比赛和集体聚会来满足大家的需要，增加群体成员沟通的机会。

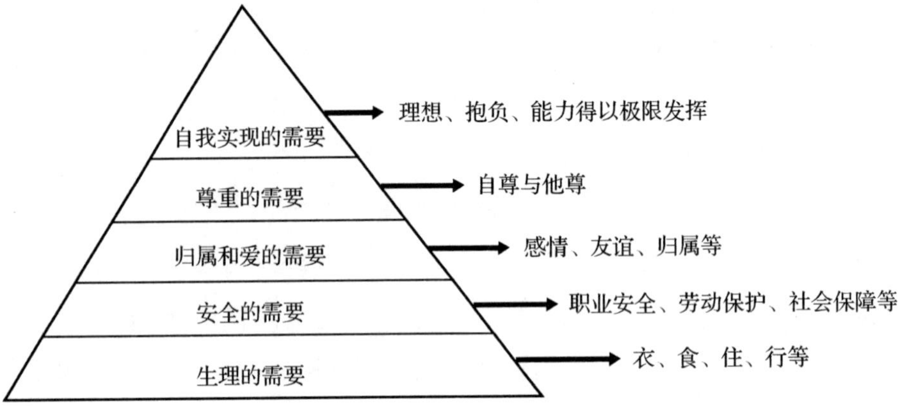

图 2-1　需要层次理论

（四）心理健康与人际沟通

人际沟通是人类社会交往的基本方式，是一个过程，它的最终目的是建立良好和谐的人际关系，良好的人际关系对心理健康的作用十分重要。接下来我们具体阐述人际沟通对心理健康的作用。

作用一，人际沟通可以为个体的身心发展提供必需的信息资源。人体是信息和能量转化的主要载体，时刻与外部环境保持相互作用，接受来自外界的各种刺激并对各种刺激做出适当反应。社会性的沟通过程具有核心地位，通过一定的人际沟通，个体才能维持正常的生命活动。

心理学家赫隆做了“感觉剥夺”实验，将自愿参与的被试关在一个没有光线、声音的实验室里，身体的各个部位也被包裹起来，以尽可能减少触觉经验。在实验过程中，被试除了必要的生理需要得到满足外，如吃饭等，其他时间无法获得任何其他刺激。结果，仅仅三天之后，被试的身心均出现严重的不适应，实验不得不停止。这个实验可以说明机体与外界的沟通不仅仅是信息传递的渠道，更是维系着个体的正常运行。

此外，人际沟通在个体的身心发展过程中同样承担着十分重要的角色。例如，狼孩的故事，婴儿被母狼抚养，没有参与人类生活，更没有与人沟通，因此当七八岁的她被发现时，智商才相当于 6 个月的婴儿。由此可见，人际沟通是个体身心发展的必要前提。不仅如此，即便处于人类社会中，人际沟通也会对人类时刻都在进行的智慧活动产生影响。对福利院的孤儿的研究证明，如果儿童生长的环境中缺乏沟通机会，智力发展就会表现出明显的滞后。心理学家以早产儿为对象做实验，通过一定的干预手段增加与早产儿的沟通，并对他们进行按摩，有助于他们后来实现正常发展。

人际沟通不仅仅对发展中的个体有影响，对于社会化程度相对较高的老年人来说，同样有深远的影响。离退休前后的部分老年人由于难以适应新的角色定位，出现空虚、寂寞、焦虑、抑郁等问题，人们称之为退休综合征。研究发现，保持良好的人际交往，对他们更好地适应角色的变化有积极的影响。从本质上讲，保持良好的人际交往，就是保持老年人与他人的良好沟通，使得他们与社会不脱节，保持对外界刺激的正常适应水平。有研究表明，如果退休后仍继续一些工作，承担适当社会责任的老年人衰老的速度会减慢。医学方面的研究成果也表明，独身老人由于缺乏与配偶之间的沟通，会形成情感缺失，寿命要比有配偶的人偏短。

作用二，人际沟通是自我概念形成的途径。没有人际沟通，就没有自我的形成，没有自我同一性的建立，没有自我概念和自我价值感的维持。

社会心理学家库利认为，儿童早期以“镜像自我”的方式存在的自我概念是在与成人沟通过程中形成的。社会学家米德强调符号的相互作用对于自我形成的作用，他直接指出了沟通是自我概念形成的必要条件。米德明确提出，没有语言和沟通，就没有自我。人的自我概念是在与他人的沟通过程中逐步发展起来的，并且人们在沟通过程中保证自我作用的发挥和自我的不断提升和完善。

作用三，人凭借沟通交换信息并建立与维持相互联系。沟通是人与人建立和维持联系的方式，其实人与人之间建立沟通和稳定情感联系的可能性，远比我们想象得要大得多。我们可以想象一下，选择一个陌生人，然后由你转交给他一封信，转交人之间是彼此认识的，你认为从你开始，要经过多少次相互认识的人转手，才能将你与这个纯粹随机选择的陌生人联系到一起呢？上百次甚至上千次吗？心理学家米尔格莱姆于 1967 年通过小世界研究计划证实，我们的世界小得很。在一个超过 200 万人的群体中，平均只需 6 次，最少 2 次的转手，信件就可以交到收信人手中。

在日常生活中，人际沟通每时每刻都在进行着，人们通过沟通建立人际关系，并由此将个人的努力汇聚起来以产生更大的能量。人际沟通不仅对个体的身心发展产生影响，对社会中的各种群体的发展也具有重要作用。如果缺乏沟通，世界将不能正常运转。

（五）人际距离与人际沟通

人际距离

一位心理学家曾做过这样一个实验：在一个刚刚开门的图书阅览室里，当里面只有一位读者时，心理学家直接坐在他的旁边。实验随机选取了80名被试，结果证明，在一个只有一位读者的空旷的图书阅览室里，没有一个被试能够忍受一个陌生人紧挨着自己坐下。一般而言，交往双方的人际关系以及所处情境决定着相互间自我空间的范围，也就是人际距离。

在面对面的情境中，人与人之间常常会因为彼此之间情感的亲疏、远近不同，不自觉地产生不同的距离。这种因为情感亲疏而表现出的人际距离的变化，在心理学上被称为人际距离。美国人类学家霍尔将人际距离划分为四种，每种距离适用的人群不同。

①亲密距离。15～45厘米，15厘米以内是最亲密距离，与父母、爱人肌肤相触，相互感受对方的体温、气味和气息。非此距离内的人员切勿随意闯入这一空间。在这一空间内，与知心朋友挽臂执手、促膝谈心。亲密距离适用的人群，在异性之间只限于恋人、夫妻等，在同性之间，往往只限于贴心朋友。

②个人距离。46～122厘米，这是人际距离上稍有分寸感的距离，彼此之间正好能相互亲切握手，友好交谈，较少有直接的身体接触。朋友和熟人都可以进入此空间。

③社交距离。1.2～3.7米，这一距离体现出一种公事上或礼节上的较正式关系。一般出现在工作环境和社交聚会场合，如谈判、面试、答辩，适用于组织内上下级、同事之间。

④公众距离。3.7～7.6米，如大型会议、演讲、演唱会等，适用于公众人物与大众之间。

由此看出，人际距离远近的变化，可以通过双方在肢体接触上的一种情感性来表示。如果沟通双方为熟知的人，人际距离可以近一点；如果彼此不熟悉或陌生，就保持适当距离。如果两个不熟知的人面对面沟通，其中一方企图向对方接近，另一方会自觉地后退，保持一定的距离。

就交往情境而言，亲密距离适合私下情境，只限于在情感上联系高度密切的人之间使用，在社交场合、公众场合表现亲密距离有时会显得不合适。在同性之间，亲密距离往往只限于父母和知心伙伴，他们彼此十分熟悉，沟通起来可以不拘小节，无话不谈。在异性之间，亲密距离只限于夫妻和恋人。

因此，在人际交往中，如果一个不属于亲密距离内的人随意闯入这一空间，不管是何种用意，他的这种行为都是不礼貌的，会引起对方的反感和不安。在一些公共场合，如拥挤的公共汽车、地铁和电梯上，由于空间有限和人群密集，亲密距离常常遭到侵犯，这时，人们尽可能地在心理上保护自己的空间距离。当你在电梯或者公共交通工具里碰到拥挤的场景时，一般情况下，你的面部几乎没有任何表情，眼神会避免同他人眼神的接触，选择看外面的风景、车内的电视、广告或者浏览手机信息等。人越拥挤，你的身体越不会随意动弹。

人际交往的空间距离不是严格按照距离划分、固定不变的，它有时也具有一定的伸缩性，这依赖某些因素，如具体情境、交谈双方的关系、社会地位、文化背景、性格特征、心境等。在人际交往中，亲密距离与个人距离通常在非正式社交情境中使用，在正式社交场合中，即使是亲人或朋友，也会使用社交距离。此外，人们对自我空间的需要也会随具体情境的变化而变化。在拥挤的公交车上，人们无法考虑自我空间；在相对空旷的公共场合，人们的空间距离就会扩大，如公园的休息长椅和较空的餐馆，有人的座位我们一般不会坐，会选择其他无人的座位。

我们了解了人际交往中人们所需的自我空间及适当的交往距离，就能有意识地选择与人交往的最佳距离。而且，通过交往过程中感受到的空间距离远近的信息，还可以很好地了解对方的性格以及彼此之间相互关系的远近，这样可以更好地摆正双方的位置，更顺畅地进行人际交往。

（六）心理效应与人际沟通

心理效应是社会生活中较常见的心理现象和规律，引起其他人物或事物产生相应变化的因果反应或连锁反应。在人际沟通中，常见的心理效应有同理心、折中心理、权威效应。

①同理心。

同理心是指能够设身处地为他人着想的态度。同理心有不同的表现方式：一是偏于同化，尝试采用另一个人的观点，将自己的意见放在一边，同时试着去了解对方；二是偏于顺应，愿意结合自己的经验去体验别人的感受；三是真诚关心对方。

同理心可以使我们沟通起来更顺畅。情绪是影响沟通的一个重要因素，“先处理心情，再处理事情”，这句话在面对沟通时很重要。擅长沟通的人掌握了必要的沟通技巧，同时能够把自身的情绪、感受处理好，从而拥有良好的心理态度。通常来讲，能够建立同理心就能够实现有效的沟通、表达。同理心使我们情绪平和，并能够很好地倾听，从而创建良好的沟通情境。面对亲人、朋友、同学、同事、客户等不同的人群，如果我们与他们沟通时，经常使用同理心，就会让交流变得更加顺畅、融洽，同时能够避免很多不必要的争执，减少误解。当我们真正地做到站在他人的角度看问题时，我们就会理解他人所思所为的原因，从而秉持一颗宽容的心。总之，要想营造良好的沟通氛围，我们就要拥有一颗同理心。

②折中心理。

所谓折中心理，其实就是一种让步心理。设想一下，你在商场看中一件衣服，老板要价600元，你认为这超出了预算，怎样使老板愿意降低价格呢？这时我们可以利用折中心理，先出价450元拉低老板的心理预期，如果有盈利空间，老板会继续与你沟通，接下来你适当一点点地提高价格，让老板觉得自己的谈判有了进展，也收获颇丰，最终你以500元的折中价格买到心仪的衣服。让老板一步一步地接近自己的心理价位，同时说服自己接受老板给出的价格。在沟通中，把握好这种心理，你就能够让自己处于相对主动的位置，预判出对方接下来的心理活动。无论是在买卖场合还是平时生活中，大家都存在折中心理。如果我们掌握好这种心理，就能更好地控制自己在沟通中的情绪，影响或者引导他人的沟通情绪和心理状态，使自己在语言的博弈之中处于有利位置。

③权威效应。

权威效应在教育中应用普遍。在管理过程中，教师对学生而言是权威人物，尤其对于低年级的学生，无论是专业知识还是人生阅历，教师都有绝对的优势。教师可以充分利用这一优势，在学生中树立自己的权威，充分发挥权威效应，从而使自己的教学理念畅通并被有效地执行。但权威效应不能随意滥用，一些容易忽略的细节、不当的言行等会逐渐地削减教师在学生心中已经树立的威信。在平时生活中，我们与他人沟通时，尤其是辩论时，适时地引用名人名言、专业人士的言论能使人更信服。

（七）性格与人际沟通

萨提亚沟通模式

性格是指个体较稳定的态度与习惯化了的行为方式相结合而形成的人格特征，在个性心理特征中具有核心意义。日常生活中说的外向、内向或者独立、顺从都是指性格。性格是一种与社会相关最密切的人格特征，包含许多社会道德方面的含义，性格可以表现一个人的品德，受人的价值观、人生观、世界观的影响，如有的人大公无私，有的人自私自利。性格主要体现在对自己、对别人、对事物的态度和所采取的言行上。

不同性格的人在沟通时的表现不同，萨提亚沟通模式分析了沟通的不同类型。萨提亚是美国一名心理治疗师，她创新的家庭治疗模式被命名为萨提亚模式家庭治疗。萨提亚沟通模式认为，人们的沟通能力不是与生俱来的，而是后天习得的，而且多半是模仿他人的结果，小时候主要从父母身上学习如何沟通，长大后逐渐变成习惯。

萨提亚沟通模式包含三个要素：自我、他人、情境，见图 2-2。五种沟通模式分别为讨好型、指责型、超理智型、打岔型和一致型。

（1）讨好型

讨好型人数占人群的 50%，这种类型的人在沟通中注重考虑别人，只关心他人和环境。他们试图远离对自己产生压力的人或事，常用的语言是：“都是我的错”“我不值得”“你喜欢怎么样”“没事没事”，内心的感受是：“我很渺小”“别人不会在意我”。这类人群在性格上过分和善，常常为了迎合他人而道歉、让步。

图 2-2　萨提亚沟通模式三要素

（2）指责型

指责型人数占人群的 30%，这种类型的人在沟通中经常攻击别人，只关心自己和环境，不注重他人。他们遇到事情常常推脱不是自己的过错，让自己远离压力的威胁。常用的语言是："都是你的错""你到底在搞什么""是不是你在哪个环节弄错了""我怎么会错，我完全没有错"。内心的感受是："我就是权威。"这类人群行为多为独裁，经常批评他人，吹毛求疵。

(3)超理智型

超理智型人数较少，占人群的15%。这种类型的人压抑自己的感受，逃避自己的感受，只关注情境，不关注自己和他人。他们逃避现实带给自己的任何感受，也回避因压力所产生的困扰和痛苦。这类人总是客观地运用条例、规范、术语等表达想法，不谈及个人话题，很少涉及与人有关的感受，也不会在沟通中表达自己的情绪。常用的语言是："凡事要讲逻辑""一切都应该是有科学依据的""人需要冷静"。他们通常疏远他人，威权十足，不愿改变，固执刻板。

(4)打岔型

打岔型人数更少，占人群的0.5%。这种类型的人避重就轻，习惯闪躲。这类人不能专注在一件事上，在沟通中经常通过改变话题、讲笑话来分散注意力，避开个人的或情绪上的话题，表达上词不达意，不愿意真正去面对现实世界。他们的内心是希望在与别人交往时分散注意力，减轻自己的压力，想让压力源与自己保持距离。打岔型的人与人交谈时通常漫无主题、没有重点。常用的语言是："我自己也搞不清楚。"

(5)一致型

一致型人群的行为表现为有活力的、有创造力的、有生命力的、自信的、能干的、负责任的、接纳的、有爱心的、平衡的。言语上带有期待，能够聆听他人，考虑到自己、他人与情境三个因素；为人处世上能够自我觉察，负责任，关心自己与他人。

沟通是维护个人健康、建立满意的人际关系的关键，一致型沟通将自己、他人、情境三者都能考虑到。不关注自己，只关注他人和情境是讨好型沟通；忽略他人，只关注自己和情境是指责型沟通；不关注自己和他人，只关注情境是超理智型沟通；忽略自己、他人和情境是打岔型沟通。

我们要想做到沟通的一致，首先，要做到身心一致、内外在一致。一个人怎么对待别人，其实是这个人的内心反映。心理学上的解释是，一个人的人际关系其实就是他的内在关系的表现。其次，在与人沟通时注意觉察自己、他人和情境；当与他人接触时，全神贯注；觉察自己和他人的外部身体信号，如表情、身体姿态、语音、语调等。投射与认同，是人际关系中最重要的心理互动机制。

其实，每种沟通方式都有各自有利的一面，面对不同的情境需要不同的沟通模式。例如，指责型的人很自信，做领导或者管理工作的人会运用这种沟通模式；超理智型的人理性、分析能力强，科研或技术工作者属于这种类型。当陷入僵局时，打岔型的人可以缓解危机；当需要解决问题时，超理智型的人再适合不过。在人际沟通时，有的时候需要放大自己，有的时候需要放大他人。一个人际关系和谐的人，可能同时使用这几种处理方式。

三、 实践训练

（一）案例分析

案例 1

孩子为什么生气

在商场的儿童玩具区域，一个 7 岁的男孩突然大发脾气：他趴在地上，又哭又闹，两脚乱踢，到处乱抓。小男孩的母亲一句话也不说，放下手里的包，先蹲下来，再坐下，然后趴在地上，使她的头和儿子的头保持同样的高度，商场里来来往往的人很多，大家都不去打扰他们。妈妈对孩子说："刚刚我没有同意给你买玩具，我知道你很不高兴，你不高兴妈妈也不高兴，今晚你要是愿意做作业，妈妈就答应你可以买玩具，好吗?"最后，孩子脸上的愤怒慢慢消失。

思考：妈妈如何用同理心安抚住孩子情绪的?

分析：

同理心可以促进良好人际关系的建立，是一种感同身受的能力，能使人感受他人心中的情感，并在这种感受的基础上进行沟通。案例中的妈妈观察到了孩子的面部表情，注意到了孩子的语气，着眼于孩子的情绪而不是是非对错，逐渐安抚了孩子的消极情绪。

案例 2

越努力越困惑

小张在一家外企上班，老板是英国人。小张工作认真踏实，与同事相处友好和谐。但有个问题常常让他苦恼，不知所措。每当小张在向英国老板汇报工作或阐释方案的时候，老板总是眉头紧锁，小张不明白其中的原因。每次回来都会对自己的表达进行修改，推敲英语语法，尽可能阐述得清晰明了，但改善效果不明显。小张为此很困惑。

思考：为什么小张越努力越困惑？

分析：

这一案例中小张的工作汇报涉及了跨文化沟通，老板的眉头紧锁并不代表他对小张工作的不满意，对他能力的否定，而是沟通的不畅。汇报工作、阐释方案思路等多涉及因果关系，中国的习惯是先讲原因、影响因素、需要的条件等，最后给出结论；英国则习惯先亮明观点，给出结论，再细说原因和其他细节。英国老板听着小张的汇报，眉头紧锁是因为他听得云里雾里，不知所云。这个案例体现的是不同文化背景的表达思维方式不同，中国人习惯内敛含蓄，但英国人倾向于直接、开门见山。小张按照我们惯有的思维方式去表达交流，英国老板肯定会摸不着头脑。

（二）训练项目

活动一：变形虫。

一、活动目的

1. 通过心理游戏“变形虫”，让参与人员体验沟通的必要性。

2. 通过小组交流，让参与人员感悟人际交往中理解、合作、认同的重要性。

3. 在体验和分享中学习人际交往的技巧，提高人际交往的能力。

二、活动时间

大约 20 分钟。

三、活动道具

13 米的长绳 2 ～ 3 根、眼罩 5 个为一套，需要若干套。

四、活动场地

以室外场地为宜。

五、活动程序

1. 主持人先把 13 米长的绳子两头相接，结成一个大绳圈，这样的大绳圈准备 2～3 个。

2. 把参与人员分成若干组，每组 5 人。2～3 个组同时进行比赛。

3. 5 名参与人员分别戴上眼罩，主持人把事先准备好的大绳圈交给他们。

4. 主持人发出变形指令，如正三角形、正四边形、正五边形……指令由 5 名参与人员合作完成，用时最少的组为胜。

5. 在变形的过程中，不允许进行语言交流。

六、注意事项

1. 长绳的长度以比 5 个人伸直双臂的总长度多 5 米为宜，不能太短，也不能太长，否则会影响游戏的难度。

2. 一般以 2～3 个小组同时开展竞赛为宜，这样可以节省时间。

3. 在变形过程中，要求绳子充分展开，不可以收缩部分绳子，减短边长，降低难度。

七、活动扫描

在五个人的角色关系确定后，参与人员对主持人提出的变形要求，可做出规律性的变化。明确一个人可以是一个点或两个点，一只手可以是一个点。两个点可以形成一条线，一个人也可以成一条边。假如要变出一个正三角形，需要五个人中有三个点。假如要变出一个六边形，需要四个人每人一个点，一人出两个点，共六个点，调整六条边为等长即可。

因为整个游戏要求参与人员不能用语言进行交流，所以一个组要顺利完成变形过程，需要产生“领导者”。自发产生的“领导者”进行统一管理，才能从无序逐步到有序。在游戏中存在“领导”与“服从”，人员之间需要有一个协调、服从、合作的过程，主持人需要有充分的耐心等待变形过程的完成。周边同学也要保持安静，不要大声提醒和暗示，当变形成功时，集体鼓掌给予鼓励。

活动二：撕纸。

一、活动人数

20 人左右最为合适。

二、活动时间

15 分钟。

三、活动材料

准备数量两倍于总人数的 A4 纸(废纸亦可)。

四、活动目的

在平时的沟通过程中，我们经常使用单向的沟通方式，结果听话者总是见仁见智，按照自己的理解来执行，通常都会出现很大的差异。使用了双向沟通之后，结果又会怎样呢？差异依然存在，虽然有改善，但增加了沟通过程的复杂性。所以什么方法是最好的，这要依据实际情况而定。沟通的最佳方式要根据不同的场合及环境而定。

五、活动程序

给每位参与人员发一张纸。

主持人发出单项指令：大家闭上眼睛——全过程不允许问问题——把纸对折——再对折——再对折——把右上角撕下来，转 180 度，把左上角也撕下来——睁开眼睛。把纸打开，主持人会发现各种答案。

这时主持人可以请一位参与人员上来，重复上述的指令，唯一不同的是这次参与人员可以问问题。

六、讨论

完成第一步，撕掉右上角后，可以问大家，为什么会有这么多不同的结果，也许大家的回答是单向沟通不许问问题所以才会有误差。完成第二步，撕掉左上角后，又问大家，为什么还会有误差，希望说明的是，任何沟通的形式及方法都不是绝对的，它依赖沟通者双方彼此的了解、沟通环境等。沟通是意义转换的过程。

PROJECT 3

项目三
家庭沟通

PROJECT 3

认知目标

了解家庭与家庭沟通的特性；掌握与父母、伴侣、子女沟通的前提与原则。

素养目标

领会家庭沟通中成员间情感与思维的变化与需求。

运用目标

能够在不同场合灵活运用与父母、伴侣、子女沟通的技巧。

任务导入

“代沟”的烦恼

大学生小奇最近比较烦。小奇说，自己不是不爱父母，只是有时父母的爱太沉重，让他有种喘不过气的感觉。“我的父母不善于换位思考，经常以过来人的身份和视角评论对错。从小到大，无论是学习还是生活我都得听父母的，我也想跟他们分享我的想法，但他们根本不会听，更不会试着理解我，总是说：‘你还是小孩子，什么都不懂，爸妈不会骗你的，都是为了你好。’久而久之，很多事情我就不愿意跟他们说了”。

想一想

沟通的前提是双方地位是对等的，彼此愿意打开心扉，站在对方的角度来接受对方的想法。但是，由于父母与子女心理特点、生长背景、沟通立场等因素的不同，双方往往在沟通的过程中容易出现“为什么你不懂我的感受”这样的困扰。那么家庭成员间应该如何沟通呢？

一、 知识储备与拓展

（一）家庭成员间的沟通

1. 家庭的特性①

家庭是一个系统，是由家庭中每一个相互依赖的成员相互作用、相互适应构成的一个整体。想象某个家庭以一个类似树状图的活动部件再现，每条线上悬挂着一张家庭成员的照片，用木条把悬挂其他家庭成员照片的线连接在一起，这样一个活动部件就是一个家庭系统。

（1）家庭系统是相互依赖的

家庭系统是相互依赖的，只要动一下家庭系统中的某个活动部件，其他部件也

① ［美］罗纳德・B. 阿德勒：《沟通的艺术：看入人里，看出人外（第15版）》，351页，北京，北京联合出版公司，2017。

会随之运动。以同样的方式，一个家庭成员的行为也会影响其他每一个家庭成员。如果你的家人不开心，你的生活也会受到影响；如果你的家人很开心，整个家庭的氛围也会更积极。

一项研究显示了家人相互依赖的本质。当夫妻平等地负责家务时，他们会拥有更高的婚姻质量。而哪一个共享任务能最好地预测婚姻满意度？答案是抚养子女的任务。换句话说，如果父母想要改善彼此之间的关系，一个方法就是更加投入地照顾他们的孩子。家庭系统某一部分的改变，如父母与孩子的互动，会影响其他成员的改变。

(2)家庭系统通过沟通显现

正如线和木条连接起了活动部件的各个部分，沟通也将家庭系统中的各个成员连接了起来。语言和象征性的行为会影响家庭生活的平衡。

(3)家庭系统的结构是嵌套的

每一个家庭系统的内部，还有次级系统(subsystem)在运行。在传统的家庭中，父亲和母亲形成独特的关系，兄弟姐妹形成他们自己的系统，孩子和父母也会形成次级系统(如母女关系、父女关系等)。家庭系统越庞大，次级系统的数量越多。

一个家庭也是一个更大的上级系统(suprasystem)中的成员。你可以通过想象变大的活动部件来说明这一点，如融入爷爷奶奶、叔叔阿姨、表兄弟姐妹，等等。

除了亲属关系，家庭也是其所处社会的一部分。例如，在暴力环境中长大的孩子往往会比在普通环境中长大的孩子表现得更加焦虑，在成年以后的社交能力也更弱，他们的行为也会更具有攻击性。学校的环境也会塑造孩子的沟通方式，无论是好是坏。

(4)家庭的意义大于各个部分的简单叠加

正如活动部件不仅仅是一堆照片的简单集合，一个家庭也不仅仅是个体的集合。即使你知道每一个家庭成员是各自独立的，但是在你看到一家人之间所有的互动之前，你不会理解家庭的意义。当这些成员聚在一起的时候，新的沟通方式就会出现。举例来说，你可能知道当朋友结为夫妻后，他们会发生很大的变化。也许他们会变成更好的个体——更自信、更聪明，并且更快乐；也许他们会变得更具有攻击性。同样，当孩子降临后，夫妻关系的性质也会发生变化。不仅如此，随着以后每一个宝宝的到来，家人的互动都将再次改变。

2. 家庭沟通的特性

（1）家庭沟通是形成性的

来自家人的信息是我们接收到的最早、最重要的信息。例如，来自母亲的信息会塑造女儿看待感情关系的方式。不难想象，如果母亲认为“婚姻是我人生中最美好的事情”或者“所有男人都是混蛋”，这分别会对女儿产生怎样的影响。除了对待感情的态度，家长的沟通也会塑造子女对待其他事物的态度。例如，孩子在成长期间所听到的有关学业的信息，会影响他们在求学中做出坚持完成学业或者退学的选择。

来自原生家庭的沟通对孩子有着终身的影响。依附理论（attachment theory）认为孩子会和家人发展出密切的关系——无论是安全依附型还是不安全依附型。不安全依附型的孩子在成人后也会对建立新关系感到不安，对进一步的亲密感到不舒服，对失去既有的关系感到焦虑。这样的情侣时时害怕自己被拒绝或者被抛弃，结果他们的行为方式反而更有可能让他们所恐惧的事情成为现实。换句话说，他们较低的心理预期产生了不良的自我应验预言。

不过，幸运的是，如果孩子的依附类型是安全的，那他们长大后会更自信地沟通，发展出更强的亲密感，与老师、同伴和其他人都能维持有效的关系。如果一对情侣都属于安全依附型，那他们会倾向于建设性的沟通，即使在冲突中也是如此。

除了养育和非养育过程中的信息，出生顺序也会在塑造沟通方式中起作用。例如，第一个出生的哥哥（或姐姐）往往比他们年幼的弟弟（或妹妹）更外向。他们也更关心控制权的问题。中间出生的孩子往往与朋友的关系更亲密，与家人的相处会有更多的困难。最后一个出生的孩子往往比自己年长的兄弟姐妹更亲近他们的家人。

（2）家庭沟通是由角色驱动的

个体担任某种角色后就有了对如何沟通的期待，有些角色是从亲属关系的立场上发展起来的。你可以默举爸爸、妈妈、儿子、女儿这些传统角色的规范清单，当家庭成员依据期待的角色沟通时，沟通就会顺利地进行；当角色面临挑战时，沟通就有可能出现问题。比如一个家庭的规矩是“孩子应该安静地待着”，那么这家人对一个健谈的、有主见的儿子或女儿的反应可想而知。

随着孩子的成长，他们会被其他家庭成员贴上各种标签。诸如“好孩子”“害群之马”“聪明的孩子”“捣蛋鬼”等，这些词汇听起来并不陌生，一旦这些标签存在了，它们往往会自我应验预言。如果角色是积极的，那么相匹配的那套期待就能塑造出良好的效果。如果角色是消极的(“你还能做点儿好事吗?”)，或者是更具破坏性的(“为什么你就不能跟你哥哥学点儿好?”)，那么这些言论不仅会降低关系的亲密感，还会增加家人之间的冲突。这种标签的影响甚至会困扰一个家庭长达数十年。

尽管标签会产生持续的影响，但是随着父母和子女年龄的增长，他们的家庭角色都会发生改变。在刚刚成人的那几年(通常在18岁到25岁)，曾经需要父母密切监督的孩子开始宣告自己的独立，沟通模式通常也在此期间发生变化，反映了关系中角色的转变。在许多家庭里，成年子女和父母对待彼此的态度更加平等。如果孩子希望被当作成人来对待，而父母却坚持遵循早先的角色规范，冲突就会发生。当父母变老时，孩子就会扮演起照顾自己生病或者年迈父母的角色——一个家庭因此完成了一个循环。

兄弟姐妹之间的关系和角色也会随着时间而改变。在童年时期，兄弟姐妹视彼此为友谊的重要来源——有时候也存在竞争。在成年时期，兄弟姐妹常常会发展出更牢固的感情纽带，此时他们会再次专注于彼此的沟通和陪伴，竞争则会明显地减少。

(3)家庭沟通是自发的

你有选择朋友和约会对象的自由，但你不可能选择你的父母、兄弟姐妹或者其他亲属。即使你采取极端的方式切断与亲人的沟通，他们对你的影响还是会继续存在的。无论怎么疏远，他们终究还是你的家人。

当我们成年后组建家庭，关系网会变得更复杂。同样作为成年人，我们所选择的感情伴侣也有自己的亲属。无论是否喜欢，一对彼此承诺的夫妇都将与三个家庭发生联系：他们共同创造的家庭，以及伴侣双方各自的原生家庭。一旦孩子降临，在一定程度上，他就与他的亲属永远地联结在一起了。

3. 与家人沟通的模式

家人之间谈论的内容通常都是相似的，没什么新奇的东西：日常的活动、家务事、共同经历的事件等。但是家人之间沟通的方式有明显的不同，通常表现在两个方面：谈话取向和遵从取向。

(1)谈话取向

谈话取向(conversation orientation)是指家人在讨论各种话题时开放的程度。谈话取向较高的家庭，他们的交流更自由、频繁，而且是自发的。它和谈话取向较低的家庭有着很大的不同，在后者那里很多话题都是禁忌，除此之外的话题也只能用一种限制的方式被提出来。你可以回忆一下自己的原生家庭在谈论包括宗教、性、政治、个人历史，以及对其他家庭成员的感觉等话题时的规则(可能没有明确说出来)，这样你就能对自己家庭的谈话取向有一定的了解了。

谈话取向较高的家庭把沟通视为一种表达喜爱和愉悦的方式，并借此获得放松。当发生冲突的时候，他们也试图找到适用于所有成员的解决方案。相比之下，谈话取向较低的家庭成员很少互动，交换私人想法的次数更少。谈话取向较高的家庭把沟通当作有益的，并且在这样的家庭里长大的孩子具备更强的人际沟通能力。

我们也必须认识到即使是在谈话取向较高的家庭里，为某些话题设定界限不仅有必要而且有用，这点很重要。即便是最开放的家庭，也会为了保护私人信息不为外界所知而设置界限。例如，一项研究发现，知道父母不忠之事的成年子女会保守这个秘密，不让家人以外的人知道。他们以此保护家人，证明自己的忠诚，保持家庭的凝聚力。

(2)遵从取向

遵从取向(conformity orientation)是指家人强迫彼此的态度、价值观和信仰保持一致的意愿的强度。具有较高遵从取向的家庭沟通的目的在于寻求和谐，避免冲突，促进相互依存，以及取得服从。在这样的家庭里，成员之间往往是等级分明的，他们对哪些成员拥有更多的权力有着清晰的认识。因此在这些家庭里，处理冲突的策略往往以回避和强制为特征。相比之下，具有较低遵从取向的家庭，在沟通时以个性、独立和平等为特征，这样的家庭相信个人的成长应该得到鼓励，并且单个成员的利益要比整个家庭的利益更重要。

谈话取向和遵从取向能够以四种模式相结合。每一种模式反映一种不同的家庭沟通模式(family communication pattern)：一致型、多元型、保护型和放任型。

为了理解这些组合，假设有四种沟通模式不同的家庭。每个家庭都有一个15岁的女儿想要刺一个非常显眼又不雅的文身，这让她的父母很担心。现在想象一下，依据谈话取向和遵从取向的不同组合方式，围绕着这个话题的沟通会有怎样的不同。

谈话取向和遵从取向都高的家庭是一致型的(consensual)。这种沟通反映出的张力在于：既存在承认且保留权威等级的压力，又存在公开沟通和探究话题的利益。在一致型家庭里，女儿可以自由地提出她要刺文身的要求，父母也乐意倾听女儿的意见。不过，最终的决定还将取决于父母的意见。

谈话取向高、遵从取向低的家庭是多元型的(pluralistic)。在这种家庭里，沟通是开放、没有限制的，每一个家庭成员都会给出对于文身利弊的评估。我们很容易想到一场正在进行的家庭会议，每个人都在讨论刺文身是否是一个好主意。兄弟姐妹，甚至其他亲属也会加入其中。在理想的情况下，共识就来自这些讨论。

谈话取向低、遵从取向高的家庭是保护型的(protective)。这种家庭的沟通强调对于权威的服从，不愿分享想法和感受。即便对文身进行讨论，也会非常简单。父母决定一切，他们的决定就是最终结果。

谈话取向和遵从取向都低的家庭是放任型的(laissez - faire)。“放任”大致译自法语的“放手”(hands off)。在这种沟通模式中，家庭成员很少参与彼此的事务，因而做决定是很个人化的一件事。在放任型家庭里，女儿在做出决定之前甚至不会把文身这件事提出来供父母讨论。即便她提了，父母也不会多说什么。无论是文身，还是其他事情，父母的反应都只会是一个冷漠的“随便你”。

越来越多的研究显示有些沟通模式比其他的更高效和更令人满意。例如，来自一致型和多元型家庭的年轻人比来自保护型和放任型家庭的年轻人更自信、更灵活。在多元型家庭长大的孩子比在其他任何类型下长大的孩子更少用言语攻击他人。相比之下，如果家长采取保护途径，不仅会导致孩子隐藏更多的秘密，处理结果也会让父母和孩子都不满意。在遵从取向高的家庭里，父亲在冲突中倾向于对抗和施压，但在多元型家庭里父亲是调和型和分析型的。换句话说，开放沟通和共同决策要比高压强权和拒绝公开对话能产生更好的效果。

（二）与父母的沟通

1. 与父母沟通的前提——了解他们

事实上，与父母的沟通，是一种向上沟通，相对于平行沟通(对平辈)或向下沟通(对晚辈)的难度更大。试想一下，当我们想要与父母讨论或提出我们的主张或建议时，是否会迟疑再三、难以开口。子女想要跟父母进行良好的沟通，首要的前提就是做到“知己知彼”。父母的沟通模式、生活形态、教养风格，都会影响他们与子女的沟通。

（1）了解父母的沟通模式

每一位父母都带着自己的成长印记，形成了自己的沟通风格。在组建家庭之后，这些因素相互影响，又使得每个家庭有着不同的沟通模式。在不同的家庭沟通模式下，父母与子女的沟通风格与沟通行为又不尽相同。例如，一致型沟通模式的家庭中，在沟通时，子女需要尊重父母的等级权威，保持与父母的三观一致，他们可以表达自己的想法，父母也会倾听，但是最终的决定权还是在父母手里。家庭的具体沟通模式详见本章前面的内容。

（2）了解父母的生活形态

生活形态是由心理学家阿德勒提出的一个心理学概念，是指一个人在社会上的生活与行为模式，依据不同的生活方式将其分为不同类型的生活形态。不同流派的心理学家从不同的角度对这一概念进行过不同的表述。肖特和威廉姆斯认为生活形态是一个人在其社会生活空间中的所有互动行为的总和，舒特则认为社会系统、结构性属性（一个人的社会地位、互动取向、社会关系类型）以及功能性属性（与社会的疏离感、孤立及竞争）是一个人生活形态的重要组成部分。子女在与父母沟通的过程中会发现，经历不同生活形态的父母，其人生观、价值观和世界观也有所不同。而人生观、价值观和世界观的不同又会影响他们在与子女沟通时的思维模式与言行表现。

一般而言，一个人的生活形态包括以下内容。

· 童年的生活经历：城市/乡下。

· 是否具有较高的社会地位与声望。

· 是否能自由地支配金钱。

· 是否有充分的闲暇时间去做自己的事。

· 是否居住在文化水平较高的地区。

· 是否经常外出旅行，增长见闻，开阔视野。

· 是否有安定的工作，每天准时下班。

举个例子，如果父母从小生活在大都市，经常外出旅行，那么这样的父母往往视野开阔、思想与时俱进，在与子女沟通时，他们也较容易保持一种开放的心态，愿意接受年轻人的新鲜思想，与年轻人分享自己的人生感悟；如果父母从小生活在乡下，受传统思想的影响比较深，那么他们在与年轻人沟通时，会倾向于保守传统。

(3) 了解父母的教养风格

在不同的家庭中，不同的家长会形成不同的教养风格。心理学家鲍姆莱德根据研究，将父母的教养风格分为四类，分别是专制型、民主型、放任型和忽视型。秉持不同教养风格的父母在与子女沟通时的特点也各不相同。

专制型的父母在日常生活中以绝对的标准来衡量子女的行为，以专制的方式管教子女，强调子女要无条件地绝对服从自己立下的种种规定，没有讨价还价的余地，也不解释为什么要这么做。专制型的父母要孩子服从自己的命令，而且不得提出质疑。他们不鼓励子女表达意见，亲子之间很少沟通。

民主型的父母期待子女表现出成熟的行为。他们会为孩子制定合理的行为标准，然后以坚定的立场去贯彻始终，鼓励子女的独立性与个性表现。民主型的父母比较愿意跟孩子解释为什么要这么做，能够跟孩子进行讨论，采用开放的沟通模式，尊重子女，但必要时仍会使用权威。

放任型的父母以放任的方式对待子女，他们很少立下规定要孩子遵守，对孩子也没有很多期望，完全让子女自己做主，接纳子女的一切行为，很少用惩罚的方式。在亲子沟通时，父母也较多随着孩子的意愿，很少表达自己的观点。

忽视型的父母不承担自己作为父母教养孩子的责任，认为孩子只要有东西吃，有地方住就好，对孩子的培养和指导少之又少。他们从不主动与子女进行沟通交流，当子女想要主动跟他们沟通时，他们也会消极回避。

2. 与父母沟通的原则

(1) 耐心

随着年龄的增长，父母逐渐进入老年期。他们的心理状态也会随着生理变化而发生相应的改变。例如，因身体老化，社会互动减少，信息获取也越来越少所带来的个人与社会的疏离感；因退出职场或子女长大成人所带来的寂寞与孤独感；因认知与情绪的改变所带来的悲伤、忧郁、无助、愤怒等；因疾病与退化使身心方面对家人的依赖性增加。这些都会影响父母与子女的沟通。又如，喜欢唠叨讲述自己年轻时的事情，总是乐此不疲；倾向于以长辈、教育者的姿态与子女沟通，爱啰唆、爱教训人；认知固化，不容易改变主意等。因此，在与父母沟通时，子女应有耐心、有爱心，并能理解他们。

（2）避免刻板印象

在与人沟通的过程中，我们所使用的知觉模式塑造了我们与人沟通和理解别人的方式。所谓知觉模式（perceptual schema）是指每个人按外貌、角色、风格、心理特质等组织对他人的印象的不同方案。在使用知觉模式时，人们有时难以避免刻板印象，会先入为主地用有色眼镜看人。而且，我们往往不自觉地以己度人，通过自己对世界的认知来评价别人。我们在与父母沟通时，这种情况出现得可能更多。我们会依据以往的经验，过度简化对他们的评价，影响沟通效果。例如，当我们在成长中遇到问题时，本应主动跟父母进行沟通，请他们给予意见和帮助，但是脑海中“我爸妈就会啰唆，超级烦人”这个刻板印象，很可能就让我们打消了与他们主动沟通的念头。

（3）尊重

尊重他人，是与人沟通的最基本要求。无论对方是学业上的师长、职场中的领导同事、生活中的小伙伴，还是我们的父母，切忌不可因为“我们都是自家人！”这样的想法，而在与他们沟通时不懂得尊重。请记得，我们是在同成年人对话。如果我们用高压、不屑、强硬的态度与话语与他们沟通，他们会感到自己不被尊重，产生防御或愤怒的心理。因此，在与父母沟通时，应做到面对对方，保持眼神的接触，积极倾听，并注意父母的各种反应；以自发、真实的态度面对父母的需求；不评价、不强迫父母，并欣赏彼此的差异性。

（4）接纳

在与父母沟通的过程中，不要想着去说服、改变他们。沟通不是单方面想着说服或改变。了解这一点很重要。成年人都有思维定势，单方面想要说服或改变对方，往往只会导致争吵。子女不要把与父母的沟通理解为与他们讲道理，谁去把谁说服。与父母的沟通，更多是一个寻找共识的过程。除此之外，父母有天生的差异，所以不要太坚持父母一定要达到我们心中的标准。毕竟在家长的立场上，他们也有他们的为难之处。有时候，子女更要主动去体谅父母，去了解他们的需要，将目光从自己的角度转换到父母的角度。

3. 与父母沟通的技巧

与父母长辈的沟通技巧

（1）想清楚再表达

与父母沟通时，首先，明确自己要达到的目的是什么。其次，想清楚如何组织我们的语言，表达要清晰到位，让他们能明白我们想要表达的是什么。除此之外，根据我们对父母的了解，我们应该能够预料到在与他们沟通某些话题时，他们可能会出现的反应。尤其是当我们需要说服他们、做思想工作时，这更需要我们提前想好应对方式。很多时候，在沟通的过程中，随着对方和自己情绪的变化，沟通很容易就会发展为争执，此时个体没有办法想清楚自己讲的是不是自己真正的想法，有可能会在这个过程中讲错话或转移焦点。

（2）主动沟通

沟通的方式有很多种，效果最好的是由子女来发起主动沟通。在主动沟通的过程中，“动之以情，晓之以理”是最好的选择。一定要尊重父母的感受，避免用情绪化的字眼来表达想法，这样才能达到有效沟通的目的。此外，若想通过主动沟通来引导父母理解我们的想法，那就要先清楚父母的想法，要能站在他们的立场进行思考。在此基础上，再去营造如何能让父母站在你的立场思考的沟通环境，及如何引导他们顺着你的思路，自然地理解你所想表达的立场和内容。

（3）选择合适的沟通渠道

与父母的沟通渠道一般有两类，一类是面对面的交流，另一类是通过媒介的交流。这两类沟通渠道各有适用之处。

①面对面的交流。

当我们想要通过沟通极力达到某种目的时，面对面的交流是不错的选择。在面对面交流时，父母的注意力会集中在与子女的沟通内容上，他们会用心地去倾听。除了语言线索可以很好地发挥沟通的效果之外，在与父母面对面交流时，如与父母的眼神交流、声音语调、触摸、身体姿势，以及许多其他行为，非语言线索对于交流的效果也会起到很大的作用。这些信息使得面对面交流的内涵变得非常丰富。充足的非语言线索不仅可以帮助我们明晰父母话语的含义，而且还暗示了他们的感受。通过面对面的交流，父母也能够更好地了解子女当下的感受。

②通过媒介的交流。

当我们因为某种原因，不愿或者无法与父母面对面交流时，发微信、打电话、写便签留言这样的媒介沟通就成为首选。例如，当我们在异地求学、异乡工作时，当我们需要报喜不报忧、羞于开口，不想让父母听到自己声音的颤抖，看见自己额头渗出的汗珠，因而担心我们时，通过媒介的交流会将沟通中的非语言线索过滤掉，只剩下单纯的语言线索，这使得信息非常精简、凝练。

(4)找到父母能听进去的切入点

父母在与我们沟通的过程中，之所以听不进我们的讲话，主要是因为他们与我们看问题的角度不一样。例如，《西游记》里“三打白骨精”的故事大家都熟悉，唐僧为什么听不进孙悟空的意见呢？其实真正的原因是他们想问题的角度不同。孙悟空的任务是降妖除怪、保护师父，所以见妖怪就打很正常；可是唐僧关心的是西天取经。

因此，当与父母沟通时，在表达用语上应选择他们能听进去的切入点，击中他们的“痛点”，这样才能达到我们想要的沟通效果。还是举孙悟空与唐僧的例子。如果我们是孙悟空，又要打死白骨精，又要顾及师父的面子，我们就应该站在唐僧的角度来分析里面的利害关系。例如，孙悟空可以这样说：“师父，我知道您是怕我万一看得不准就会滥杀无辜。可是您也要想想，万一我们被外表迷惑放走了妖精，受苦的可是周围的老百姓啊。多少生灵涂炭可都要算在我们头上啊!”

(5)选择父母感兴趣的话题

“话不投机半句多”。选择父母感兴趣的话题是成功开启与他们沟通的金钥匙。中国青年报社会调查中心联合问卷网的一项调查显示，“在与父母的交流中，子女学习工作(57.2%)、子女日常生活(55.5%)、父母的健康和生活(53.0%)是主要话题。其他话题还有自己的想法、观念(41.9%)，自己的兴趣爱好(25.8%)，老家的奇闻轶事(22.1%)，深层次思想问题(13.5%)，娱乐八卦(13.4%)和国家大事(12.2%)等”①。在与父母沟通时，可以选择他们最喜闻乐见的话题作为引子，甚至可以单纯谈论这些话题让他们感到被关心。

(三)与伴侣的沟通

伴侣之间的良好沟通，既是一门艺术，又是一种技巧，更是亲密关系和谐幸福的基石。伴侣之间的很多问题基本上都源于无效的沟通。

1. 了解伴侣沟通的前提——男女有别

(1)生理区别

男性与女性在生理上的差异，导致他们在沟通时有着不同的风格和特征。神经

---

① 杜园春：《93.0%受访青年坦言与父母存在沟通障碍》，载《中国青年报》，2017-05-11。

科学家通过研究发现，男性与女性的大脑存在差异性。例如，女性的左右脑互动区域更加广阔，因此她们可以快速切换左右脑，使得她们在沟通时感性与理性可以快速转换；男性的左右脑互动区域则较为狭窄，左右脑的转换思考对他们来说不如女性。所以，他们需要独处的时间来平衡理智与情感，在沟通时变通性相对较弱。

(2)情绪理解与情绪表达

受到生理特征和性别角色的影响，男性与女性在情绪理解与情绪表达方面也有着较大的不同。

研究表明，女性对情绪的理解能力要高于男性。科学家设计了一个“情绪感应测试”，被试需要观看视频片段中不同演员表达的情绪(如开心、难过等)，然后在十多项情绪选项中做出配对。在视频中演员会用自创的语言表达情绪，因此被试只能通过观察演员的脸部表情等做出判断。日内瓦大学曾测试了约三百个男女，发现女性在这项测验中比男性有优势，成绩比男性高。换句话说，在沟通的过程中，女性更容易准确识别对方的情绪状态。在全球各地进行的类似测试的结果都差不多。

不仅如此，即便男性和女性识别到对方相同的情绪，他们在表达情绪的方式上也有区别。研究发现，在面对面沟通中，父亲比母亲更会掩饰自己的情绪，这让孩子更难读懂父亲的情绪。在网络沟通中，男性和女性在情绪表达的运用上也有类似差异。例如，女性比男性更可能使用表情符号来表达她们的情绪。①

(3)语言沟通差异

①沟通理由和内容。

男女沟通的理由不尽相同。男性更多的是就事论事，或者与同性友人谈论自己喜欢的事。相比而言，女性的谈话包含更多的情绪体验，是一种情绪的发泄与排解。

此外，男性与女性在沟通的话题和内容上也有一定的差异。除了一些男女双方都会谈及的话题，如工作，女性则更喜欢谈论私人话题和家庭生活等方面的话题，而男性则更喜欢谈论时事政治、事业生意等方面的话题。

②表达方式。

研究显示，男性的表达更为直接、简洁，以任务为取向，而女性的表达则更加

① [美]罗纳德·B. 阿德勒:《沟通的艺术：看人人里，看出人外(第15版)》，159页，北京，北京联合出版公司，2017。

间接、详尽，以关系为取向。因此，男性在交流的过程中，更多地会使用评判式的语言、指导性的语言，如“这台电脑可真不赖”“你再试试看”；而女性在交流的过程中，则更多地会使用加强语气的语言、表达情绪的语言、维护关系的语言，如“那个女生真的超级瘦”“我今天真的很郁闷”“最近怎么样啊”。

在回应对方的话语时，女性常常会使用一些语言信号来作为回应，如“嗯”“明白”等，以此表示她们正在认真倾听。而男性则很少在交流过程中如此回应对方，他们只会在同意对方观点的时候做出回应。男性与女性在回应对方话语时存在的上述差异，导致在沟通的过程中，男性与女性常会误解对方。例如，女性会因男性在交流过程中没有口语回应，而认为男性心不在焉，而男性会将女性的口语回应当作认同自己观点的标志。①

(4)非语言沟通差异

在沟通中，女性使用非语言信息的频率相比男性更高一些。她们更倾向于在沟通的时候使用面部表情(如微笑、皱眉、眼神交流等)，肢体语言(如点头、手势等)来表达自己的想法和情绪。

2. 影响伴侣沟通的因素

(1)性格

个体的性格会影响伴侣间的沟通模式和沟通行为。众所周知，不同性格的人在沟通时会有不同的行为表现。以内向型性格的人和外向型性格的人来说，内向型性格的人在说话之前会先进行大量的思考，在与人沟通的过程中，会认真倾听对方的言谈，说话时声音舒缓、轻柔、沉稳。他们更喜欢一对一的交谈，过多的交流会让他们感到疲惫；而外向型性格的人往往边思考边表达，他们的口才较好，喜欢滔滔不绝地聊天，面部表情及肢体语言丰富，无法忍受孤独。因此，基于不同性格的亲密伴侣，在最初沟通时，往往会觉得彼此不合拍。

(2)生活背景

伴侣双方成长于不同的原生家庭、社区甚至文化习俗之中，各自从这些生活环境中习得了影响自己沟通的不同要素，如沟通方式、情绪行为模式、语言风格等，

---

① ［美］诺曼·怀特：《亲爱的我们可以不吵架——亲密关系沟通圣经》，109 页，成都，天地出版社，2018。

并将之带入亲密关系的相处与经营之中。

奥尔森在其著作《爱的性格——内向者和外向者的亲密之道》中，讲过这样一个真实的案例："布罗德里克博士在结婚几个月后生病了，他就跟原生家庭的成员一样，直接躺在床上，等着妻子来照顾他。他等呀等呀，妻子始终没有来，更别说他期待可爱的妻子能给他端来一杯橙汁。那时，他很想知道妻子在哪里，她不爱他了吗，她不在乎他生病了吗。而当时，他的妻子正一边哼着歌儿，一边收拾着公寓，她在等着自己的新郎恢复精神。她等着等着，最后等到的是布罗德里克博士发着烧，硬从床上站了起来，咆哮着说：'我那该死的橙汁到底在哪里？'她一脸迷惑，但几分钟后，她便端上了一杯果汁。之后，当他稍微恢复精神的时候，他们开始讨论刚才发生的事情，也就是在这个时候，他们才意识到由于双方成长于不同的家庭，有不同的价值观，因此在某人生病时，他们表达爱的方式也有所不同。在布罗德里克博士的家庭中，他们对病人照顾有加，也习惯于在他人生病的时候端上一杯橙汁。在他妻子的家里，他们则习惯让病人独自待着，安静地休养，恢复身体，这就是他们爱的表现。"①这个案例将伴侣间由于生活背景所导致的沟通不畅表现得淋漓尽致。

3. 伴侣间的沟通技巧

每一个人都带着不同的性格、成长背景、个人经验进入一段伴侣关系之中，彼此有着不同的期望、处理事情的不同方法、不同的沟通风格。如果不能了解这些，掌握正确的沟通技巧，难免会出现矛盾、分歧、误会与烦恼。亲密伴侣间的沟通技巧可以从以下几个方面着手：沟通什么、何时沟通、如何沟通。②

(1)沟通什么

说得多，不如说得好。谈到沟通，不少人误以为是必须把心里的想法和感受全部讲出来。其实亲密伴侣应当过滤沟通的内容，伤害亲密关系的话要尽量少说，或者用一种建设性的方式来说。一般而言，伴侣沟通时，往往围绕以下几个方面展开：彼此的感受、需要、想法、观察到的情况，或者上述内容的综合，如"我们一起去度假吧""你看起来很疲惫，发生了什么事情"等。这些内容的沟通，有利于促进伴侣间的依恋、理解，维系伴侣间的亲密关系。

---

① [美]马蒂·奥尔森·兰尼，迈克尔·兰尼：《爱的性格——内向者和外向者的亲密之道》，55页，北京，机械工业出版社，2017。

② 和仁：《夫妻关系15堂课》，142～146页，北京，中国盲文出版社，2004。

（2）何时沟通

沟通时机很重要。伴侣之间，许多人只顾着自己当下的想法、情绪，一吐为快，却忽视了听者是否听得进去。当伴侣情绪低落、忙于手头工作、因为各种原因无法集中注意力时，他将不再有心思去倾听另一半的诉说，而诉说者也会产生自己被忽视的不愉快感。所以伴侣双方相互沟通，最好选择在双方心平气和、有空闲、能够专心聆听对方的时候，这样才能产生好的沟通效果。

（3）如何沟通

①沟通时，倾听比诉说更重要。

倾听是指站在伴侣的立场上，用心去了解对方所表达的意思。伴侣沟通时，耐心倾听对方的诉说意味着对对方的关爱、理解、尊重、体贴。试想这样的一个场景，当一位妻子想要就孩子的教育问题跟丈夫谈话时，丈夫却在不停地刷着朋友圈、浏览着微博，即使他很安静地在“聆听”妻子一人的“独角戏”，但他会因为注意力没有全部集中在与妻子的谈话内容上而错过大量的信息。与此同时，丈夫的这种行为也会给妻子传递出这样的一个信息“我不在乎你跟我说的这些事”“我情非所愿”。还有一些人在与另一半沟通时，急于表达自己的意见，却忽视了对方在说什么，伴侣间的沟通效果因此会大打折扣，甚至还会为伴侣关系埋下隐患。

倾听同样也需要同理心。不仅要听对方说什么，还要站在对方的立场上，集中注意力去倾听，捕捉其想要表达的信息，体会他当下的情绪、感受。在交谈的过程中，给予适当而简短的回应，如“原来如此……”“是……”以及点头，让对方知道你在倾听，也会让对方感受到被尊重。这样的倾听会让对方感受到你愿意花时间关注他的感受，发自内心地关心他。

②澄清。

在倾听伴侣诉说的过程中，还应及时对其所表达的内容进行澄清。澄清本质上是一种反馈，具体是指用自己的语言将对方所表达的意思进行重复与确认。例如，“你的意思是……”“你是说……吗”，这样可以避免因听错或理解不一致而产生不必要的误会。又如，“听起来你好像有些失望，因为我无法陪你去看你期待已久的话剧了。”这不仅给了对方进一步表达自己感受的机会，也传达了你在专心地听他说话。

③运用“我信息”。

伴侣沟通时，有些人喜欢用“你信息”来沟通，如“你不可以这样……”“你不能怎样怎样”，这样的语言在沟通时往往会让倾听者感受到威胁，进而产生防御心理，或者激怒对方而引发矛盾。因为“你信息”更多地表达了说话者对倾听者所下的论断。如果是包含批评性的“你信息”语言，它隐含着对对方做错事的抱怨。

亲密伴侣沟通之巧用“我信息”

因此，伴侣沟通时，应多运用“我信息”。“我信息”的表达反映了说话者对所表达的信息负责。若运用“我信息”，以我作为语句开头，后面接感受的词汇，如“我觉得……”“我不想一个人打扫房间”则较无攻击性，让倾听者有较大的心理空间来思考所听到的话。例如，“我很难过，因为我原本以为我们早就约好今天要一起吃饭的。”就会比“你每次都说要忙公司的事情，到底是公事重要还是我重要！”更能让对方清楚地了解你的感受，而不是令对方陷入被批评的情境中。

④表里如一的沟通。

表里如一的沟通是指在与伴侣沟通时，所说出的话要与自己内心的真实感受一致，只有这样说的人才能够照顾到自己内在的需求，不会委屈、压抑情绪或有戴面具的感觉，听的人才能明白你到底要什么，才能重视你的问题。这样的沟通，才能顾及双方的感受。许多人习惯于表达看法，但只停留在表面的事件讨论及解决问题，很少把真正的感受表达出来，而表达感受是让对方了解你的重点所在。例如，有些伴侣表面上回答“没关系”“都可以”“看你想怎么做”，实际上内心另有其他想法。这样表里不一的沟通，无异于自行给伴侣间的沟通添加了一堵屏障。

⑤具体化表达。

伴侣间的沟通必须清晰而直接。没有人学过“读心术”，即使在一起生活了十几年、几十年的人，也不可能在没有听到对方的表达时就知道对方的所思所想。每个人的内在状态就如水面下的冰山，并不容易被别人了解，说话者要尽可能把自己的内在感受、观点、期待、渴望与需求清晰、具体、明确地表达出来，让伴侣能够了解你的内在状态，抓住你想表达的重点。具体化就成为伴侣沟通的不二法门。

亲密伴侣沟通之具体化表达

所谓具体化是指在个体准备沟通之前，不做任何对方应该明白自己的想法这样的假设，也不是只给对方暗示，同时，不会拐弯抹角地通过别人来表达自己的意见。

例如，“你知道吗？我希望我们能多花些时间在一起。”这个表达就太过于含糊，即使对方照着这个要求做了，我们也很难确认他什么时候做到了。

⑥多用积极正面的语言。

伴侣沟通，应使用积极正面的语言，多用肯定、赞扬、欣赏的语言。“老公，谢谢你！无论我想去哪里旅行，你都用实际行动支持我，买机票，规划行程。”“你穿这套衣服显得特别精神！”这是伴侣之间感性表达爱的最有效的沟通方式之一。要用请求性的语言，而非要求性的语言。“我希望你能给宝宝换一下尿布”就是请求式的语言，而“你必须给宝宝把尿布换了”则是要求式的语言。要求、指责、批评这样的负向语言在伴侣沟通中有导致关系分裂的倾向。当想对伴侣脱口而出“你总是不能投入地陪孩子们”时，不如冷静一下，换个更好的表达方法：“很高兴你能花一些时间陪孩子们，孩子们也一定很喜欢你和他们一起玩耍。我也知道你有很多事情要做，但是如果你能重新安排一下工作时间表，再多抽点时间陪陪孩子们，他们会更开心的。”

亲密伴侣沟通技巧之
“多用积极正面的语言”

威胁、羞辱等伤害性语言是不可取的。沟通的目的是希望自己能被尊重与接纳，如果用具有伤害性或批评性的语言来传达，对方会产生防卫心理，可能会产生负面情绪，这样会让双方陷入情绪化的互动中，从而不能达到沟通的目的。

⑦切莫陷入是非对错之争。

沟通的目的在于交换信息以解决问题，增进了解或促进关系。但是伴侣沟通时，常把注意力放在谁是谁非上，将意见的沟通变成了意气之争。伴侣间沟通时如果不能做到对事不对人，则容易对亲密关系造成伤害。而伴侣沟通时无法就事论事，往往是受到双方思维方式的影响。沟通时，双方一定要秉持解决问题的态度，理性客观，随时提醒自己不要被情绪左右。

⑧恰当使用非语言信息。

每一个沟通信息都包含着语言信息与非语言信息。非语言信息能够反映出你说话时的态度和情绪。

同样的句子，用不同的语气说出来，可以解读出不同的意思。温柔地对伴侣说：“我爱你”，可以是真爱的表达。可是，如果对伴侣说：“我爱你?”，那么一个问号改变了这三个字的意义。有时候，我们的字句表达的是一种信息，而声调表达的是另一种信息，传送出去的就是两种信息。我们的伴侣通常是以声调来解释我们的信息的，而不是字句。“今天晚上，我很乐意洗碗。”这句话若以咆哮的声调说出来，绝不会被伴侣理解为是关于家务分担的沟通。

非语言信息除了包括上述提到的说话时的语调、语气、音量、节奏，也包括表情、身体的姿势和动作。身体姿势和动作也是沟通中有影响力的非语言信息，如亲吻、拥抱。在沟通的过程中，如果你的伴侣痛哭、难过，没有什么比搂着她，让她依靠在你的肩膀更重要的了。由身体接触所传达的关心要远远胜过通过语言来表达的关心。

（四）与子女的沟通①

沟通是一种态度，更是一种习惯。很多时候父母一点一滴建立起跟孩子沟通的模式，养成自己与孩子之间相互沟通的习惯。家长与孩子的顺畅沟通，对于孩子认知、情感、行为、社会化等方面的发展都起着非常重要的作用。无论是家长与孩子的沟通方式，还是沟通内容，都直接影响着孩子各方面的发展。

1. 清楚亲子沟通的目的

我们在生活中经常能听到有的家长说：“为什么孩子年龄越大，越不愿意与爸爸妈妈说话、交流?”也会经常听到孩子抱怨父母与自己的共同语言越来越少，不懂自己的想法，很难沟通。很多时候，父母没有弄清楚沟通的目的，又欠缺对沟通正确的理解。父母在与孩子沟通之前，一定要搞清楚与孩子沟通的目的是什么。

（1）了解孩子的想法、感受和需要

与孩子沟通的第一个目的，就是非常单纯地了解孩子，了解孩子到底在想什么，了解孩子的内心感受，了解孩子的需要，了解孩子的情绪。对于父母与孩子之间的沟通，父母似乎更重视如何表达，但在表达之前首先要做的是会倾听，不明白孩子在说什么，就无法给孩子正确的回应，也就实现不了有效的沟通。很多父母认为沟通的目的是让孩子服从，但其实并不是，沟通是为了相互交流信息和感受，是一种分享，是你心到达我心的一个过程。只有倾听才能走进孩子的内心，因为倾听不仅仅是听孩子说话的内容，更是去体会孩子的心情和感受，甚至是去捕捉孩子的潜意识，了解孩子的内心在想什么，了解孩子需要你做什么，了解孩子的情绪。

---

① 林玫莹:《爱孩子就是好好说话：亲子沟通的18个神奇方法》，1～5页，北京，机械工业出版社，2017。

（2）让孩子了解你的想法、感受和需要

通过沟通了解了孩子的想法、感受和需要之后，也要通过沟通让孩子了解你的想法、感受和需要。

沟通本来就该是双向的交流，不管是父母还是孩子，往往更关注的是自己的部分，忽略了对方的部分。但是反过来，只是去关注对方，而没有表达自己的想法、感受和需要，这样的缺失与不足，也会增加孩子理解你的难度，让很多原本可以很简单的事情，因为缺少了解，反而变得难以接受。孩子如果年龄还小，很多时候很难去揣测父母的想法，一旦孩子无法控制自己的情绪，就会增加沟通的难度。

在与孩子沟通的过程中，父母要用孩子较熟悉且能理解的方式来表达自己的想法、感受和需要。当孩子有所了解时，父母再去表达对孩子的期待，会更容易被孩子接受。

（3）知道接下来应该怎么做

一旦完成了与孩子彼此的了解，接下来就是要把该做的事情好好地梳理清楚，让孩子与自己都知道接下来该如何行动，或许是去收拾东西，或许是去找谁说话，或许是去做件事情，或许是你或孩子做某些调整。

如果跟孩子交流与沟通后却不清楚应该再去做什么，这样即使你与孩子的感觉都很好，也不代表完全达到了沟通的目的。只有感觉良好是不够的，与孩子沟通，还需要让孩子清楚地知道下一步的行动。对于相关的人、事物，孩子和自己都要能清晰地说明，彼此也能用自己的语言去表述，彼此也能理解和认可。这比只是“感觉好”更加重要，这才算是有效的沟通。

（4）督促自己把接下来应该做的事完成

达到了前面的三个目的，若是没有好好地执行第四个目的，恐怕与孩子的沟通还是要功亏一篑。

就算努力把沟通的氛围营造得很到位，但是谈完后就没有了后续的行动，这样的沟通有意义吗？这是家长不愿意看到的结果，也是使孩子降低沟通意愿与热情的重要原因。

如果父母每次跟孩子沟通，孩子都说好，都说会照办，但是事实却是你说你的，他做他的，根本没把承诺当作一回事，父母还想跟孩子交流吗？父母还相信孩子的承诺吗？反过来思考，如果孩子每次跟父母沟通完，兴致勃勃，充满期待，接下来父母却是无声无息，孩子会怎么想？孩子还会把父母的话当作一回事吗？

所以，一旦父母和孩子在沟通中形成共识，父母务必要慎重地把相关的事情安排好，最好能在沟通过程中明确关于行动进度的信息，这样不但有助于孩子对整件事情的了解，还能让他感受到父母的在乎与用心。这一点是成功沟通的关键，家长一定要高度关注。

2. 做好亲子沟通的五个基本动作

要实现良好的亲子沟通，五个基本动作不容忽视。如果五个基本动作做到位，沟通就会进入顺畅的轨道。

(1)眼神沟通

在沟通中，眼神的交流、肢体语言的回应，无不影响着沟通的效果。相信很多家长都有过这样的经验：当孩子跟你讲话时，你只看孩子的眼神就知道他在想什么。眼睛是灵魂之窗，在行为科学的研究中，肢体语言占沟通表达中一半以上的影响力，而肢体语言中尤其以眼睛的影响最大。人真正的意图，或许可以在言语上修饰或掩饰，却很难不从眼睛中透露出来。

如果家长与孩子说话时，没有善用眼睛的能力或忽略眼神的交流，就可能让孩子质疑你说的话，甚至完全不相信你，所以家长运用好这一灵魂的工具一定要注意以下三个方面。

①注视着孩子。

当家长与孩子讲话时，若眼睛不注视着孩子，孩子一定会觉得家长不重视他，孩子会怀疑家长到底有没有在听他说话，也就有可能降低沟通的意愿。

相关链接

不被注视的回答

有一次我到一家面店吃面，老板的儿子就坐在店里一张没有客人的桌子前很认真地画画。当他画完时，就把画举得老高，对着正在煮面的妈妈大声喊："妈妈！你看我画得好不好？"

这位忙碌的妈妈很快瞥了儿子手中的画一眼，低头继续煮面，回应一句：

“很好!”

小男孩一脸疑惑地看着煮面的妈妈，再次把画举高，对着妈妈提高了音量说：“妈妈！你真的觉得我画得很好吗?”这次忙碌的妈妈连看都没看就回答：“很好啦!”

小男孩似乎对妈妈的表达很不满意，拿起画就跑到妈妈面前晃，更大声地问：“妈妈，你真的觉得我画得很好吗?”只见这位妈妈用很凶的目光瞪着儿子说：“拜托你，我这是第三次说了，都跟你说很好了，你到底要我说几次呀?”当时就看到这位小男孩很委屈地回过身，背对妈妈念念有词地说：“可是你都没有仔细看……”

与孩子沟通时注视着孩子，孩子才能感受到我们对他的尊重，但是如果一直盯着孩子看，反而让孩子觉得有压力，适度地将眼神移开也是必要的。

②察言观色。

孩子在当下是不是处于好的沟通状态？现在适不适合与孩子沟通？孩子是不是在回避或抗拒？这些都需要家长的敏锐的观察力，也就当然得借助眼睛了。

孩子的动作表情都已经明显不耐烦，讲话敷衍了事，甚至顶嘴，家长却还执意要与孩子沟通，当然就很容易把与孩子的沟通逼入死胡同。

不好的沟通氛围是很难产生好的沟通效果的，家长一定要有了解孩子沟通状态的敏感性，而平常的观察与经验的积累就是形成这种敏感性最好的基础。只有在平时与孩子相处时，创造出让孩子轻松自在的氛围，家长才能了解孩子最真实的行为反应。

③眉目传情。

眼神的肯定比言语的肯定更有力量，眼神的抹灭比言语的抹灭更有杀伤力。与孩子说话时，要善用眼神的作用，要多运用不同的眼神来增加沟通的乐趣。家长平常可以趁洗澡或早上盥洗时对着镜子做练习：看看镜中自己的眼神及表情有没有很恰当地传递信息，有没有足够的说服力。家长还可以与孩子一起玩做鬼脸的游戏，相互做表情给对方看，或猜猜对方的表情代表的意思。这既可以起到练习的作用，又可以达到拉近与孩子关系的目的。

(2)积极倾听

积极倾听可以说是有效沟通的前提，只有倾听孩子的诉说，知道孩子在想什么，才能针对性地给予孩子关心和帮助，才会使亲子沟通变得更容易，也就是说，积极倾听是一种非常有效的沟通方式。很多父母认为，孩子在和小伙伴玩耍时产生的矛盾或者其他烦心事，都是鸡毛蒜皮的小事，根本不值一提，殊不知，父母眼中不值一提的小事，在孩子稚嫩的心中，也许就是惊天动地的大事。倾听先于表达。倾听的重要性一点不逊于表达。不会倾听，不懂得接受孩子传递过来的信息和感受，你就不可能给孩子正确的反馈。不懂得倾听，你就无法走进孩子的内心；不懂得倾听，你就不会知道孩子在表达什么、在想什么，没有说出来的又是什么。

倾听还可以起到心理暗示的作用。认真倾听代表你对孩子的尊重和重视，说明你对孩子的表达充满兴趣，这会刺激孩子和你沟通的欲望，同时也能促进孩子去认识自己。如果孩子感到自己能够自由地对事情提出自己的意见，而自己的意见又没有受到轻视——尽管它有可能是错误的，这将有助于培养孩子自尊自信、勇往直前的品格，使孩子在以后的人生与工作中能够勇敢地正视和处理各种事情。不懂得倾听孩子的表达，孩子就会有被敷衍、不被重视或不被理解等负面感受，这种感受会使孩子产生逆反心理，不听从父母的话，不愿意和父母沟通。

孩子都渴望得到他人的爱护与肯定，特别是他们生活中的重要人物，如父母、老师等。孩子有强烈地向成人表达内心情感的渴求，孩子需要的是有人倾听他们的诉说，理解他们的内心感受，而家长能采取的最好方式就是倾听，而且是反应式的倾听，这能给予孩子及时的安抚和理解。

相关链接

被忽视的倾诉

每天晚上放学回家后，写完作业的淘淘都会凑到妈妈面前，想和妈妈说说自己的烦恼。然而，那个时间妈妈正在厨房里做饭，对于淘淘的倾诉，她总是粗暴地说："你先出去玩，等妈妈有时间再说吧！"长此以往，淘淘不再向妈妈倾诉了，妈妈也落得清静。

然而，老师的一个电话让妈妈心惊胆战。原来，淘淘在学校闯祸了，拿铅笔扎了一个小朋友的手。妈妈赶到学校，赶紧向那位小朋友及其家长道歉，好不容易才平息了对方的怒火。等到对方家长走后，老师问淘淘妈妈："您知道淘淘今天要打人的事情吗?”妈妈一脸茫然地说:“我不知道啊!”老师又说:“但是淘淘刚才说,是他让妈妈把铅笔削尖的,他说他就是为了拿铅笔扎同学。”妈妈惊恐地看着老师,说:“我真的不知道,我回家教训他。”老师看到淘淘妈妈着急的样子,安慰说:“事情已经发生了,您也别再责怪孩子。您应该知道我们平时不让把铅笔削得太尖,您就没问问孩子为什么要把铅笔削尖吗?淘淘最近很不爱交流,我想您在家里应该多多关注他,了解他的内心。”妈妈后悔地说:“我最近工作太忙,的确忽视他了。有的时候他想和我聊天,我都在忙这忙那。您放心吧,晚上回去我就和他聊聊。”

放学回家后,妈妈问淘淘:“宝贝,你为什么要拿铅笔扎同学呢?”淘淘说:“谁让他昨天打我呢!我早就看他不顺眼,他前几天还抢我的小人书呢!”妈妈问:“怎么没听你说起呢?”淘淘不耐烦地说:“您总是在做饭,或者忙着,我怎么跟您说?”妈妈看到淘淘的样子,不由得万分自责。

从此之后,每天妈妈都会抽出时间与淘淘交流,了解淘淘在学校发生的事情,及时排遣淘淘的烦恼。

父母要想了解孩子的内心需要,就必须先认真倾听孩子说话,这样才能增加孩子对父母的信任和安全感。如果家长只顾自己的感情需要,而不顾及孩子的心理需要,孩子就会感到不被理解与孤独,这会种下不利于沟通的种子。其实,很多家庭问题都是“沟通”的问题,而“沟通”问题的焦点又是“倾听”的问题。所以,抓住了倾听,就抓住了家庭教育的关键。只要做好了这点,孩子就会急切地渴望与父母沟通,渴望向父母分享他们内心的喜怒哀乐,并乐于接受父母的引导。

家长在倾听孩子说话的时候,一定要当个肯花时间、有耐性、有修养的听众,用心去听孩子的心声,用心走进孩子的内心世界。倾听孩子的同时还要注意以下四个方面。

①听孩子说完。

让孩子把话说完、说透再做分析或总结。很多家长在孩子话才说一半时就开始大肆批评,妄下结论,这样会让孩子有挫败感。让孩子把话说完整,家长很可能会发现,在充分了解后家长已经不需要再说了。

相关链接

沟通中的“独角戏”

孩子放学回到家，跟爸爸妈妈说道：“爸爸妈妈，我和你们说一件事，我们班今天进行班干部的选举活动，我被选为班长了，但是我想了一下，我不太想当这个班长，因为……”

“你怎么可以不当班长呢？孩子，你太傻了！”一听到孩子说不想当班长，爸爸立刻情绪激动，“你知不知道多少人想当班长都当不上呢？你好不容易被选上了，为什么不当呢？当班长可以锻炼你的领导能力，对你的成长会有很大的帮助。选不上倒也罢了，选上了可千万不能不当。再说，你当上班长，爸爸妈妈也有面子不是？人要求上进，这班长可不能不当。”

“爸爸，你说得都对，但是，我觉得我不适合当班长，因为……”

“哎呀，哪有什么适合不适合，谁也不是天生就适合干什么的，你们班同学能选你当班长就说明你非常适合当班长，你要为自己感到自豪，要相信你们班同学的眼光。”

“可是，我……”

“别可是了，不就是当个班长嘛，哪有那么多事儿？”

“唉，算了，不跟你说了。”孩子起身走了，不再理爸爸。

“喂，干吗走啊，为什么不跟我说了？”

“跟你没法沟通！”孩子远远地甩出一句话。

孩子本来是抱着极大的诚意来和父母沟通的，但最终是什么让沟通进行不下去了？是爸爸根本就没有耐心听孩子想要说什么。他根本就没有给孩子把话说完的机会，而是极不礼貌地打断了孩子的话，并武断地发表自己的意见。这样不平等的沟通，孩子当然不愿意继续，所以，请务必让孩子把话说完。

②同理地听。

站在孩子的立场，接收孩子表达出的信息。家长最容易犯的毛病就是立场太绝对了，每当与孩子沟通时，就想教导孩子、指正孩子、挑孩子的毛病，以致未能好好享受与孩子心灵交流的美好时光。其实孩子与父母沟通，常常不是要你去分析什么，或是建议什么，而是很单纯地想让父母知道他们遇到的事，想让父母知道他们的想法。父母在情感上表示支持，在认知上表示理解，就是给予孩子最好的反馈了。

③不打断地听。

不随便打断别人说话，是一种礼貌。即便是父母面对孩子也应该如此，孩子也需要你礼貌地对待和尊重。不管你同不同意孩子的观点，孩子都有权表达自己的想法。我们常常会遇到这样的情况：孩子兴致极高地向家长讲述学校发生的一件事，突然电话响了，等家长接完电话回来让孩子接着讲时，孩子竟想不起刚才讲到什么地方了，有时甚至一天都想不起来。这就是打断孩子讲话带来的后果。

人在表达时被打断，一是情绪会被影响，甚至表达意愿大大降低；二是有可能忘了刚刚讲到哪里了，造成无法再继续沟通的困境。所以在与孩子沟通的过程中，家长在觉得孩子讲得有不对或不清楚的地方时，可以先做重点的记录，等孩子完整表达之后，再提出问题来厘清与验证。如果孩子的讲话经常被家长打断，孩子的思维就会形成一种习惯性间歇，如果这种间歇经常发生，孩子就会自然而然地养成一种阻滞性思维特点，总是不能很顺利地去沿着一种逻辑把自己要想的问题考虑得很完整、很严密。

一些家长为什么要打断孩子说话呢？当然有许多原因，其中一个就是觉得孩子的话太无聊、没意思。这些家长对孩子的要求未免有些太高了。孩子有孩子的生活，有孩子的情感，有孩子的语言，我们不能用成人的思想来衡量、要求孩子。

④有回应地听。

沟通不是一个人唱独角戏，孩子表达时，固然不希望你打断他的话，但他一定希望你能给予一些点头、喝彩等反应，表明你在认真地听。当他说完询问你的意见时，你若没有回应，就足以打消孩子继续和你沟通的欲望。有回应地听才是倾听，这不仅仅是倾听的技巧、说话的技巧，也是沟通的技巧。

倾听不仅仅是用耳朵听，而是调动整个身心去听，是投入情感去听，这样你就会不由自主地跟随孩子的表达做出自然而然的反应。当孩子诉说高兴的事情时，家长应表示共鸣；当孩子诉说难过的事情时，家长应表示同情，并让孩子尽情地宣泄；当孩子诉说家长不感兴趣的话题时，家长应该表现出足够的耐心，并多使用“嗯”“噢”“是吗”“原来是这样”“我了解了”等词语，表示在认真地倾听，鼓励孩子继续说下去。这样不仅使孩子更乐意倾诉，也可以提高孩子的语言表达能力。

如果孩子在诉说时，感受到的不是家长对自己的关注和鼓励，而是一种冷漠和压力，除了会降低当下的表达意愿外，长期下来，可能还会出现情感和语言表达障碍。

(3)善于表达

虽然听很重要，但是也不能不说，毕竟要让孩子了解你，还得靠良好的表达能力。

①人性地说。

要让孩子愿意好好听你说话，最简单的方式就是考虑孩子的感受与需要。当你还不确定孩子需要什么时，就从人性的需要开始。人性需要什么？这个问题并不难，因为家长自己也有这些需要，那就是尊重、肯定、信任、关怀和支持。

如果你永远高高在上，永远认为孩子就是要听你的，你认为孩子可以配合你多久？如果孩子每次表达意见，都得到你“错!”“你这样讲有问题!”“你不懂!”这样的回应，你认为孩子与你继续沟通的意愿会有多大？如果你永远保持着对孩子的不信任、猜疑，总认为孩子在说谎，你认为孩子会乐于与你沟通吗？如果你对孩子只有严肃的任务交付、检查、要求，你认为孩子见到你会有什么反应？如果孩子与你沟通时，只有沉重的压力与喘不过气的感受，你认为孩子能支撑多久？如果孩子有求于你，得到的只是“你自己看着办”“这我没办法”，你认为孩子还想再把问题提出来与你讨论吗?

以看电视为例，如果我们不是强行制止孩子看电视，而是先表达我们对他迫切想看动画片的这种心情的理解，可能事情就不会那么糟糕了。

例如，“妈妈知道，你特别想看完这个动画片再吃饭对不对?”“这么好看的动画片，错过了真是太可惜了。不过，看动画片时间太长了，会看坏眼睛的，以后想看都看不了哦！你看，像这样，如果我看不见，我就找不到宝宝了。宝宝在这边吧?不对，我摸到的是沙发！在这边吧？还不对，我摸到的是茶几！天啊，如果看不见，那太可怕了！可别把我们的眼睛看坏了哦，走，吃饭去吧!”

给孩子一个台阶下，他自己也许就会放弃看电视。所以采用符合人性需求的表达方式，再加上自己的感受与想法，也就更容易被孩子接受了。

②学会引导。

每个孩子的性格不同，有的孩子非常外向，总是喜欢表达自己；而有的孩子性格内向，从来不喜欢说话。对于这样的孩子家长要多多引导，让孩子变得乐于表达。只有孩子愿意表达，父母才能更好地了解他们，洞察他们的心理发育情况，及时做出反应。引导孩子表达的方式很多，最简单的方式就是问问题。当孩子不愿意主动倾诉时，家长可以多问孩子一些问题。懂得如何问问题，是家长要做的功课。

一般而言，多问开放式问题，少问封闭式问题。因为封闭式问题提供给孩子选项，孩子容易针对家长的喜好与需要来决定回答的方向。这种回答常常不是孩子真实的状况或真正的想法，往往只带来沟通顺畅的假象。譬如大部分的家长在教孩子一件事情后，最常问孩子的那句话几乎都是“懂不懂?”加上家长问这句话的时候表情又常常很严肃，甚至目露凶光、语气强横。如此问，孩子只能说“懂”，因为不说“懂”可能麻烦就大了，搞不好还要被骂，不如说“懂”省事些。此时即使孩子回答“懂”也不代表真的懂，比较好的提问形式是用引导的方式：“麻烦把爸爸(妈妈)刚刚教你的，用你自己的方式说一次给我听!”如果连说都说不出来或说不清楚，那就不是真懂。家长可以根据孩子说的内容进行进一步的询问或补充，这样就能达到有效沟通与传递信息的效果了。

比较好的开放式问句有：

“你觉得呢?”

“你的看法是什么?”

“你觉得问题出在哪里?”

“你觉得为什么会这样?”

“如果有可能会是怎样?”

“你最喜欢的是哪些部分?”

“你觉得哪些地方还可以更好?”

拓展阅读

恰当的引导

有一天中午，北宋哲学家邵康节与他 12 岁的儿子邵伯温正在院子里乘凉。这时，院墙外边突然伸出一个人头，朝院子中看了一圈儿，又缩了回去。邵康节问儿子：“你说这个人在那儿探头探脑是要干什么?”

儿子说："八成是个小偷，想偷点东西，看见有人就走了。"

邵康节问儿子："如果是小偷，他见到院子里有人，肯定会立刻缩回去。但是，他明明看到院子里有人，却还是看了一圈儿，这说明什么呢？"

儿子想了一会儿说："他可能是在找东西吧。"

邵康节又问："以他只看了一圈儿的状况，你认为他是在找大东西还是找小东西？"

儿子回答："是找大东西，小东西得看仔细点儿。"

邵康节又问儿子："那么，什么大东西会跑到我们院子里来呢？那个人又是农民打扮，他会来找什么东西呢？"

这时他儿子露出肯定的表情回答："他肯定是来找牛的。"

邵康节满意地点头说道："说得对，他是来找牛的。以后，要多思考，不要一下就妄下定论哦！"

父母要善于向孩子发问，并且要鼓励孩子敢于发表自己的看法。在孩子发表自己的意见时，哪怕是错误的，父母也先让他说完，然后再给予适度且恰当的引导。对于孩子回答中不是很恰当的地方，父母还可以通过不断地发问来引导孩子更进一步地思考，帮助孩子找到更好的答案，开拓孩子思维的广度。

③深度交流。

当孩子与父母交流看法，并希望获得指点甚至是非常明确的建议时，父母就不能只是聆听，必须和孩子就提出的问题探讨交流，给出合适的建议。此时的表达不光是回答，更是要说出你的感受、你的心情、你的情感。把自己的感受传递给对方，才是真正的表达和沟通。这里需要注意的是，在孩子就一件事情征询你的意见时，即便你有很不错的答案或者决定，也不要以决定的方式告诉孩子，而是要告诉孩子这只是你的建议。尤其是在没有和孩子商量之前，更是不能擅自做决定。把自己的想法告诉孩子，由孩子因他的需要决定是否接受你的建议，这是令孩子更舒服的沟通方式。

(4)用心交流

沟通不仅仅是信息的交换和语言的交流，更是心与心的交流。在与孩子沟通时，一定要把"心"放在孩子身上。"心"其实就是"心思"，就是"注意力"。如果不把心放在孩子身上，不仅接受不到孩子传递的完整信息，也无法正确解读孩子的想法与需求，影响孩子沟通的心情与意愿，最后造成自己与孩子间的隔阂。无“心”就无好的亲子沟通。在与孩子沟通的过程中，“心”的部分尤其要注意以下三点。

①不分心。

不分心，也就是保持高度的专注。有些家长与孩子沟通时，心里还想着其他的事情，常常会走神，接受孩子的信息也就断断续续，无法有效且完整地与孩子沟通。适当挑选沟通时间是必要的。如果你下班回到家，正被单位里的事搞得心烦意乱，此时即使你想跟孩子好好说说话，也很难确保能专注地与孩子交流。不如跟孩子说：“宝贝！爸爸现在心里很烦也很累，让爸爸先休息一下，等一下吃完饭记得再来找爸爸，我们好好聊一聊!”不要急着在自己状态不好时与孩子沟通。

②不偏心。

不偏心，也就是不让孩子觉得你的沟通表达带着贬抑。有些家长在与孩子沟通特别是在谈孩子的表现时，似乎总能找到参考标准。更让孩子挫败的是，父母对其他人似乎比对自己孩子更宽容，这让孩子心里不是滋味。例如，别的孩子来家里时，要求玩电脑或游戏机，父母总是很爽快地答应，而自己孩子要求玩电脑或游戏机时，父母却有诸多要求和限制。因此有些孩子连说都不说，自己就先做了，省得一堆刁难跟麻烦，不如先斩后奏，大不了玩过了被骂，总比被骂还不能玩强多了。

③不漫不经心。

不漫不经心，也就是把当下与孩子的沟通当作最重要的事。现在手机、平板电脑、电视几乎成了很多人生活中不可或缺的部分，甚至是严重的依赖。因此出现一种“时髦”的现象，就是家长与孩子沟通时，边讲话边看手机，或是边盯着电脑屏幕边与孩子讲话，还有的家长眼睛直盯着电视与孩子对话……

这些行为都会让孩子觉得不被重视，甚至怀疑你到底有没有在听他说话。所以与孩子沟通时，无论是你找孩子还是孩子主动找你，可以不关电视、不关电脑、不关手机，但是请你将眼睛从电视、电脑及手机屏幕移开，让孩子与你能有单纯的沟通空间。

(5)善用非语言沟通

父母伸出大拇指，孩子会得到勇气；父母和孩子击掌，孩子会得到认同。父母的举手投足往往对孩子意义深远。

父母在与新生婴儿的交流中常常运用肢体语言，或者伴着丰富、夸张的表情。尤其是在宝宝一岁的时候，父母总是用夸张的姿势和表情来强调他们的话，这种有声有色的方式可以直接进入孩子的内心。然而，这种哑剧一样的肢体语言随着孩子年龄的不断增长而逐渐退居第二位，但如果加入个性化的小动作，会使表达更有个人特色，从而强化父母与孩子间的沟通交流。

美国人类学家在研究人与人的沟通时发现，孩子在表达感情时，更偏重使用身体语言，如抱一抱、亲一亲、一个赞赏的眼神都是孩子需要的。所以家长要学会善于用身体语言表达自己对孩子的爱。对孩子的言行表示兴趣和喜爱时，辅以适当的肢体语言，如拥抱、鼓掌等动作，就可以更有效地传达信息，通常也显得更真诚，影响力也更持久，让孩子更容易、更直接地感受到父母的爱。

肢体语言的运用要注意以下几点。

①位置。

根据心理学的研究，面对面的沟通很容易形成对立。面对面与孩子说话，在孩子还小时或许影响不大，但随着孩子年龄的增大、自我意识的强烈，面对面的状态更容易造成彼此的对立。

比较好的位置应该是成90度角或是平行（也就是与孩子肩并着肩，甚至可以搭着孩子的肩膀说话），孩子会有肢体上与家长一体的感受，也比较容易接受或认同家长的说法。

②距离。

根据心理学的研究，距离不同带来的感受截然不同，特别是距离带给人的安全感。

通常站得很远会让孩子觉得疏远，你想想看，站得很远说“宝贝，你好棒，加油!”和站在孩子旁边拍着他的肩膀说同样的话，感觉是不是大不相同？安慰孩子也是一样的，站得很远跟孩子说“没事了！没事了!”和把孩子搂在怀里说同样的话，效果肯定大不相同。

有时孩子会需要有自己的空间，过度的靠近反而使孩子产生压迫感与压力，家长要拿捏好与孩子沟通时的距离。

③服装。

根据心理学的研究，服装会带给人一定的形象认知。所以回到家后，家长不妨卸下严肃的正装，换上轻松的家居服，再来与孩子沟通。还有一个秘密武器，就是亲子装或家庭装。全家穿上一样的衣服，会有一种神奇的认同感，有时会有意想不到的沟通效果。

二、 情感与思维

共情译自英文“empathy”，又称投情、拟情、同感心、同理心、通情达理、设身处地等，是每个个体在人际沟通、人际交往中的一种基本能力。按照人本主义心理学家罗杰斯的观点，共情是指体验别人内心世界的能力。它包括三个方面的含义：第一，借助对方的言行，深入对方的内心去体验他的情感、思维；第二，把握对方的体验与他的成长经历和性格之间的联系，更好地理解问题的实质；第三，运用技巧，把自己的共情传达给对方，以影响对方并取得反馈。共情需要理性，但不能代替当事人做感性判断。

（一）与长辈沟通中的理解与共情①

在与长辈的沟通过程中，理解与共情是建立良好关系并进行良好沟通的重要环节，因此，共情技巧是在与长辈沟通中不可或缺的。

1. 共情在与长辈沟通中的意义

首先通过共情，沟通者能够设身处地地准确理解对方，把握长辈的内心世界。其次通过共情，沟通者能使对方感到自己是被理解、被接纳的，从而与长辈建立良好的关系。再次通过共情，沟通者鼓励并促进了长辈的自我表达，有助于长辈情绪的宣泄，也能促进双方彼此了解。最后长辈往往迫切地需要被理解、被关怀和情感倾诉，共情技巧的使用能够起到非常好的效果。

2. 与长辈沟通中共情技巧的使用

在使用共情技巧时，表达的内容通常包括两部分，一部分为简述对方叙述的内容，另一部分为对方所体验到的情绪，两者单独使用时分别称为内容反应和情感反应。

内容反应，也称释义，是指把长辈的主要言谈、思想加以综合整理，再通过复

---

① 王丽：《老年人沟通技巧》，29 页，北京，海洋出版社，2015。

述反馈给对方，以达到加强理解、促进沟通的目的。子女以简明的方式反馈长辈的思想，有助于长辈更清晰地做出决定。父母等长辈有时在表达上会有模糊、固定的特点，内容反应可使他们再次分析自己说过的话，深化会谈的内容。

情感反应是指把长辈所陈述的有关情绪、情感的主要内容经过概括、综合与整理，用自己的话反馈给长辈，以加强对长辈情绪、情感的理解，进而促进沟通。情感反应的关键是对父母等长辈情感的察觉。使用情感反应时需要注意以下几点：一要辨认长辈的情感，不仅注意对方叙述中的情感部分，还要注意对方的行为（姿势、语调、说话速度、态度）；二要辨别对方情感的整体范围，即辨认语言或非语言行为所传达的不同情感；三要使用感情词将所觉察到的情感反馈给对方。

（二）伴侣沟通中的共情与接纳

1. 共情

亲密伴侣间想要有效沟通，有一个前提是共情，也就是我们所说的同理心。只有当我们站在另一半的立场上去看这个世界、去理解她所处的处境时，我们才能知道对另一半来说什么是重要的，我们才能把沟通的话语说到“点子”上，这些语言也才能起到我们所期望的沟通作用。例如，当你的伴侣正在为独自带孩子而感到劳累不堪时，你的一句“老婆，你做的饭就是香！”可能直接会引发她心中的怒火！这时，她需要的是一句“老婆，你带孩子辛苦了！我来跟宝宝玩儿，你去歇歇吧。”这也正是为什么有时候，明明伴侣中的一方说某些话的初衷是想鼓励对方，而另一方听来却很刺耳，甚至变成了一种责难。想想看，当一位没有跳槽动机的丈夫听到自己的妻子说“我觉得你有能力换一份薪水更高的工作！”时，他会是怎样的心情。他一定会认为这是妻子对他挣钱能力的不满，给他压力，让他换工作、多挣钱。然而，如果丈夫自己已经表达出想要换一份更好的工作的意愿时，同样的话语，对他来说就会变成一种肯定与鼓励。

2. 接纳

在成长过程中，我们被训练成遇到问题就要想办法去解决问题的人。因此，当我们与伴侣沟通时，经常会在对方进行倾诉的时候，提供我们认为对的解决办法。我们忘了，伴侣之间本质上也是一种人际关系，当一方倾诉时，他需要我们接纳他的感受，站在他的立场上同情、关心、理解他，而不是期待我们像一位咨询师一样给出理性的建议。除非对方明确地表达需要我们的建议。下面有个很好的例子说明了这个问题。

墨菲女士最近在职场上遇到了一些不愉快的事情。回到家，她将这些事情告诉了自己的先生。她的先生没等墨菲女士说完，就给出一堆他认为合理的解决办法——劝说她去找单位的人事部门或领导。接连几天，每当墨菲女士跟自己的先生谈论这些事情的时候，她的先生都是上述反应。到后来，她的先生一听到她提这些事情，就很不耐烦。因为她的先生认为，我给你提供建议了，但你不做。墨菲女士深受打击，其实根本不需要他的建议，她自己知道该怎么做。她只是需要自己先生的同情、关心、爱，希望在自己伤心难过的时候，先生能成为她的精神支柱给予她力量。

还有些时候，当伴侣说出某一观点时，我们总是忙于找出反证、借口或例外来进行反驳，进入一种防御状态。例如，“好了，不要再说了！我知道你接下来又要老生常谈地说什么了。”在与伴侣沟通时，无论你听到什么，不管对方的表达内容是对是错，都先别急着辩驳或去指正，试着去接纳对方此刻的感受。这样才能使他愿意放下防卫，弱化个人的坚持，进而聆听你所说的话。认可对方并非代表同意对方的观点，只是表示你能够体会到他的个人感受。假设伴侣表示：“我受够了你老是对我挑三拣四。”而你回答：“我不是挑剔你，只不过是想要告诉你如何正确地保持干净罢了！”这一番听起来无伤大雅的话，可能会引来一次争吵，因为这句话否定了伴侣的实际感受。如果能接纳对方的感受而回答：“看得出来我的唠叨令你心情不好，真的很抱歉让你这么难受。”对方感受到你接纳了他的情绪状态和感受，才会愿意继续沟通。

3. 适时表达自己的情绪状态

如果要与伴侣维持亲密的关系，那么分享情绪就是必需的。可以通过下面三个方法在与伴侣的沟通过程中表达自己的情绪状态①。

识别并命名情绪。在与伴侣沟通的时候，用情绪名称来描述自己当下的感受，如“我感到愤怒”“我觉得今天心情很不错”。

---

① ［美］诺曼·怀特：《亲爱的我们可以不吵架——亲密关系沟通圣经》，28页，成都，天地出版社，2018。

使用笑容和比喻。当无法用一般的语言词汇来描述自己的情绪时，可以使用笑容或比喻来描述情绪状态，如“我觉得就像是凉风刮过一样”“我感觉很难受，整个晚上就像是被一群大象碾过”“今天我感觉太阳都在朝我微笑”。

说出情绪反应发生的时间或当时由情绪而引发的行为，如“就在那时，我想抱紧你”“那晚我非常沮丧，感觉像是将盘子里的食物倾倒在身上一样”。

（三）亲子沟通中的共情与接纳

亲子沟通之三大技巧

1. 共情

亲子沟通中的共情是指与孩子实现心与心的交流与沟通。人们在沟通的时候，听的其实不是语言，而是在听对方的心声，这是一种能设身处地地体验对方的处境、心情，从而感受和理解对方情感的能力。共情对很多家长来说并不陌生，但真正做到共情的家长少之又少。在运用共情时有几点需要注意。

一是共情不是思维过程。当你尝试去思考孩子的感受时，你就会让自己偏离轨道，偏离与孩子的联结，陷入自己独立的思维世界。举一个简单的例子，婴儿知道其他人的感受是什么，并且能对此做出反应。如果父母感到难过，婴儿会知道并做出反应。即使父母努力不去伤心哭泣或者表现他们的压力，在这些时候，孩子还是会哭叫，或者通过情绪做出反应。养过猫狗的家长应该也会深有体会。当自己心情不好时，家里的宠物也会做出与平时不一样的举动来。所以，共情不是思维过程，而是自然而然发生的事情。

二是共情不是同情。同情和共情虽然只差一个字，但是意义差别很大。虽然两者都是在传达爱，但是同情的本质是怜悯。如果家长对孩子施以同情，会造成两者地位上的不对等，从而无法产生真正的共鸣。例如，有些孩子摔倒之后本来是可以自己爬起来的，但是如果这时候身边的家长说：“哎呀，宝贝啊，你怎么摔倒了啊，怎么皮都擦破了呀？可怜死了。”结果话一说完，孩子开始哇哇大哭。所以，共情不是同情，同情会让家长和孩子之间难以产生真正的联结和平等。

三是共情不是讲道理。在孩子犯了错误后，家长总是急着去纠正孩子的行为。教育家卢梭曾说过，世上最没用的三种教育方法就是：讲道理、发脾气和刻意感动。很多家长已经认识到打骂只是短期有效，长期打骂会影响孩子的身心健康发展。讲道理似乎看上去温和得多，但其实并不是这样。举一个简单的例子，孩子放学后和别的孩子打架了，家长发现以后进行了长篇大论的说教。其实这个时候孩子会立马陷入负面情绪中，很难对父母的说教进行消化，而且说教一般会造成两种极端，一种是引起孩子的叛逆心理，与父母发生争吵，另一种是把父母的话当作耳边风，严重的话甚至会隔离自己的感受。长此以往，个体会形成一种自动化的反应模式，前者长大以后会特别喜欢反驳别人，后者长大以后会显得特别漠然，对自己和别人的情绪失去觉察。所以，共情不是讲道理，不要让这种方法在一开始就切断了与孩子沟通的桥梁。

四是共情不是放任行为。有些家长会觉得，要充分理解孩子的情绪，所以要给他全部的自由，他想做什么就让他去做，不阻拦。其实接纳不代表允许所有的行为。举一个简单的例子，一个孩子从小就在一个非常自由的家庭环境下成长起来，想要什么父母就给什么，想去做什么父母从来不干涉，做错事了父母也觉得没什么，但是孩子长大以后却发现身边没有一个真正的朋友，所有人都避而远之，因为他变成了一个非常自我且没有礼貌的人。所以，共情不等于放任行为，家长要有适当的引导。如果孩子的行为伤害到自己、别人或者环境，那么后果将不堪设想。

亲子沟通中怎样才能做到共情呢？这个过程可以归纳为观察、感受、请求、倾听。先要学会观察，留意发生的事情和孩子的情绪，如孩子的声调、语速、表情、动作、身姿等，还有孩子产生的情绪导火索以及潜台词。要点是清楚地表达观察结果，而不做判断或评估。接着，尝试去理解和说出孩子的感受。有一些孩子可能内向不愿表达自己的内心想法，这时家长可以尝试委婉地说出孩子的感受，如问他“你是不是心里觉得不舒服?”“你是不是不想周日去上绘画课?”接着，提出具体的请求：“你可以和妈妈说一说你为什么会这么做吗?”这一步骤明确地告知孩子，我们期待他采取何种行动来满足我们。与此同时，倾听至关重要，我们要通过体会孩子此刻的观察、感受和需要，与其建立联系，聆听孩子的请求，来发现做什么可以帮助他们。倾听可以稳定地与孩子的情绪做对接，以便了解他们的内心世界，有时，只需要一个会心的眼神、一个微笑、一个拥抱。保持这样的共情方式，双方便可以持续互动，直到情意相通。

共情有时就像点穴一样，一旦说中了孩子的感受、原因和愿望，他的情绪就会被激发。在我们能够做到不带评判地倾听，走入孩子的内心世界，和孩子同频之后，很多家长会发现，原先和孩子一直纠缠的问题往往会迎刃而解。

2. 接纳①

对于家长来说，接纳孩子就是“孩子现在就是我们的好孩子，而不是说他非要变成什么样才是我们的好孩子”。但家长们常说的一句话是“你要是怎样怎样就好了”。例如，“你哪里都好，就是学习不好，你要是学习成绩能提上来，你就是妈妈的好孩子了。”言下之意，孩子现在不是好孩子。这时候，孩子在家长面前会有很大的压力，不愿意与家长沟通，能躲开则躲开。

有这样一个例子，曾经有一位家长讲，她女儿现在上初二。小学的时候，女儿跟自己关系很好，每次放学回家都要先来抱抱妈妈，可是现在孩子已经永远离开了妈妈的怀抱，为什么呢？原来，女儿上初中后，有一段时间不适应初中的学习，作业老是做到很晚，甚至完不成，成绩也大幅下滑。孩子每次回来，还是希望抱抱妈妈，但妈妈因为孩子成绩下滑不开心，总是推开孩子，督促孩子赶紧去做作业，慢慢地，女儿再也不过去抱妈妈了。等到妈妈反应过来，想抱女儿的时候，才发现，她几乎已经失去女儿的怀抱了。

接纳就是允许对方做他自己，不要期待自己的孩子成为“完美孩子”。世界上没有完美的孩子，孩子永远处在成长过程中。

接纳不需要理解，不需要理由，是无条件的。接纳孩子的性别、长相等，接纳孩子成长的每个阶段，接纳孩子做出的选择，让孩子以他现有的知识和智慧水平感受到自在。当我们真正接纳孩子的时候，他会觉得我们在跟他并肩战斗。

三、 实践训练

（一）案例分析

案例 1

姥姥的担忧

一次，妈妈带 5 岁的儿子去游泳，回到家不一会儿孩子就开始发烧。

“让你们不听，让你们别去，现在好了，孩子生病了吧！”姥姥焦急地数落着孩子妈妈。

---

① 唐曾磊:《把话说到孩子心里》，166 页，北京，清华大学出版社，2018。

两小时前，妈妈不听姥姥的劝阻，执意要带孩子去学游泳，结果一回来孩子就病了。虽然孩子妈妈一直安慰姥姥，给孩子吃了退烧药，很快就没事了，可姥姥仍然唠叨了大半天。孩子妈妈被唠叨得不耐烦了，和姥姥呛了几句。

姥姥被激怒了，又哭又闹，还扬言要离家出走，再也不照顾这个家了。

（案例来源：《面对父母老去的勇气》，机械工业出版社。）

思考：在这个案例中，姥姥情绪被激怒，请认真分析老人内心到底需要什么？作为子女此时应如何与父母沟通？

分析：

在某种情况下，父母的坏脾气其实是在释放心中的焦虑，父母在通过唠叨或哭泣释放内心的焦虑。子女此时要思考父母内心到底在想什么。父母上了岁数，体弱年迈，但依然希望自己是家庭的中心，渴望被大家关注、被大家宠爱。他们内心急迫地希望糟糕的事态能快速好转，当他们看到儿女们一副“不要紧，没什么”的怠慢心态时，他们会更加焦急。这也是他们无力感的体现，是他们渴望爱的最好证明。当老人发脾气时，子女此时只需默默地陪着他们就好，理解他们内心的真实想法，听听他们的心声，做一个有意义的倾听者。

案例2

不在一个“频道”上的交流

轻柔的音乐从音箱中飘出来，晚餐诱人的香味在空中飘荡，丈夫和妻子面对面坐在明亮的家庭活动室里，看着面前的房屋装修计划。

鲍勃：如果你看完这份新的设计方案以及房间布局，就会发现我已经重点考虑了你上次提出的建议。我不明白你现在还有什么不满意的地方。

珍：我不知道，说不清楚到底少了什么，只是觉得找不到曾经的那种感觉了，我们再好好考虑一下吧。

鲍勃：其实你就是深陷到自己的感受中去了。你总是回忆孩提时家的样子，希望现在的房子和过去一样。拜托你换一个角度看好吗？这样才会知道现在的装修比以前的好上几千倍。

珍：不，我觉得你没有理解我对房子的感受，你应该从我的角度出发考虑一下房子的装修，难道你没听清楚我的意思吗？

（案例来源：《亲爱的我们可以不吵架——亲密关系沟通圣经》，天地出版社。）

思考：对于鲍勃和珍的谈话，你觉得怎样？他们理解了对方的意思吗？好好考虑一下，然后重新再读一遍，你能找出他们话语里的差异吗？

分析：

在这段对话中，鲍勃和珍最主要的问题在于他们都在自己说自己的，他们的对话没有任何连接。鲍勃从视觉的角度去谈论装修计划，而珍则从感受的角度去说自己对装修计划的想法。因此，两个人谁也无法理解谁。如果鲍勃和珍站在对方的视角去谈论房屋装修计划的话，沟通就会顺畅起来。对话如下：

鲍勃：如果你看完这份新的设计方案以及房间布局，就会发现我已经重点考虑了你上次提出的建议。我不明白你现在还有什么不满意的地方。

珍：是的，从装修样式的角度，你已经从我的角度考虑了。但是，我觉得从舒适度的角度，还缺些东西。以前住的房间里会有很多用起来让人感觉非常舒服的东西。我们再考虑一下，再添置一些能让我们用起来舒适的家具吧！

案例3

缺失的倾听

场景一

孩子兴冲冲地跑过来：“妈妈，妈妈，这是我刚刚画的画，你看画得好吗？”

“好，好，好。”妈妈连看都没看一眼。

“妈妈，你看一看嘛，老师都说画得好呢。”

“好好好，先放那儿吧，我有时间再看。”说完，妈妈头也不回地走开了。

儿子望着妈妈的背影，脸上是悻悻的表情，心中则是异常的失望。

妈妈终于忙完了，突然想起来儿子的画，问道：“儿子，你让妈妈看什么画，拿来看看。”

“不用了，画得不好，我已经撕了。”

“哦，今天在学校有什么有趣的事情和妈妈说吗？”

“什么都没有！”儿子头也不抬，面无表情，冷冷地说。

场景二

“爸爸，我跟你说，今天我们班的小华和小灵吵架了呢！”

“那……你今天作业做完了吗？”爸爸问。

“爸爸，我们班那个小华他总是爱和别人吵架，我们班同学都不喜欢他，爸爸，你说，我要不要和这样的同学做朋友？”

“儿子，下个学期不要再上美术班了，我给你报个英语班，你的英语成绩要尽快提高上来。”

儿子沉默不语。

“唉，我跟你说话，你听见没有？”爸爸有点儿不高兴地问儿子。

“没听见，没听见，没听见！”儿子不开心地跑走了。

（案例来源：《从0到1搭建有效沟通的亲子桥梁》，中国铁道出版社。）

思考：案例中两个场景的结果相同，都是孩子拒绝继续和父母沟通。请分析孩子为什么会拒绝和父母沟通？

分析：

这两个场景有同一个结果，就是孩子拒绝继续和父母沟通。为什么拒绝？因为父母没有好好听孩子说话，犯了沟通中不认真倾听的错误。第一个场景中妈妈不认真听孩子说话，用敷衍浇灭了孩子和妈妈沟通的热情；第二个场景中爸爸则根本就不听儿子说什么，爸爸的耳朵仿佛关闭了，听力仿佛失灵了。无论儿子说什么，他仿佛都听不到，完全不理会，只顾自己表达，反过来责怪孩子不回应他的话。这是多么愚蠢的父母啊。自己不懂得如何沟通，却责怪孩子不愿意和自己沟通；自己不懂得如何倾听，却斥责孩子不回应他的话。这样完全不懂得沟通的父母，最终使孩子失去了和他们沟通的兴趣。

沟通有一个基本原则，即沟通是双向的语言和情感的流动，是你来我往，是你认真听我说，我才会认真听你说；是你听懂了我说什么，我才会有兴趣继续表达，继续和你沟通。沟通不仅仅只是输出信息，同时也是接收信息，这两者是同时进行的，这才是沟通。

（二）训练项目

训练一：根据本单元学习的家庭沟通模式的类别，辨认哪一种最符合你的原生家庭、你现在生活的家庭。这种(这些)沟通模式有效果吗？是否令你满意？如果你可以换一种模式，你会选择哪一种模式？为什么？

训练二：晓琪很怕婆婆来看儿子，婆婆总嫌晓琪不会带孩子。婆婆不是要晓琪改喂配方奶，就是猛塞米饼给小宝吃，或破坏家中规矩塞糖果给小宝。每次来，婆婆还总会给小宝买很贵重的，但不适合孩子的礼物。这些都让人很头痛。如果你是晓琪，你该如何跟自己的婆婆沟通，让她了解自己的育儿理念呢？

分析：

· 心平气和。在情绪缓和的时候与长辈细谈你的想法。趁长辈心情好的时候沟通才能达到效果，如利用假日聚餐时和婆婆说明家里的规矩。

· 明确沟通。事先告知婆婆你对于贵重礼物的想法，表达对婆婆的谢意，但要明确让婆婆知道给孩子过于贵重的礼物是不合适的。

· 和伴侣建立联合阵线。和另一半站在同一阵线，这个举动可以让他们知道，你和配偶都不会容忍“犯规”的情况发生。如果配偶还不知道孩子的祖父母对孩子教养造成的困扰，该是和他好好讲明这件事的时候了。

训练三：下面是孩子对家长的六种叙述，请从叙述中：用一两个词语描述孩子的感受；用一句话表达你理解了孩子的感受。

例：孩子说：“汽车司机对我大吼，车上的人都笑话我。”

用一两个词语描述孩子的感受：<u>尴尬</u>

用一句话表达你理解了孩子的感受：<u>“那一定很尴尬”或者“好像让你很尴尬”</u>

①孩子说：“我真想打李磊一巴掌！”

用一两个词语描述孩子的感受：____________________

用一句话表达你理解了孩子的感受：____________________

②孩子说：“就因为下了点小雨，我们老师就取消了校外活动，她真蠢！”

用一两个词语描述孩子的感受：____________________

用一句话表达你理解了孩子的感受：____________________

③孩子说：“小红请我参加她的聚会，但我不知道该不该去……”

用一两个词语描述孩子的感受：____________________

用一句话表达你理解了孩子的感受：____________________

④孩子说："我搞不懂老师周末为什么非要给我们布置这么多作业，把我们累垮。"

用一两个词语描述孩子的感受：________________________________

用一句话表达你理解了孩子的感受：____________________________

⑤孩子说："今天的篮球练习，我一次也没投中。"

用一两个词语描述孩子的感受：________________________________

用一句话表达你理解了孩子的感受：____________________________

⑥孩子说："晓琳搬家了，她是我最好的朋友。"

用一两个词语描述孩子的感受：________________________________

用一句话表达你理解了孩子的感受：____________________________

PROJECT 4

项目四
学校沟通

PROJECT 4

认知目标

通过学习了解师生沟通、同伴沟通和家校沟通的含义、影响因素等基础知识。

素养目标

通过基础知识的学习，帮助学生掌握学校沟通的技巧，领会沟通技巧和心理定律的运用条件及方式。

运用目标

能够运用沟通技巧和心理定律处理学校中的各类人际关系。

任务导入

该如何帮助他

一名学生的父母离异。某天，这名学生的母亲突然给老师打来电话，告知老师，今明两天这名学生的父亲一方的人会到学校来给学生请假，要求老师不能让孩子离开学校，否则，跟老师没完。老师追问原因的时候，学生家长拒绝解释，只告诉老师，无论谁来，都不能让孩子离开学校。老师一头雾水。

第二天果然有两名男子，自称是这名学生的叔叔，来学校接他回家。因为这名学生的奶奶过世了，他的父亲不能回家，只能让他回家顶替父亲的角色。

在场的学生也左右为难，最后问老师：自己是否应该回家？老师只能回答：这个事情老师确实无法给出建议。

想一想

老师不是万能的，这种事情老师无法帮助学生。这件事情最终会如何解决呢？电话通知这名学生的母亲，抓紧时间来学校解决问题。这也许是唯一的解决办法。

一、 知识储备与拓展

（一）师生沟通

在学校中，最基本的两大要素就是老师与学生。老师与学生之间的关系本质上是一种人际关系。不管什么年龄层的学生，与老师在一起，都会建立人际关系。师生关系作为一种独特的人际关系，有着与其他人际关系不同的目标取向。那就是通过这种关系来达到特定的教育目的，保证教学的有效开展。因此，若想要教与学的过程都有效，老师与学生之间必须要有一种独特的良好关系——某种可以相互跨越的桥梁。师生沟通则正是保证良好师生关系的桥梁。

1. 师生沟通的含义

师生沟通是人际沟通的一种。它是指师生双方经由语言、符号、非口语等沟通方式，为达成某种效果，而进行的信息沟通。师生沟通有利于老师深入了解学生的兴趣、爱好、知识经验、能力水平、性格特性，是老师实现教育任务、影响学生的重要途径。通过沟通，学生也相应了解了老师。师生沟通是每时每刻都在进行的。

2. 师生沟通的特点

(1)延续性

师生沟通始于双方角色的驱动，而不止于此。因为师生之间其实不仅是角色之间的互动，更是人与人之间的交流与沟通，所以这种沟通具有延续性、流动性。课堂上的教学互动、课下的关心询问、日常的聊天、毕业后的问候，甚至老师的肢体语言等都是师生沟通。这种沟通连续不断，甚至会贯穿师生的一生。

(2)双向性

随着时代的发展，现代社会中师与生之间的关系，不再是古代传统文化中老师支配、学生服从这样的单向关系，而是一种双向的良性互动。在课堂上，老师仍然应当享有并运用适度的权威，以达到对教学的控场。而在课下，老师则可以和学生以平等的方式、轻松的氛围进行沟通与交流。学生也应以积极、乐观、开放的态度主动与老师进行沟通。因此，师生沟通是一种双向性沟通。

(3)需要借助有效的沟通媒介

师生沟通与其他人际沟通一样，都需要依托有效的沟通媒介才能达到良好的沟通效果。在沟通的过程中，对于文字(语言信息)或非语言信息，不同的人会有不同的诠释。身处不同的时间和情境，一个人对信息的诠释也可能不一样。因此，何时选择蕴含着丰富眼神交流、声音语调、身体姿势等非语言信息的面对面沟通；何时选择能够有效过滤掉非语言线索的媒介沟通，如打电话、发微信、写邮件，就需要根据具体的沟通目的与沟通情境去选择。

(4)沟通内容广泛

师生间的沟通内容广泛，上至学生人生理想的树立、课程知识内容的答疑解惑、学生学习习惯的指导，下至日常生活的点滴关心。

3. 影响师生沟通的因素

影响师生沟通的因素

(1)老师方面

①专业能力。

师生沟通对于老师来说不仅是一项重要的工作，更是一种基本必备的专业能力。如果老师能够运用专业的沟通能力与学生沟通，秉承教育者的角色，以“动之以情，晓之以理”的专业素养、接纳与尊重的态度与学生进行互动沟通，则有助于达到良好的沟通效果。但如果老师高高在上，使用嘲讽、威胁、恐吓等负面语言与学生进行互动，不仅会阻碍师生间的沟通，更会给学生留下恐惧、缺乏自信、低自尊的后遗症。

②教学经验。

在实际的师生沟通中，老师的人生阅历越开阔、教学管理经验越丰富，就越能站在学生的立场上与学生沟通，沟通的效果也就越好。这样的老师往往具有如下特征：不偏不倚，对学生都能一视同仁；在与学生沟通时沉着不易激动，能够保持稳定的情绪状态。他们深知师生沟通的情境和时机是每时每刻都存在的，因此能够及时洞察学生的情感，积极关心学生、倾听学生，达到“春风化雨”般理想的沟通境界。

③个人魅力。

老师自身的渊博学识、人格魅力、形象气质等如果能令学生感到钦佩，那么他的个人魅力就会在与学生的沟通中产生较强的影响力。例如，如果一位老师具有仁爱、温柔、机智、幽默、精力充沛、毫不倦怠等特点，那么学生就会喜欢这位极具个人魅力的老师。在与这位老师沟通的过程中，学生也就更加倾向于敞开心扉地互动，不设防地接纳老师提出的批评和建议。

(2)学生方面

①学生的已有经验。

每个人的沟通技巧受已有经验的影响。如果学生之前已经有了如何与老师进行良好沟通的经验，那么他就会更加倾向于以一个积极、主动、开放的态度与老师进行沟通，沟通效果也较好；如果学生缺乏相关的经验，那么可能会态度较为消极，回避与老师的沟通。

②学生的期望。

鉴于学习的需要，学生对老师会形成某种情感和态度。当学生对老师的教学能力、人格魅力等产生某种程度的信服或抗拒后，这种情感和态度就会影响他对这位老师的看法，并表现在与老师的互动中。如果老师具备了学生所期望的特质，学生则会更加接纳老师，更愿意主动与老师进行互动。师生关系必然良好，师生间的沟通效果也就越好。

③学生的偏见。

在人际沟通时，常常有人尚未对沟通对象有充分的了解，就在自己刻板印象等心理效应的影响下，对他人直接下定论。师生间的沟通也是如此。有些学生因为不喜爱某些课程，所以对教授这门课程的老师抱有偏见；有些学生认为上课风格较严肃、对学生要求较严格的老师私底下也会不近人情，因此也就不愿意与老师进行沟通。这些偏见与狭隘的思维模式都会影响师生间的沟通与互动。

(3)其他方面——师生各自的人格特质

人格特质这个概念最早由心理学家荣格提出。他发现不同人格倾向的人，在使用心理能力(psychic energy)、收集数据和学习、做决定以及生活态度上截然不同，因而建立了人格类型(psychological types)理论。后来迈尔斯母女在此基础上，发展出一种人格类型指标，把人格特质从不同的维度进行了划分。

表 4-1　人格特质的划分

划分维度	人格特质
个体与外界的相互作用方式	外向 extraversion(E) vs. 内向 introversion(I)
个体如何收集信息	感知 sensing(S) vs. 直觉 intuition(N)
个体如何做决定	理性 thinking(T) vs. 感性 feeling (F)
个体的做事方式	判断 judging(J) vs. 熟思 perceiving (P)

不同维度的人格特质有不同的特征。例如，外向型的人专注于外界。这类人喜欢与他人相处，易受外界人、事物的吸引。内向型的人则专注于自我内在，喜欢独处。感知型的人对细节很敏感，专注于五感(视觉、听觉、嗅觉、触觉、味觉)可感受到的信息。他们很实际，相信可碰触到的具体证据。他们擅长注意事物的细节，但有时看不出整体的意义。直觉型的人靠的是第六感，不注意细节，比较在乎事情的整体印象和所隐含的信息。他们富有想象力，相信自己的直觉，对未来和可能性感兴趣。

在师生沟通方面，当师生具有不同的人格特质时，可能会影响彼此的沟通。例如，外向型的老师遇到内向型的学生，就需要意识到学生需要思考的时间，他不会像自己的沟通风格那样，在遇到问题的时候喜欢与他人沟通互动，喜欢通过与他人聊天来表达自己的所思所想。内向型的学生在这种情况下，更倾向于进行内省与思考，因此要给予他一定的时间，不能要他立刻讲出自己的想法。同样，感知型的老师比较擅长描述细节，当遇到直觉型的学生时，就需要提醒自己在沟通的过程中，除了提供细节，还应对事情的整体情况进行描述；而当直觉型的老师遇到感知型的学生时，则要提醒自己，多注重细节描述。

4. 师生沟通的技巧

师生沟通是一门学问，良好的师生关系、有效的师生沟通需要经营，更需要技巧。有关师生沟通的技巧如下。

(1)重视营造沟通的环境

沟通的环境很重要。这个环境既包括物理环境，如安静的环境、温馨的陈设、明亮柔和的光线等，又包括心理环境，如自在的心情、心理的安全感等。这些都是创造沟通氛围的有力保障。

(2)增进师生间的双向沟通

师生沟通只有在双向畅通地进行时，才能达到最佳的沟通效果。老师要避免“一言堂”，只有当学生想说、敢说、愿说时，才能产生有效的互动。这就要求老师在与学生沟通的时候做到以下几点。

①站在学生的立场上倾听。

倾听是诚恳、有目的而且专注地听。了解一个人不是在于对他说什么，而是在于听他说什么。站在学生的立场上倾听，能够让学生感受到被老师接纳与理解的诚意，建立与老师的互动基础。这样做的好处有以下几点。

· 让学生充分表达出想说的话。

· 满足学生表达情绪、想法与期待的需求。

· 帮助老师完整准确地了解事实与学生要求。

站在学生的立场上进行倾听的具体操作要点包括以下几点。

第一，将注意力集中在学生的表达内容上。无论学生用何种表达方式，老师都应将自己的注意力集中在学生所表达的内容上，找出学生说话的目的、关键词，以确定学生想要表达的中心主题或主要观点，即找出信息背后的真正意义。第二，在这个过程中，老师要保持开放的心态，避免受偏见的影响。如果有了先入为主的观点，或者只听自己想听的，就无法真正地站在学生的立场上了解他想要传递的信息。与此同时，还需要控制好自己的情绪，无论听到学生说什么，不要让情绪阻断信息的传递。

②简短回应。

简短回应是指在学生表达想法时，老师虽然要用心倾听，不加以干扰，但仍需运用语言或非语言来适时地表示同理心，以鼓励学生继续说下去。在语言方面，老师可以用“嗯，我理解”“我明白”“没错”这样简短的词语进行回应，让学生知道老师正在注意听他讲话；在非语言方面，老师可以专心地看着学生的眼睛，倾身靠近学生，随着听到学生所说的内容自然地微笑、点头、皱眉等，避免出现手臂紧紧交叉在胸前、眼睛飘来飘去、东张西望等不适宜的肢体语言。

③积极聆听①。

积极聆听，又称有效反馈，是指在老师与学生的沟通过程中，有意识地向对方确认当下的真实情绪与自己解读出来的是否一致，以核实自己对对方话语的解读结果是否正确。简单来说，就是在与学生沟通的时候，当自己拿捏不准学生的真实想法时，就将自己的理解说出来让学生确认一下，然后再进行进一步的沟通交流。

师生沟通技巧之
积极聆听

积极聆听包括适时提出开放式问题(open question)、鼓励(encourage)、译意(paraphrase)、反映感受(reflection of feelings)及总结(summary)。通过这些技巧老师可以更加准确地把握学生当下表达的真实感受。例如，老师如果想更清楚地掌握孩子的感受，可以试着问一些开放性的问题：“这件事让你感觉怎么样?”或“你可不可以举些例子，让我更深入地明白?”在这个过程中，老师可以运用语言的或者非语言的鼓励与支持，让学生继续表达。译意和反映感受则是指老师应用简短而正确的话，将学生所表达的内容概括出来，让学生知道你对他的理解。例如，“同学给你起了个外号，这让你感到很难堪!”学生听到老师的回应，会觉得老师了解他，从而更愿意分享自己内心的感受。这里常用的语言有：“你觉得很(难过)……”“你感到(伤心)……”“对你来说好像……”“听起来你好像觉得……”等。最后，老师在听完学生的表达之后，可以进行一个总结。例如，“班上的同学给你起外号，这让你感到很难

① [美]托马斯·戈登：《T. E. T. 教师效能训练：一个已被证明能让所有年龄学生做到最好的培训项目(30周年纪念版)》，80页，北京，北京青年出版社，2015。

堪、很委屈，也很生气。所以你忍不住打了这个同学。可是，你打了他之后，问题解决了吗?”

④避免使用非接纳性语言①。

美国学者戈登提出了师生沟通中的十二种“非接纳性语言”，这些语言会使学生产生防卫心理，拘谨不适，害怕谈话，也不敢自省，阻碍双向交流的顺利进行。具体内容见表4-2。

表4-2 师生沟通中的非接纳性语言

	性质	范例
1	命令与控制性语言	别磨蹭，赶紧写作业去!
2	威胁与警告性语言	是不是又想被叫家长了?!
3	说教性语言	作为学生，你们应该更加努力地学习!
4	非积极聆听就给予建议语言	你每天睡觉前再把当天学的内容在脑子里过一遍。
5	批评指责的语言	你都多大了？怎么还这么不让人省心!
6	讲道理性的语言	别忘了，还有57天你就要参加高考了!
7	人身攻击性语言	真是死猪不怕开水烫啊!
8	自以为是的语言	一看你的表情，我就知道你又在打着逃课的主意。
9	泛泛而谈的肯定性语言	你很棒，我相信你有办法解决这个问题!
10	空洞安慰性语言	这没什么大不了的。
11	审问性语言	你为什么这个时候才想起来找我，早干什么去了?!
12	转移话题性语言	别想那些难过的事情了，让我们说点儿高兴的。

上述十二种非接纳性语言中，有些是老师能够意识到的不适合在师生沟通中使用的，如威胁与警告性语言、人身攻击性语言。而有些则是老师根本没有意识到的会阻碍师生间的有效沟通的语言。例如，教师自以为是的语言和审问性语言经常导致学生在沟通中一味为自己辩护，师生双方纠结于你对我错之中无法自拔。因此，老师应常自省，避免在与学生的沟通中使用上述任何一种非接纳性的语言。

(3)适时地分享自己的经验

在沟通的过程中，老师听到学生谈起某种经验或者经历给自己造成困扰、忧虑，

① [美]托马斯·戈登:《T. E. T. 教师效能训练：一个已被证明能让所有年龄学生做到最好的培训项目(30周年纪念版)》，62页，北京，北京青年出版社，2015。

而自身刚好也有过同样的经验或者经历时，老师应适时、适度地分享自己当时的心境、经历过程。那种心有同感的心情将能抚慰学生的心灵，也能令学生更加愿意敞开心扉与老师沟通互动。

(4)擅用建设性批评

当学生犯错，老师对学生进行批评时，要注意自己所使用的措辞，避免出现人身攻击、单纯指责等类型的批评，而应使用建设性语言。也就是说，除了要让学生知道自己错了，还应知道自己该怎么办、该如何改正。在给予建设性批评之前可先让学生说说对自己行为的看法，确定学生的想法和情绪状态之后再指出学生的错误之处。批评时请记得要先具体地描述学生的行为，针对学生可改变的部分提供改正的办法。只有用一种善意的态度来面对学生的错误，才能达到教育的目的与良好沟通的效果。

（二）同伴沟通

同伴友谊是每个学生在青少年时期人际关系发展的一个重心。研究表明，在校期间与同学建立的良好同伴关系对每个学生的身心发展与学业表现都有极大的影响。除此之外，良好的同伴关系对班级里同学之间合作互助精神的培养和班级和谐气氛的营造都大有裨益。良好的同伴沟通成为建立同伴关系的基础与保障。

1. 同伴沟通的含义

这里所说的同伴沟通，特指学生与学生之间的沟通。同一群体、同一阶层的人之间的沟通，往往因为欠缺规范而显得模糊。学生之间具有平等的关系和平等的发言权。这些特性导致同伴沟通具有如下特点——合作与竞争共生，冲突与妥协并存。

2. 影响同伴沟通的因素

影响同伴沟通的因素较多，不同的价值观、行为模式、个人需求、人际界限、情绪、表达方式等，都会使学生同伴之间出现沟通不畅的现象，甚至影响到同伴之间的人际关系。学生认知水平有限、情绪控制能力尚未成熟，在沟通的时候极易出现矛盾和冲突，经常会将沟通的信息从“事”转成“人”。一旦出现这样的情况，沟通中对事的是非好坏判断就会转成对人的对错善恶审判，沟通的目的也不再是寻求对事的最佳了解，而是变成人与人之间的对错攻防。当一方开始以攻击代替防守时，整个转变就完成了，沟通便不复存在，只剩下争吵。这也就是年龄越小的学生越容易在沟通的过程中发生争吵的原因。

3. 同伴沟通的原则

(1)尊重彼此的差异

沟通双方应当认识到虽然大家是同学伙伴，但是彼此之间在生活习惯、价值观、沟通方式、情绪表达及问题解决方式上都是有差异的。因此，对同伴要保持一个开放的态度，尊重彼此的差异。遇到问题时，应当清楚而重复地向对方表达，确保对方理解，避免出现“我俩是好朋友，她一定知道我是怎么想的!”这样的自我预设。

(2)对“事”不对“人”

与同伴沟通时，要时刻提醒自己将沟通的焦点关注在“事”上，避免从“事”转移到“人”。首先，认真倾听，准确接收同伴要传递的信息，避免误解，也不要急着对号入座；其次，控制好自己的情绪，当觉得自己被误解时，不要急着辩解，否则很容易开启自我防御的机制，彼此落入针对“人”的攻击之中；最后，用客观具体的语言描述想要沟通的内容，确保彼此的注意力集中在需要解决的“事”上。

(3)先解决情绪再沟通

当沟通双方因为沟通产生负面情绪时，要先解决情绪再进行沟通。因为只有沟通双方情绪稳定，能够清楚而自信地进行表达与互动时，才能实现有效沟通。尤其是双方已经产生冲突的时候，更应如此。如果此时自己或者同伴的情绪糟糕、态度非常不友好，则应明确地提出或是请对方先冷静，待情绪平缓之后再沟通。另外，在沟通过程中避免使用情绪化的语言，如抱怨、指责、恐吓、威胁等，以免将双方又带入情绪陷阱之中。

(4)善用同理心

在与同伴沟通的时候，一定要善用同理心，站在对方的角度设身处地思考，这样才能更加了解对方的想法。要避免说出“你也太夸张了吧!”“不就是这么点儿事儿嘛!”这样自以为是的话语。

4. 同伴沟通的技巧

(1)选择适宜的沟通媒介

随着网络科技和移动通信技术的发展，智能电话和网络已变成同伴沟通中不可或缺的工具。与传统的面对面沟通相比，利用智能电话和网络所进行的媒介沟通有其独特之处。因此，在与同伴沟通时，应根据具体情形选择合适的沟通方式。如果沟通比较重要的内容，或是解决彼此之间的矛盾冲突，则应尽可能选择面对面沟通。因为面对面沟通可以时时关注到对方的非语言信息，如音调、语气、肢体动作、面部表情，有利于当事者对对方所传达的意思有比较全面的理解。如果实在需要通过电话、网络进行沟通，则需要更小心地确认彼此的意思和情绪反应，以免新添误解。如果沟通一些不好意思当面去说的内容，或者沟通者自己生性腼腆，那么就可借助媒介沟通。研究表明，非语言线索减少和距离增加，会给沟通者提供一种“网络勇气”，这是面对面交流时通常没有的。

(2)多用“我们”

与同伴沟通前，尤其是沟通一些可能会引起对方质疑、不满的内容时，应在沟通之前就向对方传达“我很在意我们的友谊”这样的信息，在沟通的过程中多用“我们”，能够传递出对彼此关系的重视，这样有利于降低对方的自我防御心理，达到沟通目的。

“你”语言模式、“我”语言模式、“我们”语言模式是三种在与同伴沟通时经常用到的语言模式。“你”语言是以“你”作为开头的语言，如“你应该早点来值日的”。这种语言在沟通时往往会让听话者感受到威胁，进而引起其防御心理，或者激怒对方而引发矛盾。因为“你”语言更多地表达了说话者对听话者所下的论断。如果是包含批评性“你”语言，其中隐含着对对方做错事的抱怨。“我”语言则是以“我”作为开头的语言，如“我觉得你最好去问问老师”。这类语言在表达时反映的是说话者对所表达的信息负责。相比前两种语言模式，“我们”语言则暗示了沟通的内容应该是由参与沟通的双方共同关心并负责的，如“我们得想想办法，看看怎么做才能提高咱们组的数学成绩”。这种语言较容易营造一种建设性沟通氛围，暗示出一种“我们在一起”的凝聚性。

(3)使用具体化的表达

清楚、具体地向同伴表达你的所思所想，是同伴沟通的重要技巧。拐弯抹角、表达含糊都是不可取的。例如，当我们想跟同伴沟通令自己困扰的事情时，可以这样来说。首先，向对方指出令自己感到困扰的具体事件、行为，如“我发现你最近好像不是很愿意跟我一起去图书馆学习，这件事让我感到有些困扰，不知道究竟是怎么回事?”其次，诚恳地提出自己的意愿，如“我们可以好好聊聊，究竟这是因为什么呢？因为我真的很在意咱们之间的友谊!”最后，清楚表达要求，让对方具体知道你希望他怎么做，如“如果以后我的言行让你感到不舒服，一定要记得提醒我!”在这个过程中，切忌两点：“翻旧账”和“自以为是”。每次与同伴沟通应只针对一件事情，避免用“你总是……”或“你从来不……”，牵扯过去的事情来否定对方；也不要自以为是地去揣测对方的意图，说出“你那样一定是为了……”这样的话语。

(4)积极倾听

无论是对方发起的沟通，还是自己主动邀约的沟通，在沟通的过程中，都应保持积极主动地倾听。在同伴说话的时候，保持眼神接触，专心听对方说话并适度表达同理心。不打断对方说话，不急着用“没错，但是……”这样的语言来维护自己，不与同伴就某个观点进行争论。

(5)表达善意

沟通过程中如果发现自己对同伴造成了困扰，可以主动道歉，且表示愿意改变或补偿。同理，如果同伴愿意与自己沟通，在沟通结束时也应向对方表达肯定与感谢。这不仅会提升双方的沟通效果，更会强化同伴之间的友谊。

（三）家校沟通

随着社会的发展、时代的推移，家长与学校(老师)之间的关系也在不断地发生着变化。在农业社会，家长对学校和老师持有绝对信赖、完全尊重的态度；到了工业社会，学校和老师更多体现着社会服务的价值和作用；到了信息化社会，家长越来越多地参与到学校教育当中来，家长和学校(老师)成了孩子教育上的合作伙伴。

从教育心理学的角度而言，家长与老师都是学生学习历程中的“重要他人”。老师与家长间的有效沟通，能够将这两类“重要他人”的力量形成合力，共同为学生营造最佳的学习环境，从而实现高质量教育的目标。

1. 家校沟通的含义

家校沟通指学校老师与学生家长双方运用各种联系的方式(如电话、面谈、微信)，相互分享、交流学生的生活及学习信息，以便拉近彼此之间的关系。家长基于对子女的关心，参与孩子班级的活动，不仅与任课老师有互动和沟通，与班上其他家长亦能建立合作关系。在这个过程中，益处不言而喻：老师与家长的沟通合作，能够改善孩子的学习环境，为孩子提供多元化的学习资源；同时，家长在参与过程中，也能借由老师的指导增进亲子间相处的机会与和谐关系，让孩子更好地成长。

2. 家校沟通的重要性

家长和老师是一个教育共同体，以学生为中心。完美有效的沟通，依赖老师与家长双方一起努力。良好的家校沟通可创造学生、家长及老师三赢的美好局面。

(1)对学生而言——营造良好的学习环境

老师与家长都是学生成长、学习过程中的指导者，老师和家长的有效沟通、良好配合会让学生感受到老师、家长的关爱，培养学生的安全感与自信心。老师也能够借由家长的参与，更深入地了解学生，为学生提供多元化的学习资源，帮助学生获得个别差异化的发展空间，最终促进其学习与成长。

(2)对家长而言——增进亲子关系

随着对“家校合作”这一理念的倡导和实践，良好的家校沟通能够增加家长对教育的认识，使家长了解孩子的发展与学习状态，进而提高家长进行亲子教育的知识能力与教养技巧，分担学校教育中应参与的角色与承担的责任，进而提升亲子关系。

(3)对老师而言——促进专业成长

若老师与家长彼此互动良好、沟通密切，那么在此过程中，家长能够提供关于家庭、子女更深入的信息。这些信息能够帮助老师增进对学生及其家庭的认识与了解。在此基础上，老师能够提供对学生有针对性的指导方案，获得家长的支持与资源，进而提升老师的专业形象，促进其自身的专业发展。

3. 影响家校沟通的因素

(1)认知或立场差异

对于同一件事，老师和家长的认知差异，导致对同一事件看法不一，各持己见；或者家长和老师由于所处的立场不同，因此看待同一件事情的角度也不相同。这些会造成家校沟通出现障碍。

(2)彼此不尊重

有的家长或老师在沟通的过程中，会因缺乏尊重的态度而对对方指责说教、兴师问罪，认为自己是对的，责怪对方时丝毫不留情面。这些强硬的态度，破坏了老师与家长之间的和谐沟通。

(3)缺乏信任

由于家长与老师对彼此不了解，因此容易产生误解。有时甚至会因对方的人格品性而否定其值得信任的一面。老师和家长彼此猜测怀疑，阻碍了双方的沟通与了解，使得家校沟通进展更加艰难。

4. 家校沟通的原则

(1)积极准备

家校沟通应有计划、有安排，明确沟通的主题、时间、情境。通过规划，老师应以认真负责的态度，关爱学生，营造有利的沟通氛围。

(2)主动沟通

老师应主动将学生在学校的各方面表现告知家长。当前家校沟通的手段是很多元化的，老师要善用各种手段，主动与家长建立良好的合作关系。沟通前做好万全准备，沟通时诚恳相对，沟通后反省建言、有所作为。

(3)信任尊重

诚恳、接纳、倾听是老师与家长有效沟通的基础。老师与家长需要接纳彼此的建议甚至批评。在交流的过程中，双方应考虑彼此的感受，尊重彼此的意见，展现诚意，坚持对事不对人、就事论事的原则。老师不能因为自己的专业优势，就以专家的姿态对家长指手画脚；家长不能因为自己的身份角色，就以不信任的心态对老师进行质疑责难。老师与家长应是平等的、彼此信任的。

(4)双向沟通

随着移动通信技术手段的发展，老师与家长的沟通越来越畅通。除了传统的电话沟通、家长会，微信群聊、QQ 群聊被越来越多地运用在了家校沟通中。这种畅通无阻的直接沟通渠道，能够将老师与家长及时连接在一起。老师每天将学生的表现传递给家长，家长也能主动告知老师自己子女的学习情况，让老师与家长对学生有更多深入的了解，达到双向沟通的目的。

(5)家校合作

老师及学校应主动邀请家长参与学校组织的各种活动，如家长会、班会、优秀老师公开课、教育专题讲座等，增强家长的参与感，让家长了解学校教育活动的内涵。通过参与这些活动，家长能够更深刻地理解老师每天的工作，增强家长对学校的向心力。

除此之外，家长身处各行各业，其身后蕴藏着巨大的教育资源。因此，学校和老师邀请家长参与学校教学活动，一方面可以减轻老师负担，丰富教学内容，提高教学效果，另一方面更有助于家校沟通的开展。

5. 家校沟通技巧

(1)换位思考

换位思考其实就是我们在沟通中一再强调的同理。同理对方既是一种良好的沟通方式，又是一种重要的沟通能力。同理是指在沟通的过程中，我们要接纳对方的情绪与感受，而非认同其想法和行为。两者的区别在于：同理是站在对方的立场上，去感受对方的内心世界，并由此产生共鸣；而认同则是带着自己的主观喜好，去肯定沟通中双方观念一致的地方。

举个例子，当我们在沟通的过程中向对方表达“原来您是这么想的，我了解您的感受”，这就是同理，就是换位思考；当我们向对方表达“我认同您的想法”时，这就成了认同。换位思考在沟通中的意义在于：它能够帮助我们敏锐地察觉对方的感受；让对方感觉到自己被理解与接纳；避免对方开启自我防御机制。换位思考的终极意义在于能够帮助沟通的双方建立起积极、正面沟通的基础。

(2)区分事实与推测

老师与家长在沟通的过程中，要避免用“推测”代替“事实”。对于事件的描述应尽量具体、客观，只陈述事实而不加入个人的推测，才能将沟通的重点聚焦于问题本身。

事实是指可以被证明的对象，是客观实在；推测则是某人对某事、某物的看法或者感觉，是主观意识。举个例子，“冰激凌很好吃”——这是一个推测，一个观点；“冰激凌通常是用牛奶制品做的”——这是一个事实。放在沟通当中，如果家长说“我的孩子在学校受伤了”，那么这是在陈述事实；如果说“我的孩子被欺负了”，那么这在没有确定事实真相之前就是一种推测。老师与家长沟通时，双方如果都能客观表达事实，有助于正向互动，解决问题。反之，对方就会开启自我防御机制，陷入你对我错的争执和误解当中，阻碍沟通。这时就需要老师与家长掌握重述技巧与厘清事实的方法，以便将沟通关注点引导回正确的方向上。例如，如果遇到家长兴师问罪——“我的孩子在学校里被欺负了”，作为老师应当这样回答——“您是说您的孩子在学校里受伤了吗?”“当时的情形孩子有跟您讲吗，是怎样的呢?”

有时在家长与老师沟通的过程中，还会出现家长将解决问题的合理期望和无理要求混淆的情况。这时老师就要将“无理要求”转化为“合理期望”。例如，班级中有孩子欺负了小明，小明爸爸要求欺负小明的同学道歉，这是一个合理期望；而要求欺负小明的同学转学，这就是一个无理要求。

在使用区分事实与推测这一技巧时，有以下建议。

· 使用具体的、描述性的语言陈述事实。

· 老师与家长双方合力搜集事情发生时的实际状况。

· 用语言将对方的“无理要求”转化为“合理期望”。

· 运用规划下一步的方式来描述老师与家长间彼此需要对方配合的内容。

（3）三明治沟通技巧

三明治沟通技巧

三明治沟通技巧衍生自心理学中的“三明治效应”。在批评心理学中，人们把批评的内容夹在两个表扬之中从而使受批评者愉快地接受批评的现象，称为三明治效应。在人际沟通中，三明治沟通技巧中间的这一层是我们要向对方表达的批评、建议或不同观点。而三明治外围的两层，也就是沟通对话的开头和结尾，往往是肯定、赞美等舒缓关系的语言。这一技巧目前在家校沟通中有着非常广泛的运用，具体方法如下。

①第一层——积极正向的开始。

三明治沟通技巧的第一层是指老师与家长在沟通时，双方应以认同、赞赏、肯定对方优点与感谢为前提，并以真诚、具体的赞美语言作为开场。

这样做的好处在于，在我们在表达建议、批评或是不同观点之前，亲切、赞美的语言可以营造一个友好的沟通氛围，避免对方直接听到批评或是不同观点时开启自我防御机制。一旦产生了防御心理，后续的任何沟通都将变成一种徒劳。

真诚、具体的赞美语言是指与其泛泛地说“小明是个好孩子”，不如具体地说“小明最近进步很大，今天主动帮助同学值日”。千万别小看“真诚、具体的赞美”的魔力，这是建立良好关系的最佳破冰法宝。具体方法：先欢迎家长能够抽时间来与老师沟通；再向家长强调孩子最近进步的表现。

②第二层——询问想法与提供建议。

三明治沟通技巧的第二层是双方沟通中的重头戏。但是，千万别急着说出自己的结论与立场，最好通过陈述“行为与情境”，把事情从头到尾讲述一遍，或说出自己有哪些困扰，请老师或家长帮忙出主意。在陈述完自己的看法后，再询问老师或家长的意见。

具体方法：首先，换位思考，站在对方的立场上去了解家长进行沟通的用意；其次，客观、具体地向家长介绍自己已经在该方面所做的努力，接下来还需要解决的问题；再次，邀请家长分享如何帮助孩子的意见、建议；最后，提出具体需要家长配合的内容。

③第三层——正面反馈的结束。

三明治沟通技巧的第三层是指再次使用正面、友善的语言作为沟通的结束语，帮助对方建立对未来乐观的态度，以及充满信心和信任的正面情绪，如此可以让家长更有意愿提供协助，而子女也更有积极改善的可能。

具体方法：首先，约好彼此后续联系的时间、方式或需确认的工作；其次，再次感谢家长愿意投入时间进行沟通；最后，再一次以对孩子积极、正面的陈述和评价作为结束语。

相关链接

三明治沟通技巧使用实例

老师：小明爸爸，谢谢您百忙中抽出时间来学校跟我进行交流！

家长：也谢谢老师费心，这是我作为家长应该做的。不知老师要我来是因为什么呢？

老师：是这样的。开学以来，小明学习的时候比以前专注多了，老师布置的作业也能按时完成。这些进步都非常好！但是最近不知怎么了，喜欢捉弄同学，常常跟同学发生争执。任课老师提醒他这样做不好，他也爱答不理。作为他的班主任，我很担心他的这种状态会影响他与同学的同伴关系，给学习带来负面影响。我也有试着问他，最近是不是发生了什么事情？可是他什么都不说。我想作为家长，您比较了解小明在家里的情况，想请问您，您在家有没有观察到发生了什么事情，可能会导致小明出现这些行为变化？或者他有没有跟你们聊起相关的事情？

家长：家里没发生什么事情呀！我和老婆工作也忙，每天就是督促小明放学回来写作业，他也没跟我们聊什么。感觉挺正常的。

老师：好的，您说的我了解了。因为小明这样的行为长期下去对他不太好，所以我们需要找到问题的根源，帮助他做调整与改变。我这边会从跟他关系好的同学那里着手，了解一下情况。也请您回家之后，多关注一下小明，试着跟他聊聊，或者再跟小明妈妈了解一下。

家长：行吧，我试试。

老师：有什么发现还请您及时跟我沟通，我也会跟您就学校这边的情况随时联络。微信或者打电话都可以。

家长：好。

老师：再次感谢您今天能来。小明是个好孩子，我们的最终目的都是一致的，都是为了让他更好地成长。所以还请您与我一同努力。

二、 情感与思维

（一）尊重学生的情感需求

尊重他人人格是现代人际关系的普遍原则，尊重学生人格同样是现代师生关系的原则，是师爱的底线要求。我们尊重学生的目的是什么？是让学生意识到自身的价值与尊严，从而使其能够积极主动地向前发展。这就要我们每位老师相信每个学生通过教育和社会的影响都能够朝着美好的方向发展。尊重学生，是老师从内心深处对学生的发展怀着积极、善良的期待，是为师者灵魂深处对学生关爱与负责的态度。

渴望受到尊重是人的普遍心理，学生时代正是丰富的情感发展时期，随着个性意识的增强，学生都有着强烈的被人尊重和理解的精神需求，渴望得到老师的尊重是学生的心理特点之一。学生和成年人相比，成年人阅历较深，即便遇到委屈，不受尊重的时候，也能较好采取调控的手段，加以克制和排解，不至于受到莫大的刺激和挫伤。而学生则不然，他们处于生长发育期，年轻气盛，经验不足，控制情感的能力还相当薄弱，自尊心一旦受到损伤，抑郁不快便会徘徊在心头，心灵就会被抹上难以驱散的阴影，甚至一时丧失前进的动力。反之，自尊心一旦被满足，快乐就会在他们心头升起，眼前就会展现出一片晴朗的天空，就会增强他们积极向上的信心和勇气。老师在教学中如果注意理解、尊重学生，就必然能激发学生的兴趣。只有尊重学生，才能让学生体会作为人的尊严感，而这就是育人的关键所在。苏霍姆林斯基对此有过精辟的论述：只有老师关心人的尊严，才能使学生通过学习受到教育，教育的核心就本质来说就在于让学生始终体验到自己的尊严感。学生只有得到老师的尊重，才能亲近老师，才能有融洽的师生感情，才能收到良好的教学效果。老师应怎样表示对学生的尊重？

1. 赞美意味着尊重

老师对学生取得的成绩和良好的表现，给予及时地肯定和赞美，便是一种尊重。这种肯定和赞美范围不应太窄，有见识的老师应用多元化价值观念看待学生。老师对学生要一视同仁，无论他是聪明的还是迟钝的，无论他来自什么样的家庭，无论是表现好的学生还是表现不好的学生。尤其是后进生，老师不但不能歧视他们，更应关心他们，因为他们的心理一般较为脆弱，对表扬敏感，对批评更敏感。他们渴望得到别人的理解和尊重，希望在生活中遇见理解他们的知音，需要老师用“精神的甘露去洗涤心灵的创伤”。事实上许多后进生智商并不低，甚至可以说十分聪明，只是他们没有得到积极、正确的引导罢了。

相关链接

赞美创造奇迹

有一个学生，学习成绩很差，多次想退学。我便注意从他的身上寻找长处，在运动会上，我终于发现他有跳高的特长。我便以此为契机，鼓励他在体育特长方面发展。尤其是在运动会上，他展示出非凡的组织才能，我便称赞他有教练的素质。我又给他举上届体育生的例子，鼓励他走出困境，增强自信。经过三年的努力，他终于以理想的成绩考入湖南某大学体育系。在那里，他组织了跆拳道协会，后来，还成为学校的新闻主编。从他的身上，我真正体会到赞美对一个学生的成长是多么重要，尊重和赏识能使我们的学生创造奇迹！

2. 真诚的微笑可以表现出尊重

微笑是一种语言，表现着人际关系的友善、诚信、谦恭、和蔼、融洽等美好的情感因素，能体现出对他人的友好和尊重。微笑这种“表情语言”，一旦传递给学生，学生便享受到一种尊重。当学生成功时，微笑是真诚的赞许；当学生出错时，微笑是善意的宽容；当学生迷惑时，微笑是走出迷雾的期待。

3. 注意倾听能体现尊重

老师在教学过程中，多注意和学生交流，“蹲下身来”与学生交流，倾听他们对教学的意见，这是对学生的尊重。老师倾听学生的意见，会使学生心情格外高兴，乐意接受老师的知识，更加尊重老师的教学劳动。老师应鼓励学生提意见，不管正确与否，都认真听取，不能采取任何厌烦的态度，即使学生的意见是错误的，也应该听完后并加以指导。

4. 平等地对待学生也能体现出尊重

现代学生大多数是独生子女，自尊心强，要求独立自主，不喜欢听老师和家长的说教。面对这一心理现象，老师绝不能居高临下，强迫学生接受，而应温和友善地与学生商讨，平等对待他们。在教学中要改变师生关系中的领导与被领导、管理与被管理的现状，建立科学、民主、平等的师生关系。老师要尊重学生的人格、爱好、选择，重视学生的主体意识，对学生做到以诚相待，切忌对学生讽刺、挖苦、训斥。对学习有困难的学生，要以极大的耐心，给予关心和帮助，从而使每一个学生都能参与学习的全过程，获得成功的体验和喜悦。

5. 公平的评价能使学生感到尊重

学生有被公正评价的需要。中学生已有一定的判断能力，更需要老师在教学中公平地评价他们。老师在对一个学生进行评价之前，要调查了解，把真实情况了解清楚，必须坚持实事求是的原则，既不能夸大也不能戴有色眼镜看待学生。对成绩好的和成绩不好的学生看法不一，或者从印象出发偏爱一些学生，都会使评价有失公正。老师公平的评价，可以使学生感到老师是尊重他们每一个人的。

6. 科学地看待过错，是对学生尊重的一种教育技巧

每一个人都可能犯错误，尤其是青少年。老师的责任赋予了老师批评学生的权利，但不能滥用。学生认识不到位，行为有偏差，犯错误都可以理解。无错原则并不是对学生这样那样的问题不加以管理，而是先承认他们出现的问题是正常的，老师的责任在于如何运用科学管理的方法去调整孩子的不良行为。老师批评的是学生的行为，而不是学生自身。在批评时，老师应该指出学生行为的错误，错误造成的影响和改正错误的方法。老师的态度应是诚恳、可亲、温和、友善的，切莫急躁，杜绝嘲弄讥笑的口吻。老师批评学生前应把批评的语言先“包装”一下再使用，这样既能使学生容易接受，又能达到批评的效果。这就要求老师不但有扎实的语言能力，还要有一颗爱心。

（二）情感沟通的“绊脚石”

良好的人际沟通首先取决于双方健康的心理。只要沟通的一方存在一定的心理障碍，沟通就难以顺利进行。

过去教育心理的许多研究一般只注重学生的心理健康，而忽视了老师本身的心理健康问题，这在某种程度上可以说是本末倒置。因为只有心理健康的老师才能培养出心理健康的学生。近年来确实有不少有关老师群体心理健康问题的调查和报道，读后使人忧心忡忡。这里罗列和浅析了师生沟通中几种双方常见的心理障碍，以期引起大家的重视，并引发进一步的思考和行动。

1. 老师常见的心理障碍

(1)唠叨

加拿大教育心理学家林格伦等人曾在一部教育心理学著作中指出：许多老师都患有一种可以称为“唠叨”的心理疾病，而且越是资深的老师越感觉不到这种病症。

“唠叨”病的主要症状是话特别多、啰啰唆唆，并经常不分场合、事无巨细地指责学生，还认为自己一直是在“诲人不倦”。“唠叨”病的根源在于老师本身对师生关系的错误定位。传统文化赋予了老师与学生的不平等地位，伴随着教学生涯的增长，老师一般会越来越习惯于维持自己的权威地位，越来越不在乎学生本身的心理感受。长此以往，一些老师就形成了这种自己感觉不到的坏习惯。

“唠叨”病的主要危害是让学生对老师产生越来越严重的厌烦感，认为老师是一个“烦老师”，一有机会就想从老师身边消失。老师即使有再好的沟通愿望也无法实现。

一旦发现自己有“唠叨”病的症状出现，老师首先必须反省自己的师生观是否正确。还应该经常考虑自己讲话的时间、地点、对象和场合是否适当，检查自己讲话的数量与质量之间的“效率比”。否则，还真可能患上“唠叨”病，并且逐渐演变成久治不愈的“慢性病”。

(2) 观念强迫

一些老师常常认为自己的意见是最好的意见，把自己的喜好强加给学生，把学生视为灌输自己一切价值观的最好对象。例如，一个高二的学生虽然文理俱佳，但他很喜欢文科，打算在高三时转入文科班读书。这时，酷爱理科的班主任每天都对这个学生进行“策反”，翻来覆去地向这个学生灌输自己的想法，“你啊，太年轻了。文科有什么好，学的东西都是空的。过去说掌握数理化，走遍天下都不怕。现在看来还是对的嘛。你看，出国的人也是搞理科吃香。所以，我坚决反对你学文科！有句古话说得好：‘不听老人言，吃亏在眼前’。以后你一定会懂得我是真正地为你好。不管怎样，现在我得全力阻止你的愚蠢想法。”也许，一个未来的文科人才就此被扼杀在摇篮中。

又如，一位老师从小就学习弹钢琴，非常醉心于古典音乐。他希望他的学生们也能跟自己一样。可是，现在大多数学生喜欢流行音乐。于是，这位老师就经常对学生说古典音乐如何优美，流行音乐如何庸俗。如果在学生的书包里发现了流行音乐的唱片等，他还会奚落或训斥学生一番。甚至在家长会上，他还要求家长们在家里尽量禁止学生听流行音乐。这位老师的做法使学生非常反感，有一次他的一番话还差点引起绝大多数学生的“公愤”：他在大大赞扬了世界三大男高音后，还顺带讥讽了几个流行歌手。而这几个歌手恰恰是这些少男少女心中的偶像！跟有强迫症的老师交往和沟通，学生不但不会有愉悦感，而且还会有被剥夺了自由和自主权的感觉。所以，学生碰到这样的老师，只会产生“快点躲着走”的念头。

造成强迫症的主要原因是以己度人，甚至还有些自恋和自大的性格。老师应该经常做一些反省。克服强迫症，要真正懂得了解与尊重他人的情感和需要。“己所不欲，勿施于人”，老师经常进行“换位式”思考是一种较为有效的方法。当然，不断接受各种新思想、新理念，不断完善和塑造自己的良好性格才是克服这种心理障碍的根本途径。

(3) 角色固着

角色是一个社会学的名词。它是指一个人根据社会的舆论规范和约定俗成的习惯所表现出的思维倾向、行为方式等。

人们在社会生活中扮演着许多不断变化的角色，如一位女老师就可能要扮演老师、妻子、女儿、媳妇、领导、职工、乘客等多种不同的角色。如果一个人不顾环境、场合等因素固守一种角色，就是角色固着。角色固着会给人际沟通造成较为严重的障碍。对于师生沟通来说，情况也是如此。当老师扮演的角色十分适宜时，师生沟通就会比较顺利。如果老师固着于某种角色不善转换，师生沟通的效果就会受到影响。

有这样一则案例，在迎元旦的联欢晚会上，学生兴奋异常，唱歌、跳舞、讲笑话，玩得很尽兴。这时，学生的胆子比平常大了很多。他们把一贯很严肃的班主任也硬拉上了台。这位班主任在学生的强烈要求下，勉强地唱了一首歌，之后就用四平八稳的声调说了一段话："同学们，咱们玩归玩，学习是第一要务。大家要努力学习，不能掉以轻心。平时要注意养成良好的学习习惯，勤思考勤提问……"本来情绪高涨的学生，心里一下凉了一大截，每个人的行为都开始拘谨起来，整个晚会就在沉闷中结束了。

要克服角色固着的心理障碍，就要学会调节角色行为，即根据身份、场景的变化而改变自己的举止。调节角色行为在一般情况下是不难做到的。人的大脑里有一套警戒调节系统，会根据情况随时调节人的行为。但如果在非常熟悉的人面前，这套警戒调节系统就会"渎职"，甚至连对方在对你有所暗示时也不能察觉。老师在他们的学生面前就经常会犯这类错误。因此，老师要克服角色固着的心理障碍，关键是要在司空见惯的场景中保持清醒的自我意识，经常告诫自己要"审时度势"，随机应变，把自己塑造成一个成功的沟通者。

2. 学生常见的心理障碍

(1)自卑

自卑的主要表现是缺乏自信。自卑的人在人际交往和人际沟通中表现为想象成功的体验少，想象失败的体验多。这种心理状态在与权威者、长者、名人交往时表现得尤为突出。

造成学生自卑心理的原因大体上有三种。

①对自己的期望过低或过高。

对自己的期望过低的人把自己的交往和沟通圈子局限在一个狭小的范围内，满足于与身边人的自然交往。他们从来不想去主动开辟新的交往和沟通渠道，建立新的人际关系。对自己的期望过高的人在与人交往和沟通时总是害怕失败，担心遭到别人的嘲笑和拒绝。

②大人的期待和评价。

如果一些孩子从小开始各种重要活动都由大人包办代替，大人不让他承担独立的人际交往和沟通任务，那么他就会安于现状，依赖他人，没有主动性。这样的孩子上学以后，老师和同学也一直会认为他缺乏交往能力。长此以往，孩子本身也乐意接受这种评价，潜移默化地形成了自卑心理。

③人际交往和沟通中的消极体验。

有些学生本来并不自卑，但由于种种原因，他们在人际交往和人际沟通中经历了许多失败，并把这些失败消极地归因为自己的无能，从此变得自卑起来。

对于有自卑心理的学生，老师可以从以下几个方面来加以引导。

①教会学生全面客观地分析自己。

“人贵有自知之明”，这句名言对有自卑心理的人来说非常重要。但他们对这句话的理解和一般人正好相反。

老师是除了父母之外最了解学生的人。因此，他们一旦发现孩子身上的优点，就应该及时认同并加以公开表扬，让这些孩子逐步地增长自信心。然后，要教他们学会扬长避短，不断发掘和发挥自己的才能和潜力。

②调节学生的认知方式。

要让学生学会正确地归因。不要把一切的挫折和失败都归结到自己的能力等因素上，而是要客观地分析各种实际情况，把主要精力放在提高解决各种实际问题的能力上去。

要让学生认识到世界上任何事物都具有两面性，懂得如何辩证地对待并且转化自己的一些弱点。

③塑造学生良好的性格。

老师要有意识地让这类学生担任某些工作或职务，通过实际锻炼将他们身上胆小敏感、优柔寡断、应变能力差等消极的性格特征逐渐转化为独立性强、开朗、善于社交等积极的性格特征，以增强他们的心理优势，逐步地战胜自卑。

(2) 羞怯

羞怯是学生常见的沟通障碍。这里的羞怯是指人在沟通过程中过多地约束自己的言行，以致无法充分地表达自己的思想感情，阻碍了人际关系的正常发展。学生羞怯的形成主要在后天。它是在家庭、学校和工作环境中逐步形成的，也是可以克服的。学生克服羞怯可以从以下几个方面着手。

①调节学生的认知方式。

关键是让他们形成这样一种认识：人不可能事事正确。在人际交往和人际沟通中，即使说得不对，还可以加以改正。事情做得不成功，也可作为前车之鉴。人的聪明才智就是在实践中增长起来的。

②多给他们锻炼的机会。

可以从易到难地给这些学生布置一些人际交往的任务，让他们鼓起勇气，逐步学会主动与老师及其他人沟通。只要他们能够迈出第一步，以后的成长就会顺利得多。

③要尊重自我，不要把别人的评价当作自己行为的绊脚石。

人与人的人格是平等的，要善于听取别人的评价，但有时别人的评价未必适合自己。如果总是生活在别人评价的阴影中，最终失去的只能是自我，自己就会在前进的道路上缺少进取心而变得裹足不前。只要自己行之有道，不必在乎他人的评价。

（三）化解负面情绪的锦囊

布朗定律

1. 布朗定律

一旦找到了打开某人心锁的钥匙，往往可以反复用这把钥匙去打开他的某些心锁。此理论的提出者是美国职业培训专家史蒂文·布朗。

拓展阅读

不穿鞋子的修女

一个虔诚的修女为了拯救受难的人们只身来到印度。当她看到当地的人们因为贫困而衣衫褴褛甚至没有鞋子穿的时候，她决定自己也不穿鞋子，因为这样才能够更加贴近他们从而更好地帮助他们。后来，戴安娜王妃听说了她的事迹之后来印度拜访她，她因为自己穿了一双洁白的高跟鞋而感到无比羞愧。后来中东发生了战争，这位修女孤身一人来到战场上。当作战双方都发现这位修女的时候，竟然不约而同地停止了攻击，她把战区里面的妇女和儿童都救了出来。在这位德高望重的修女去世时，印度的人民都为她而悲痛。在她的灵柩经过的地方，没有人会站在楼上，因为不想让自己站得比她还高。她的双脚仍然是裸露的，她在向世人宣告：她是与那些贫苦的人们平起平坐的。这位高尚的修女就是特雷莎。

这个修女的故事告诉了我们：找到心锁就是沟通的良好开端。知道别人最在意什么，别人的意愿就会在你的把握之中。

2. 乔治定理

有效地进行适当的意见交流对一个组织的生产能力会产生有益的和积极的影响。此理论的提出者是美国管理学家小克劳德·乔治。

拓展阅读

霍桑效应

霍桑效应一词源于芝加哥郊外的霍桑工厂，一个制造电话交换机的工厂。这个工厂具有较完善的娱乐设施、医疗制度和养老制度等，但员工们仍愤愤不平，生产状况也很不理想。为探求原因，1924 年 11 月，美国国家研究委员会组织了一个由心理学家等各方面专家参与的研究小组，在该工厂开展了一系列的试验研究。这一系列试验研究的中心课题是生产效率与工作物质条件之间的关系。研究中有一个“谈话试验”，即用两年多的时间，让专家们找工人谈话两万余次。规定在谈话过程中要耐心倾听工人们对厂方的各种意见和不满，并做详细记录。对工人的不满意见不准反驳和训斥。这一“谈话试验”收到了意想不到的效果：霍桑工厂的产量大幅度提高。这是由于工人长期以来对工厂的各种管理制度和方法有诸多不满，无处发泄，“谈话试验”使他们的这些不满都发泄出来，从而感到心情舒畅，干劲倍增。社会心理学家将这种奇妙的现象称为“霍桑效应”。

“霍桑效应”给我们的启示是：人在一生中会产生数不清的意愿和情绪，但最终能实现、能满足的却为数不多。对那些未能实现的意愿和未能满足的情绪，切莫压制下去，而要千方百计地让它宣泄出来，这对人的身心和工作效率都非常有利。其实，不同意见与冲突反而可以激发活力与创造力。一位本来应当为部属据理力争的主管，为了回避冲突，可能被部属或其他部门看扁。为了维持和平，他们压抑感情，结果使他们严重缺乏面对冲突、解决冲突的能力。到最后，这种解决冲突的无能，蔓延到婚姻、亲子、手足与友谊关系。在狮群中，如果你是斑马，至少也要假装成一只狮子，才不会被吃掉。

3. 牢骚效应

凡是公司中有对工作发牢骚的人，那家公司和老板一定比没有这种人或有这种人而把牢骚埋在肚子里的公司和老板要成功得多。此理论是美国密歇根大学社会研究院提出来的。

牢骚效应

拓展阅读

厂长轮流当

韩国精密机械株式会社实行了一项独特的管理制度，即让职工轮流当厂长管理厂务。“一日厂长”和真正的厂长一样，拥有处理公务的权力。当“一日厂长”对工人有批评意见时，要详细记录在工作日记上，并让各部门的员工收阅。各部门、各车间的主管，依据批评意见随时改进自己的工作。这个工厂实行“一日厂长”制后，工厂的向心力增强，工厂管理成效显著，开展的第一年就节约生产成本300多万美元。

牢骚虽不总是正确的，但认真对待牢骚却总是正确的。牢骚是改变不合理现状的催化剂。让企业的每一个成员都更深刻地体会到自己也是企业这个大家庭中的一员，并身体力行地做一回管理者，不仅可以充分调动他们的积极性，而且对从多方面看到管理上的不足有积极作用。

（四）情绪控制的奥妙

1. 幽默

幽默是人际关系中必不可少的润滑剂，大多数人都喜欢幽默的交谈者，喜欢听幽默的话语。这可以减轻沟通的压力，也可以让沟通更加顺畅。富有幽默感的人一般都豁达大度，对人宽容。幽默往往也是师生关系的良好缓冲剂。幽默可以用来批评学生的一些不良行为，有时也用来补救老师在师生沟通中产生的一些失误。可见，幽默在师生沟通中的作用是非常重要的。

(1)批评学生巧用幽默

当学生犯错时，老师批评学生往往比较严肃、紧张，以达到让学生警醒的目的。这种做法是更正学生错误的有效途径之一。但有时也会产生一些负面影响，如导致师生关系的紧张，伤害学生的自尊心等。巧妙的设置幽默，不仅同样可以达到批评学生的目的，而且更容易贴近学生心理；不仅保护了学生的自尊心，而且以幽默的方式对全班学生都进行了教育。比起高谈阔论地讲大道理，学生更愿意接受这种保护“面子”、充满趣味的批评。

苏联教育家格瓦列夫有个故事：一次，他正在讲生物课，突然有个学生在下面学起鸡叫来，课堂秩序大乱。格瓦列夫却镇定自若地看了看挂表说：“这只表误事了，没想到现在是凌晨。不过请同学们相信我的话，公鸡报晓只是低等动物的一种本能。”学生在一笑之余，正襟端坐，教学秩序立刻恢复正常。老师适时运用了看手表这一无声冷静幽默，照顾了学生的自尊，也含蓄地批评了学生。实在是高明！

（2）课堂教学，多使用幽默

课堂教学是紧张而富有压力的，学生要保持几十分钟的注意力本身就是一件很不容易的事。所以，多使用一些具有幽默的语句、表情、动作，可以调动起学生的积极性，缓解学习所造成的压力。例如，发现学生忘记带学习用品，如果老师笑着说：“同学们如果是在战场上可不能忘记带枪，仗还没打呢，你就得投降了！”这么一说，可以避免学生因忘记带学习用具而产生的尴尬，同时也提醒学生今后要提前准备好学习用具。反之，如果为此责怪学生，不仅会耽误课堂时间，而且会使忘带东西的学生心里紧张，间接影响他学习的效率、效果。

相关链接

幽默课堂

有这样一篇教师日记：有时课堂上会思考有难度的思考题，我便事先给学生打打气：“同学们，前面有一座高山，现在我们来做登山运动员，怎么样，有没有勇气和王老师一起翻山越岭啊？”学生面带微笑地齐声喊着：“敢！”“Let’s go！（出发吧！）”班级的课堂气氛马上就变得轻松、活跃了，在这样的氛围里学生敢于创造、想象。当他们的回答很有自己的特色，能想到别人想不到的方法时，我会竖起大拇指夸奖他们：“爱因斯坦都会为你鼓掌的，真棒！”诸如此类的小幽默，使学生在笑声中，积极思考着、创新着，充满前行探索的动力。

(3)协调师生关系，善用幽默

师生关系的和谐对教育教学的作用是举足轻重的。研究发现：学生对一个老师的喜欢程度，会影响他们对这个老师任教的科目的态度。师生的和谐关系是不容易形成的，需要老师做很多方面的工作，如果事情处理得不恰当，很可能引起师生矛盾。为了使师生关系更亲密，尤其是当师生之间发生一些矛盾的时候，我们可以选择幽默来拉近师生的心理距离。

有幽默感的老师是随和又理性的，不会把自己的快乐建立在别人的痛苦之上，以伤人自尊的话语来逗趣取乐。有幽默感的老师会自嘲，会转移冲突，会运用智慧巧妙地教化学生，所以有幽默感的老师通常是受欢迎的。但是，幽默也并非是师生沟通乃至化解师生冲突的万灵丹，师生仍应知己知彼，做好情绪管理工作。运用幽默时，有许多方面还需被考虑到。

(1)培养豁达的胸襟

心境的开阔，不是临时一句话能替代的。在日常生活中，我们要抱着欣赏、乐观的态度，从多角度去看待世界、看待学生，防止自己限于僵化、保守、固执之中。

(2)随和、理性

有幽默感的老师大多是随和而富于理性的。他们不会把自己的快乐建立在别人的痛苦之上，以伤人自尊的话语来取乐，更不会轻易发脾气。

(3)融入学生的情感世界

老师应能放下架子，亲近学生，和学生一同体验生活的酸、甜、苦、辣。只有这样，老师才能理解学生，洞晓学生的心理。在这种互通有无的心境下，才能更多地激发出老师的串串妙语。

(4)事后表白

用幽默应对僵局与尴尬，在哈哈一笑之余，原本要表达的意思或许学生并不确知。老师事后在适当场合应该澄清与表白，说明自己的看法，也了解学生的意图，这样彼此的感受才能真正理解。

2. 委婉

心理学的研究表明，人们的认知和情感有时并不完全一致。在师生沟通中，老师的有些话虽然完全正确，但学生却因碍于情感而觉得难以接受，因此，直言的效果一般不太好。如果老师将话语磨去些“棱角”，变得软化一些，使学生在听到话语时仍感到自己是被人尊重的，学生就能从理智上、从情感上接受意见，这就是委婉的妙用。

委婉语是一种润滑剂，能使得困难的交往变得顺利起来，让对方在比较融洽的氛围里接收信息。

在向学生表达一些否定性意见时，老师如果能使用委婉的技巧，就会使学生更容易愉快地接受。以下列举几种具体做法。

(1)使用一些语气词

例如，试比较："你不要强调理由！"和"你不要强调理由嘛！"，"快对老师说实话！"和"快对老师说实话吧！"用"吗、吧、啊、嘛"等语气词，可以使人感到你的说话口气不那么生硬。

(2)灵活使用否定词

例如，把"我认为你这种说法错了"改为"我不认为你这种说法是对的"；把"我觉得这样不好"改为"我并不觉得这样好"，这样说话能把同样的意思表达得不那么咄咄逼人。

(3)以问代答

一位班主任在听取班委有关春游活动组织计划的汇报时插话问："为什么每个同学的经费预算这么高呢？能否再节约一点呢?"这种以询问的语气来表达自己的意见就显得比较温和而不强加于人。使用委婉的技巧一方面要选取对方最易接受的角度，另一方面也要看对方的特点。不同年龄、群体的学生对语言的理解推断能力是不同的。

3. 含蓄

在师生沟通中，有时因某种原因不便把某一信息表达得太清晰直露，而要靠对方从自己的话语中揣摩、体会出里面所蕴含的真正意思，这种"只需意会，不必言传"的手段就称为含蓄。含蓄是老师高雅、有修养的表现，也经常表示出一种对学生的尊重。学生的年龄越大、文化程度越高，老师使用含蓄语的频率也会越高。含蓄在师生沟通中经常起到以下几个方面的作用。

(1)发表观点

一位大学生向心理学老师咨询，说他和一位女同学感情很好，可其他同学都说那位女生虽然品学兼优，但相貌平平，配不上他。为此，他心里非常矛盾。老师觉得这类事很难明确地表达意见，因此，只是问那位学生：“你知道这句名言吗？‘人不是因为美丽才可爱，而是因为可爱才美丽？’”学生玩味着老师的这句话，心里似乎有了主意。

(2)巧避锋芒

有时师生之间在某些非原则问题上有不同看法，为了避免公开发表老师目前并不想发表的意见，老师可以用外交辞令式的含蓄语言暂时回避，让学生留有保持自己意见的余地，也可避免引起不必要的冲突。

一位老师在全班学生面前介绍一位因犯错误逃学而刚来报到的学生时，巧妙地说：“由于大家都知道的原因，某同学终于在今天回到了自己的班级……”这种说法既不伤害这位同学的面子，又没有被全班同学误解为包庇行为，同时也含着对这位同学“浪子回头”行为的欢迎之意。

(3)暗示批评

有时含蓄的话语是为了对学生的不良行为旁敲侧击一下，使其引起注意，但又不太伤害他们的面子。有几位学生在其他任课老师的课上捣皮，课后，班主任找他们谈话。班主任只是说：“班级打算开一次‘尊师演讲会’，就请你们几位准备好上台演讲，做精彩的表演。”几位学生一听都脸红了，感到难为情，最后主动向老师认了错。

三、 实践训练

（一）案例分析

案例 1

老师的回应

假设一个学生表达了他被女友抛弃或拒绝的心情，老师这么回应：“如果你对人家更好些，是不是就不会发生这件事了？所以，不管你做了什么，去向她道歉吧。”学生听完之后愤怒离开。

（案例来源：《T. E. T. 教师效能训练：一个已被证明能让所有年龄学生做到最好的培训项目(30周年纪念版)》，中国青年出版社。）

思考：学生与教师袒露心声之后，为何会愤然而去？他们的沟通出现了什么问题？

分析：

教师这句话传达的意思要比话本身的内容多得多。这个学生无疑听出了弦外音：“你是责任方。”“你做错了事。”“我无法相信你能自己找到解决办法。”“你可没我聪明。”老师并没有以同理心去对学生所说的内容进行“积极聆听”，因此，他们并没有达成有效沟通。

案例 2

问题背后的暗示

情景：开学第一天，安娜从二年级教室的窗口凝望外面。

老师：你在干什么，安娜？

安娜：没干什么。（停了停）我们必须全天上学吗？

老师：当然。去年你也是全天上学的呀！是什么让你认为我们不必全天上学了呢？（推理、询问）

（案例来源：《T. E. T. 教师效能训练：一个已被证明能让所有年龄学生做到最好的培训项目（30 周年纪念版）》，中国青年出版社。）

思考：案例中老师对于安娜问题的回应并没有进行“积极聆听”。如果使用“积极聆听”的技巧，该如何回应安娜的问题呢？

分析：

如果老师采用“积极聆听”的技巧，可能出现的对话如下。

情景：开学第一天，安娜从二年级教室的窗口凝望外面。

老师：你在干什么，安娜？

安娜：没干什么。（停了停）我们必须全天上学吗？

老师：你希望可以在外面，不愿坐在教室里？

安娜：嗯。待在教室里没有什么事做，整天坐在一个地方，不是做试卷就是读书。

老师：你怀念夏天在外面游玩的日子？

安娜：是的，做游戏、游泳，还有爬树。

老师：那些活动真的很有趣，所以不再玩好玩的游戏回到教室确实有点难。

安娜：是的，我盼着暑假快点来。

老师：你期待下一个暑假的到来？

安娜：嗯，暑假来了，我就能做我想做的事。

老师听到安娜全天必须上学的问题，将它视为“代码”，暗示安娜遇到了一些问题。这位老师没有立刻回答学生的问题，而是聆听学生问题背后的感受。

案例3

同伴的误解

新学期才开始，就读大二的宣治便主动向辅导员老师倾诉自己的困扰。一直以来自认为优秀又追求完美的他原本充满自信，但才度过大学第一年便面临前所未有的挫折感，怀疑起自己。让宣治不解的是，他在暑假社团活动检讨会里，慷慨激昂地提出对活动的建议，原以为伙伴们会肯定他的细心与投入，不料却发现气氛陷入尴尬。开学后大家对他的态度也开始冷淡，这让他在社团里好不自在，也变得郁郁寡欢。

思考：宣治的遭遇说明他在与同伴们进行沟通的时候遇到了什么问题？

分析：

在上述宣治的例子里，显然在社团活动中他想要的是完美的活动流程，而伙伴们或许更重视活动气氛和伙伴之间的合作关系。但是，在与同伴沟通的过程中，宣治只关注到了自己的想法，毫无保留地进行表达，却没有意识到他的表达与其他小伙伴们的关注点与需求不一致，甚至让他们很难堪。因此，在与小伙伴们沟通的过程中，应注意不仅要表达自己的所思所想，也要考虑到其他人的感受和需求。

（二）训练项目

针对下列情境展开讨论。

情境一：同学借了你心爱的图书，很久都没有还，你该如何向同学要回这本书呢？

情境二：当同学有些说话方式让你很看不过去，使你觉得不舒服，而他又浑然不觉时，你如何让他知道而又不会伤害他呢？

情境三：当同学要求你帮他写作业，你心中很不愿意去做这样的事时，你要如何拒绝他呢？

情境四：当朋友对你产生误会，不再信任你，跟你疏远时，你要怎么做？

PROJECT 5

项目五
职场沟通

PROJECT 5

认知目标

了解上下级沟通、同事间沟通和单位间沟通的内涵及注意事项；掌握说服、谈判、演讲、汇报和会议的技巧与方法。

素养目标

理解职场中的真诚和共情思维，理解职场中慎言与倾听的重要性，学会识别微表情的隐含内容，从而不断提升职场沟通能力。

运用目标

掌握职场沟通的技巧和方法，并在实际中加以运用。

任务导入

小李的职场沟通技巧

小李进入公司时，做的是策划选题的工作。一个大的策划案往往需要三四个人一起完成，但是在选题上，大家意见分歧很大，因为每个人的想法以及想要切入的点都不一样，所以每次进行选题讨论时，大家都会相互争论，有时甚至会吵得面红耳赤。

每当这个时候小李就会调节气氛，先将大家的情绪安抚下来，然后分别听取不同的建议。在听取别人建议时，他不会打断，只是静静地听，并且用笔仔细地记下可取的地方和自己的想法。听完不同的建议以后，他会加以融合。因为每一个选题方案都有亮点，小李就把这些亮点提取出来，再加上一些自己的建议以达到大家都能接受的程度。小李能很好地和大家沟通，把大家融为一体。

大家渐渐地都相互包容，选题方案一次比一次好，而小李也慢慢成了大家的主心骨。

想一想

在职场沟通中，需要注意哪些事项，需要有哪些技巧呢？

一、 知识储备与拓展

（一）上下级沟通

1. 上下级沟通的定义

上下级沟通是指上级与下级之间就工作中的某些问题进行交流，即上级对下级的工作做出指示，下级对上级的指示如何落实的沟通。上下级沟通是职场沟通中较为重要的部分。上级和下级之间的沟通可以拉近领导与下属之间的距离。上级通过下属的工作进展情况，可以及时解决下属工作中的难题，推动工作顺利开展，激发下属的工作热情和积极性。

2. 上下级沟通的注意事项

(1)学会主动沟通

面对领导，态度主动十分重要。作为下属，要时刻保持主动与领导沟通的意识。不仅可以有效地展示自我，得到领导的肯定和器重，还能得到更多的发展机会和空间。

(2)说话突出重点

在与领导交谈时，一定要简单明了。对于领导最关心的问题要重点突出、言简意赅，要把重点问题用精简的话语表明。

(3)表达不满要适当

对领导所做的某项决定有不同意见、不满情绪时，要采取适当的方式，冷静地与领导讨论这个问题。

(4)批评对事不对人

批评要客观公正，摆明事实，有理有据，批评应指向下属的具体行为，而不是他的人格特征。

(5)多给鼓励和支持

有时候，赞赏的话比物质的奖赏更能激发下属的上进心。领导的表扬和鼓励，是对下属工作和价值的肯定，也能给下属更强的自信心。

(6)善用询问与倾听

领导可用询问的方式引出对方真正的想法，了解对方的立场以及对方的需求、愿望、意见与感受，并且运用积极倾听的方式去诱导对方发表意见。

（二）同事间沟通

上下级、同事间沟通

1. 同事间沟通的定义

同事间沟通是指同事之间就工作中的某些问题相互交流、互换意见，以保证协同工作的顺利完成。同事间沟通可以提高工作效率，少走弯路，增强信心，让同事在工作中成为好朋友。

2. 同事间沟通的注意事项

(1)学会尊重

每个人都渴望得到别人的尊重，尊重别人也就等于尊重自己。对每一位同事都平等相待，千万不要因为对某个人有意见或看不惯某人，就不愿与他沟通交流。

(2)待人真诚

要知道组织中任何一个人的工作都不可能是孤立的，工作要想顺利进行并取得成果，领导的信任固然重要，但同事的支持与合作也必不可少，同事间真诚相待是获取信任、取信于人的最好方法。

(3)保持乐观和幽默

乐观和幽默最容易消除同事之间的敌意，而且能营造出一种使人易于亲近的氛围。这样不但有助于与他人的沟通，同时还能消除工作中的疲惫感。

(4)妥善处理矛盾

第一，不要激化矛盾。对于那些原则性并不是很强的问题，不必非要和同事分胜负。第二，学会换位思考。与同事发生矛盾时，要学会站在他人的角度想问题，同时，多从自身找原因，主动忍让。第三，主动打破僵局。同事之间有矛盾不仅伤感情还会影响工作，所以从大局考虑我们应该主动“破冰”，让误会尽快解除。

(5)多加赞美

能够看到同事身上的优点，并及时给予其赞美、肯定，对一些不足给予积极的鼓励，这是良好沟通的基础。和颜悦色是同事间交往的需要，也能因此受到同事的欢迎。

(6)少争多做

不要和同事争荣誉，这是最伤害人的。要远离争论，对一些非原则性问题，切忌去争你输我赢，否则结果只能使双方都受到伤害。

（三）单位间沟通

1. 单位间沟通的定义

单位间沟通是指发生于不同单位之间的各种类型的沟通。从沟通方向看，单位间沟通包括同等级别单位的沟通、与上级单位的沟通、与下级单位的沟通。从沟通内容看，单位间沟通包括合作、洽谈、请示、检查、指导等。

2. 单位间沟通的注意事项

(1)沟通前要做充分的准备

知己知彼，百战百胜。在与别的单位沟通之前，要先有充分的准备。对商品知识进行了解、对市场及价格进行了解、对供需状况进行了解、对对方的企业文化进行了解以及对其他沟通的目标必须有所准备，并列出优先顺序。将要点简短地列在纸上，以便沟通时随时参考，提醒自己。

(2)关注共同利益

单位间沟通通常会涉及利益，有时还会产生利益冲突。在与对方单位沟通时，不要一味地强调自己单位的利益，也要考虑对方单位的利益，达到“双赢”是最理想的状态。

(3)合作时要积极配合

现在社会分工越来越细，一个大项目往往是由多个单位共同完成的，因此在与其他单位共同完成一个项目时，一定要积极配合，共同推进工作的完成。

(4) 不要害怕冲突

一些人在与别的单位沟通时，害怕自己的要求或建议把气氛弄僵，沟通时会尽量避开有冲突的话题，以维持表面的和谐。但如果单位间沟通时没有任何冲突，那么在后期执行时，不免会有一些不明确的事情存在，造成的后果可能会比一开始沟通时提出要严重得多。

（四）职场沟通技巧

说服的技巧

1. 说服的技巧

说服别人就是使别人相信我们并产生行动，是我们工作生活中常见的一种现象。“说服”自古以来都在人们的交往中扮演着重要的角色。孔子周游列国说之于礼，苏秦张仪连横合纵于七国之间，留下了许多千古佳话。

进入21世纪，“说服”更成为我们建立和谐人际关系的关键。“说服”是一门艺术，更是一个人综合素质的具体体现。在日常工作中要想说服某人，就必须掌握一些说服的技巧和法则，以提高说服的效率。

(1)想要说服对方先要了解对方

①了解对方的需求和动机。

因为人的任何行为都是有一定动机的，而动机又是由需求决定的，所以要做好说服工作，就要先找到对方的需求和动机。

②了解对方的长处。

要了解对方的长处，也就是他最熟悉和最了解的领域。比如说，有人熟悉军旅生活，有人熟悉农村生活，有人擅长语言表达，有人擅长文艺创作，有人喜欢与人交际，有人喜欢数字计算等。在说服别人的时候，从对方的长处着手有这样几点好处：第一，可以和他愉快地进行交谈；第二，从他所擅长的领域出发，谈话的内容可以让他很容易就能理解，因而能很容易地说服他；第三，可以把他的长处作为说服他的一个有利条件。

③了解对方的兴趣。

每个人的兴趣都不一样，有的人喜欢音乐，有的人喜欢绘画，还有的人喜欢下棋、养鸟、书法、集邮、写作等。虽然人和人的兴趣不一样，但是每个人都喜欢从事和谈论自己最感兴趣的事。所以，从这方面下手，打开他的“话匣子”，进而再说服他。这样比较容易达到说服的目的。

④了解对方的情绪。

一般来说，影响对方情绪的因素有以下几个方面：一是谈话前对方因其他事所造成的心绪仍在起作用；二是谈话时对方的注意力还未集中起来；三是对说服者的看法和态度。因此，说服者在开始说服之前，要设法了解对方当时的思想动态和情绪，这是说服的一个至关重要的环节。

(2)找出最好的说服时机

有人常说，找人办事要在上午找，因为上午人的心情一般比较愉悦，而人们在下午的时候一般会比较疲惫，不容易被说服。由此可见，说服的时机不同，结果也会截然不同。

那么，怎样才能抓住最好的时机呢？要善于对人的思想、情绪以及人的各个方面进行深入的了解。这样，才会在人们的思想、情绪发生变化或是可能出现问题的时候对他们进行及时的说服。一般来说，当一个人在面临工作调动、毕业分配、家庭事件、提职加薪、意外事故、子女就业等情况的时候，会容易产生思想波动，这也正是对他们进行说服的好时机。

最好的时机不会总出现，有时候在说服一个人的时候也可以选择个别的时机。这个时机是不是恰当，可以通过观察对方的情绪表现来进行判断。如果对方是一副心平气和的模样，或者表现出的情绪超乎平静，这往往说明这个时机比较适合对对方进行说服。如果发现对方表现出反感和对立的情绪，除了要检查一下你们之间谈话的方式、方法或你自己的观点和态度是否得当之外，还要考虑一下谈话的时机是否成熟。这个时候，你应该及时中止你们的谈话，以免造成不利的后果。然后，你可以对你们谈话的内容梳理一下，看是否能通过谈话的内容找出症结所在。这样就可以采取一些恰当的措施，创造有利的时机，使你的说服一举奏效。

实际上，“最佳时机法”所强调的最佳时机，并没有什么具体的标准，也并不限于上面所展示的模式，而是全靠说服者在具体情况下的表现。可以先从说服目的出发，针对对方的思想状态和心理特点，靠自己的揣摩和把握，把对方说服。

只有具有敏锐的观察力、准确的预测和果断、灵活的思维能力，说服工作才能像杜甫诗句中“知时节”的“好雨”那样，“当春乃发生”，恰到好处地滋润人们的心田。

(3)采用迂回战术

我们在说服别人的过程中，若既不能迅速找到最佳突破点，又无法正面与其交锋打消耗战，那么不妨绕绕弯，采取迂回战术。

所谓迂回战术就是把对方的注意力从他敏感的问题上引开，绕个弯，再回到正题上来，这样可以消除对方的戒心，避免陷入僵局。

经典案例

触龙说服赵太后

公元前265年，赵国的赵太后刚执政不久，秦国便发兵前来进攻。赵国求救于齐国。齐国提出必须以赵太后的小儿子长安君作为人质，才肯发兵相救。但是赵太后舍不得小儿子，坚决不允。赵国危急，群臣纷纷进谏。赵太后依旧坚决地说：“从今日起，有谁再提用长安君当人质，我就往他脸上吐唾沫。”大臣们便不敢再多说什么。

有一天，左师触龙要面见赵太后，赵太后认为触龙一定是为了劝谏此事而来，于是她便摆开了吐唾沫的架势。不想触龙慢条斯理地走上前，见了太后，关心地说：“老臣的脚有毛病，行走不便，因此好久未能来见太后，我担心太后的玉体违和，今天特地来看望。最近太后过得如何？饭量没有减少吧？”

太后答道：“我每天都吃粥。”触龙又说：“我近来食欲不振，但我每天坚持散步，饭量才有所增加，身体才渐渐好转。”

赵太后听触龙不提人质的事，怒气也渐渐消了。两人于是亲切、融洽地聊了起来。

聊着聊着，触龙向赵太后请求道：“我的小儿子叫舒祺，最不成才，可是我偏偏最疼爱这个小儿子，恳求太后允许他到宫中当一名卫士。”

太后赶紧问触龙：“他几岁了？”

触龙答：“十五岁。他年岁虽小，可是我想趁我在世时，赶紧将他托付。”赵太后听到触龙这些爱怜小儿子的话，深有同感，便忍不住与他闲谈。

太后说：“真想不到你们男人也疼爱小儿子呀！”

触龙说：“恐怕比你们女人更爱小儿子。”

触龙见时机已到，于是把话题深入一步，说：“老臣认为太后爱小儿子爱得不够，远不如太后爱女儿那样深。”太后不同意触龙的这个说法。

触龙解释道：“父母爱孩子，必须为孩子做长远的打算。想当初，太后送女儿远嫁燕国时，虽然为她的远离而伤心，可是又祈祷她不要有返国的一日，希望她的子子孙孙相继在燕中为王。太后为她想得这样长远，这才是真正的爱。”

太后信服地点了点头。触龙接着说：“太后如今虽然赐给长安君许多土地珠宝，但若不使他有功于赵国，太后百年之后，长安君能自立吗？所以我说，太后对长安君不是真正的爱护。”

触龙这番话说得赵太后心服口服，同意给长安君准备车马、礼物，送他去齐国当人质，并催促齐国出兵。而齐国也很快就出兵解了赵国之围。

触龙说服赵太后的方法，便是运用曲径通幽、以迂为直策略的典范。

(4)以理服人，以情动人

晓之以理，就是给对方讲道理。一件简单的事情，一则小道理，一两个典型的事例，再加上简明扼要的分析就可以把事情讲清楚。

如果是一件复杂的事情，需要一些大道理以及多个方面的因素，稍微触动一点就会牵动全局，这样就必须全方位、多层次、多角度地进行一系列的说服工作。要从多个方面展开心理方面的攻势，并且以严密的逻辑推理，然后再水到渠成地得出结论。这个结论需要以征询意见的口气引导对方和你一起来推理，经过共同的探讨得出。让对方把你的意见和主张当作自己寻求的答案，让他自愿接受，主动就范，这样就达到了说服的目的。对方会认为这个结论是经过自己的思考而发现的，进而就会对此坚信不疑。

晓之以理，要满怀信心，争取主动。如果等到对方已经明确、坚决地表示“不行”“不同意”之后再去说服他，这就需要付出加倍的努力和精力，所以一定要先取攻势。

光是晓之以理还是不够的，还要结合动之以情，因为通情才能达理。以情动人是有效的说服方式，将诚恳的态度、实实在在的感情展露在别人面前，一般情况下，是可以让对方接受你的。

对于那些形象思维强于逻辑思维的人，还有那些平日没有深刻的理论思维的人，就要运用其自身或是他们身边人的经验和教训，再加上感情色彩浓厚的语言进行说服，让他们感到亲切和可信，再引发他们情感上的共鸣，从而为他们接受你的说服扫清障碍、铺平道路。这样的动之以情就会让你达到说服的目的。

2. 谈判的技巧

谈判的技巧是怎样听、怎样说、如何问和如何答的技巧，要学会倾听谈判者的发言，清晰地表达自己的观点，恰当地提出自己的疑问，巧妙地答复谈判者的请求。

(1)学会倾听，实现高效谈判

良好的倾听，是谈判者之间高效沟通的关键。在与谈判者进行面对面谈判时，要通过倾听了解谈判者的意图、目标，要通过倾听过程中对谈判者的观察，了解其风格和谈判策略，要在倾听过程中对谈判者表达的信息有深入领悟和判断，准确掌握谈判者的观点和意图，从而在谈判过程中做出积极准确的应对。对于谈判中的倾听，需要做到以下几点。

①心平气和地倾听。

谈判时要时刻保持良好的精神状态，面对谈判者，伴有眼神交流，善于用姿势和语言，如点头、“嗯”和“是吗”等向谈判者表示自己在认真听，且从中捕获谈判者的非语言信息。

②全神贯注地倾听。

在谈判过程中，要耐心听完、听全、听清谈判者的全部信息，要尊重谈判者，不要随意打断谈判者的谈话，要全神贯注、不带偏见地倾听，捕捉尽可能多的信息。

③勤于思考地倾听。

在谈判过程中，要通过倾听谈判者的谈话，准确把握对方表达的观点和“话外音”，勤于思考，在头脑中快速进行有效分析，以便准确反馈重要信息。

④适时复述地倾听。

在谈判过程中，可简单适时地用自己的口吻复述一个重要的字或者一句重要的话，准确把握对方的谈话要点。

(2)清晰表达，获得影响力

不同的表达方式，谈判效果也不尽相同。谈判中谈判者的清晰表达是基于己方的立场和观点，陈述自己的具体方案，以便对方充分了解自己。谈判中的表达需要做到以下几点。

①通俗易懂地表达。

在谈判过程中，陈述要多用通俗易懂的语言，少用专业术语，若非用不可，需向对方进行简明扼要的解释。

②精炼准确地表达。

在谈判过程中，要注重数字的表达，要精炼准确，要剔除模棱两可的语句，切勿含糊其词，如大概、可能、也许等。

③主次分明地表达。

在谈判过程中，陈述要注重层次分明，要有主有次，让对方能够听清、听懂、听出重难点，分清楚主次。

④恰当巧妙地表达。

在谈判过程中，要注重语言表述技巧，选择正确的语言，能够让谈判更顺利、更成功。极端类语言、针锋相对类语言、涉密类语言、口头禅类语言、以自我为中心语言和胁迫性语言等要少用或者不用。

(3)恰当提问，掌握有效信息

提问是谈判过程中获取对方信息、了解对方的有效手段。善于提问、恰当提问是谈判成功的关键因素。因此，提问要有的放矢，选准时机，巧用方式。提问的对象不当、内容不明、时机不准、方式不对，会导致谈判的效果截然不同。因此，谈判中的提问不是随便提问，要注意以下几点。

①有的放矢地提问。

在谈判过程中，要注意对方的个人隐私，与谈判话题无关的切记不问；以不损害对方利益为前提，含有敌意的问题切记不问；以信任对方为前提，涉及对方品格的问题切记不问。如果很难在对谈判者的判断中确定其是否诚实可靠，可以通过其他途径(阐述自己掌握的信息)进行核实。

②选准时机地提问。

在谈判过程中，要准确掌握谈判的提问时机，控制谈判的谈话方向。谈判讨论环节，不宜发问，即使着急提问，也要等待合适的时机。提问前要做好充分准备，设想对方会给出的多种答案，想好对策，把握时机再提问。这样有助于谈判提问环节有效进行。

③巧用方式地提问。

在谈判过程中，怎样提问才能达到出奇制胜的效果？首先，预想问题。问题难易适当，以期收到意想不到的回答。其次，验证诚信。适时提出已知答案的问题，验证对方是否诚实可信。再次，态度端正。要在轻松平和的情境下提问，避免对方有敌对情绪和防范心理。最后，耐心追问。针对对方回答不完整的问题，要有足够的耐心和毅力，争取挖掘问题更深的根源。

(4)巧妙答复，解惑不当提问

问答是谈判的核心环节，要做到“问有艺术、答有技巧”，尤其是针对对方提出的不宜回答的问题。只有“你问我答”才能让谈判高效进行。因此，巧妙回答，解惑不当提问，要做到以下几点。

①回答留有余地。

在谈判过程中，针对对方提出的不知意图的问题，可以回答时留有余地，尽量不要给出具体确切的答案，也可以以“材料不全”“信息掌握不全”为借口，避而不答，延迟答复。

②回答预留时间。

在谈判过程中，针对对方提出的没有确切、清晰的答案的问题，可以采取以去洗手间为借口等方法给自己预留足够的时间思考如何回答。

③回答预设打扰。

在谈判过程中，针对一时难以回答或棘手的问题，提前预设人员，可以打断谈话，给己方思考的时间。若打断比较成功，会使对方失去继续追问的兴趣，从而使己方顺利躲避掉不当提问。

3. 演讲的技巧

听到“演讲”两个字，我们最先想到的可能是马丁·路德·金在广场上面对万人演讲的《我有一个梦想》，或者马云的激情创业演讲。其实演讲离我们每个人都很近。面对领导，你需要工作汇报，年终述职；面对客户，你需要销售谈判，处理投诉；面对同事，你需要会议发言，项目沟通；面对下属，你需要主持会议，激励团队。这些不都是演讲吗？

演讲达人的奥秘（一）

演讲达人的奥秘（二）

演讲能力恰恰又是目前教育体系中相对缺失的模块。我们真正去面对这些需要演讲的场景时，却常常感到无从下手。在演讲中，我们常常面临以下三大问题。

一缺乏逻辑力——说话没重点，缺乏目的性，语言很累赘，观点不明确，没有条理性，听众听了云里雾里。

二缺乏呈现力——对着屏幕念演示文稿（PPT），没有眼神交流，缺乏热情，身体僵硬，面无表情，声音微弱像催眠曲。

三缺乏感染力——喜欢罗列图表数据，讲大道理，没有生动的案例和故事，和听众没有共鸣，无法打动大家。

其实，演讲者仿佛是武侠小说中的武林高手，需要同时修炼“内功”和“招式”，两者缺一不可。“内功”需要长年累月的积淀，包括专业知识、工作经验、生活阅历等。而“招式”，即演讲的技巧，是可以通过短时间的学习获取的。演讲的技巧主要包括以下几点。

（1）站如松柏显自信

一个好的演讲者通常是站着演讲的。对职场人士来说，除了吸引眼球，一个好的站姿还能带来非常多的好处。例如，站着说话可以让自己的思维更加活跃，和听众互动也更加方便。站着说话比坐着更容易让大家看到你，吸引听众的注意力。如何才能站姿漂亮，这里给大家总结了站姿“四部曲”。

第一步：肩膀打开。

轻轻转动你的肩膀，扭动你的脖子，让你的肩膀和脖子放松下来。

第二步：绷紧弹簧。

放松了肩膀和脖子以后，先找到两个点：一个点是你头部正上方的天灵盖；另一个点是你背后脊柱最下方的尾椎骨。想象一下，在你的天灵盖和尾椎骨之间有一根弹簧从你的身体里穿过。平时，这根弹簧是松弛的，现在数1、2、3，把整个弹簧绷紧。你有没有发现：哎，长高啦！当你把天灵盖和尾椎骨之间的弹簧绷紧时，你的身体就打开了，你的站姿也就挺拔了。当然，千万不要忘记挺胸、收腹、提臀。

第三步：面对观众。

很多演讲者在用PPT演讲的时候，他的脸根本没有朝向观众，而是朝向屏幕。因为他不看屏幕可能记不住演讲的内容。很多时候，我们在演讲时，不可能完全不看屏幕，那怎么办呢？在这里给大家的建议是：PPT上不要放太多的文字，回想一下乔布斯的PPT，只有图片和关键词。我们应该把演讲内容记在心里，刻在脑海里。

第四步：平衡双脚。

对于男士来说，站在台上，一个好的站姿是双腿微微分开，保持一到两个拳头的距离。此外，还要注意双脚的方向尽量平行。很多男士犯的错误是八字脚太厉害，或者是双脚前后步。

对于女士来说，演讲时喜欢站丁字步，但是演讲者不是礼仪小姐，不需要过于追求完美，否则会特别累。给女士的建议是，如果你要站丁字步，也要让自己的双脚稍微分开一点，至少要让自己穿高跟鞋的脚的重心可以左右平衡。

(2)眼神交流左中右

在演讲时，我们还有一个很容易犯的小错误：总是盯着屏幕看，而忘记了和听众的眼神交流。如果完全不看听众，那么听众心里会怎么想呢，会不会觉得你对他们不够尊重呢？

要想让演讲效果好，千万不要忘记听众的存在，要让听众有一种存在感，方法非常简单，只要眼神交流左中右。你可以这么做，先看看你左边的一位听众，注意一定要看具体的某个人，不要扫视，而是和具体的某位听众产生目光对视，坚持2～3秒钟；再换到中间区域的某位听众，对视2～3秒钟；再换到右边。还可以考虑换一下顺序，右中左、左右中和中右左都是可以的。

眼神交流左中右，还可以很好地帮助你抓住听众的注意力。要知道，在一个演讲中，听众的注意力是非常容易分散的。而且在职场中，有时候会议特别冗长，所以要想抓住听众的注意力，其实是非常难的。眼睛是心灵的窗户，如果你能经常用眼睛和他们进行一对一的交流，那么他们的注意力自然就被吸引来了。

(3)善用故事引共鸣

有些人可能会奇怪，演讲大多和工作有关，是非常严肃的事情，讲故事的话，会不会显得太儿戏，听众会不会认为你对待工作不认真。其实不然，讲故事不仅是最好的训练表达的方式，同时也是传播理念、增加说服力与号召力的最好的工具。尤其是讲自己亲身经历的事情，常常更容易打动听众。

在日常工作中，人们不可避免地会接触到很多人和事。这些真实的经历就可以成为很好的素材，用故事的形式表现出来。例如，在表彰会上进行演讲时，与其长篇大论地说些溢美之词，不如讲一讲被表彰者的真实故事，更能加深听众的印象，也使听众能感同身受。

回想一下，我们从小到大所能记住的做人道理也好，处世经验也罢，都来自故事，自己的或是别人的。这样一个又一个的故事，教会了我们很多东西，并让我们长久地铭记于心。故事的最大好处就是，避免了长篇阐述大道理的枯燥乏味，而又便于人们记忆和采取行动。

在今天，我们经常看到的演讲，无论是李嘉诚的、比尔·盖茨的，还是宗庆后的，哪一个不是在讲述故事？马丁·路德·金的演讲《我有一个梦想》，不也是在讲故事吗？我们自己所喜爱听的，是枯燥的社论性言论，还是一个个充满智慧、充满趣味的故事呢？

大家也不要觉得身边没有可以讲的故事，其实柴米油盐之类的事，也是故事。用相似的经历，更容易引起听众的共鸣，这才是演讲的目的所在。

(4)回答问题停3秒

在演讲过程中，经常会有人向你提问。当有人提问的时候，很多演讲者会匆匆忙忙地回答问题。比如，有人问你："上次有人提到这个项目研发过程中有一个产品代码不清晰的问题，你们当时考虑到了吗？""嗯，那个，关于这个问题呢，嗯，我觉得，对，上次开会我们讨论过，已经基本解决了这个问题，嗯，应该没问题了吧。"

你这样的回答让听的人觉得你心里根本就没谱！

其实，你完全可以在听众心目中树立起专业的形象，在被提问的瞬间，不要急着说话，先停顿3秒，在这3秒时间里，迅速思考应对策略。漂亮的回答是这样的：

“(停顿3秒)这个问题我们在上次会议时提出过，后来我们团队已经对这个问题进行了改进，目前已经没有问题了。”

这样听起来是不是更自信、更有说服力呢？而对于第一种支支吾吾地回答，听众心里就会产生怀疑，甚至会继续问更多相关的问题，你能招架得住吗？

4. 汇报的技巧

汇报是对上级布置任务的完成情况和结果的交代，是与上级的一次沟通谈话。如何做汇报让上级满意是有技巧的，下级在进行汇报的时候，应该做到以下几点。

(1)选准时机，确保成功

下级接受上级布置的任务后，要准确掌握汇报节点。

第一，下级接到任务后，要根据任务制订工作计划，进行首次汇报，目的是再次核实领导布置任务的意图，准确把握任务开展的后续方向，让上级了解下级的工作计划，并对下级的工作完成寄予更大的希望。

第二，要根据任务进度情况，进行中期汇报，目的是避免后续理解偏离上级的轨道，走了弯路，无法确保任务高效完成。

第三，要根据任务完成情况，进行终极汇报。这次汇报是对整个任务的完成情况和完成结果进行最终汇报，也是一次完整的汇报，让上级对工作完成情况进行总体掌握，对工作结果进行总体评价。

(2)选准内容，言简意赅

向上级进行汇报时，选准内容很关键。单一工作要言简意赅，汇报重点，多个工作要根据重要性、顺序性进行汇报。一般而言，按照紧急且重要的事项、紧急却不重要的事项、重要却不紧急的事项和不重要且不紧急的事项进行排序。

第一，汇报前，要整理好汇报事项，按照对方的立场、轻重缓急进行排序。

第二，汇报中，根据总体时间把握汇报的深度。若时间不足，可以先汇报事项目录和结果；若时间充足，再按照重要顺序，逐一展开重点汇报。若遇到轻重难以确定的情况，不要擅自做主，要将确定的主动权交给上级；若遇到紧急事项，要特殊对待，不要教条走程序，以免耽误了紧急事项的最佳处理时间，造成不可收拾的后果；若遇到事项存在潜在危机或已出现危机，要尽快汇报，及时处理危机。

第三，汇报后，要及时整理汇报记录，按照上级新指示，厘清思路，快速开展后续工作。

(3)选准方式，注重效果

向上级汇报时，汇报方式的选择正确与否直接决定了汇报的成功与否。

第一，若是自己直接造成的不好后果，要勇于担当，敢于承担责任，虚心接受上级的批评和指责，并给出正确的解决对策，将消极事态向积极事态转变，让上级放心。

第二，若是不可抗因素造成的不好后果，要尽快收集相关的正确信息，更正错误信息，修改因错误信息需变更的结果，及时向上级汇报，并给出更正后的结果。

第三，若是情况较复杂的事项，要提前做足准备，深究原因，厘清思绪，想清对策。向上级汇报时，先说清结果，表明事项复杂的深层原因，阐明后果，再积极承认错误，给出对策，并恳请上级探讨对策，给出最终的解决办法。

第四，若是遇到急需越级汇报的事项，要站在直接上级的立场，本着“直接上级的代言人”的口吻，进行越级汇报。要让间接上级感受到自己是按照直接上级的指示进行汇报的，不存在越级且越权的心理。这样的汇报既能够让间接上级满意，又能够对自己的直接上级表明忠诚度。

5. 会议的技巧

会议是指有领导、有目的的议事活动，是在限定的时间和地点，按照一定的程序进行的。会议种类多样，从参加人数的多少来划分，会议分为小型会议、中型会议、大型会议和特大型会议；从会议议题来划分，会议分为研讨型会议、培训型会议、公益型会议和社团型会议。会议一般包括议论、决定、行动三个要素。如何使会议做到“会而有议、议而有决、决而有行”？会议的定位要准确，会议召开要有决定，会议结束要有行动。无论是哪种形式的会议，会前、会中和会后均需要做足准备工作，这直接关系到会议能否顺利召开。因此，会议组织者要本着高度负责、认真高质量筹备的原则，做到以下几点。

(1)会议定位，通知及时发

会议开始筹备前，会议的定位是关键。按照会议性质、会议参会人数确定会议的名称和议题。根据会议议题确定参会人员的范围。根据会议议题精神，确定会议时间和地点。在会议筹备中，会议通知的拟定是关键。以通知的形式将参会的相关事宜进行告知，并附有可能的会议支撑附件。第一，会议通知需包含会议时间、会议地点、会议主题、会议性质等，让参会人员能够按照具体要求按时参会。第二，会议通知需包括会议回执，以便会议组织者及时获取参会人员信息，为会议服务做足准备。拟会议通知应做到以下几点。

①确定标题。

会议标题一般有两种形式，其一是以发文单位为主导的会议主题，如《××市人民政府关于召开全市各级规划单位规划专业技术人员会议的通知》；其二是以发文事由为主导的会议主题，如《关于召开全区大型国有企业招投标人员工作会议的通知》。确定标题，是规范撰写会议通知的前提和基础。

②确定主送单位。

会议主送单位是确定参会人员的关键。主送单位一般顶格书写，一般写清接受会议通知的单位全称或某具体人员或个人姓名。

③书写正文。

会议通知的正文部分是整个通知的核心内容，会议通知拟稿人要明确掌握会议精神，以便能书写确定明了的会议通知。会议通知的正文部分主要包括会议开头、会议主体和会议结尾三个部分。其中，会议开头通常表明会议召开的目的、意义，简要概述会议的核心内容，通过过渡句(如现将会议具体事宜通知如下)引入会议的主体部分。为了清晰表述会议的主体内容，尽量采用条例的形式逐条逐点地将会议的时间、地点、内容、参会人员和参会要求表述清晰。结尾部分可以简单对参会人员提出希望或要求。

④附注结语。

通知撰写结束时，要进行通知落款，即发文单位名称、发文日期，并加盖公章。若会议通知中有附件内容，需结束后增加附件内容，附件一般作为正文的补充或辅助材料，不在正文中出现。但要在发文单位前正文结束后注明附件名称和个数。

(2)会议召开，记录及时记

会议召开前，首先要提早制定会议议程，即按照会议议题的顺序将会议程序确定好。会议议程包括标题、题注、正文和落款。完整的会议议程能够让参会人员清晰了解会议进程和会议安排。其次要拟写开幕词，即组织召开会议的领导在会议召开时，向参会人员传达会议召开的目的、宗旨和重要意义，向参会人员提出参会要求和布置会中任务。开幕词一般包括标题、称谓、正文和结尾。最后要拟写闭幕词，即会议结束时，由有关领导进行的总结性发言。闭幕词一般采用总结性、评估性和号召性语言撰写，用于总结会议的召开情况、评估会议召开中的结果和决议、号召参会人员以积极的心态和精神风貌，具有简洁明了、轻快有力的特点。闭幕词一般包括开头、主体和结尾三个部分。

会议召开中，会议记录员要及时准确地记录会议的召开情况、会中报告的内容、参会人员讨论的内容、会议发言人发言的内容、参会人员讨论形成的决议等。会议记录作为如实反映会议整体情况的真实记载，具有重要的作用。

第一，会议记录作为记录凭证，是日后工作参考的重要依据。

第二，会议记录作为原始凭证，是会议纪要和会议简报编写的重要素材。

第三，会议记录作为备忘凭证，是可供查证会议相关情况的重要备忘凭证。

会议记录作为记录凭证、原始凭证和备忘凭证，准确如实地记录至关重要。会议记录包括：一是标题，即会议名称；二是会议组织情况，包括会议具体时间、会议地点、会议主持人、会议出席人和列席人、会议旁听者和缺席人、会议记录人等；三是会议内容，即按照会议召开的顺序如实记录会议召开过程中的会议报告和讲话内容，尤其要详细记录会议的表决结果和会议决定；四是结尾，即记录会议结束的具体时间，并与会议主持人核实确定会议的表决结果和会议决议，避免造成记录与实际不符的严重后果。

(3)会议结束，文案及时写

会议结束后，正确及时地撰写会议纪要和会议简报是关键。写会议纪要和会议简报，要做到以下两点。

第一，纪实会议纪要。会议纪要是传达、记载会议召开的实际情况和会议决议的重要公文。会议纪要具有纪实性、统括性、指导性和约束性等特点。会议纪要一般分为办公会议纪要和专项会议纪要。会议纪要属于公文的一种，在格式上、要求上和内容表述上均具有公文应有的规范和要求，但形式上较公文灵活，主要包括标题、受文单位、正文和结尾。会议纪要在写法上也较公文不同，一般包括开门见山式、总结归纳式和按部就班式。一般根据会议的主题和会议内容不同，选择不同的会议纪要形式。开门见山式比较常用。

第二，会议简报是会议召开内部单位用于详细反映实际情况、交流会议心得和传递简要会议信息的文章体裁。会议简报具有创新的内容和精神、客观真实的会议详情和精练简洁的会议综合。简报作为单位间传递信息的重要途径，以简短精练为主，以信息为载体。会议简报主要包括标题、正文和结尾三个部分。

二、 情感与思维

（一）真诚，建立信任关系

在对于人际交往的论述中，几乎所有的专家和学者都十分强调，真诚是建立良好和谐的人际关系的重要原则。大量的研究都证明，真诚是人们所期待的交往方式，而不真诚则是人们拒绝的交往方式。因为人们在心理上有这样一种需要，即自己周围的环境是可以把握的。在交往中，只有彼此以诚相待，相互理解、相互信任，才能在感情上产生共鸣，才能使交往关系巩固和发展。这表明你也许性格的确不够开朗，但你不存坏心，不虚伪，你言行一致，表里如一，你的身边慢慢就会有越来越多的人乐意与你结交为友。

正如白居易所说：“感人心者，莫先乎情。”说话时既以理服人，又以情感人。

人是感性动物，语言所负载的信息，除了理性信息外，还有感性信息。这种感性信息，内涵十分丰富。“功成理定何神速，速在推心置人腹。”这里的推心置腹就是指话语真诚。所谓“真”是指不矫揉造作，不言辞虚浮，能够保持说话人的自我本色。所谓“诚”，就是真心真意、不掩盖、真情流露。

在职场沟通中，要使对方感受到情感的真实，说话人的话语一定要受到发自内心的充沛的情感支配。作家王潜先生论所谓“零度风格”时强调：“说话人装着对自己所说的话毫无情感，把自己隐藏在幕后，也不理睬听众是谁，不偏不倚、不痛不痒地背诵一些冷冰冰的条条框框，玩弄一些抽象概念，或是罗列一些干巴巴的事实，没有一丝丝的人情味，这只能是掠过空中的一种不明来历去向的声响，所谓‘耳边风’，怎能叫人产生兴趣，感动人，说服人呢？”有人说得好：“只有被感情支配的人最能使人相信他的情感是真实的，因为人们都具有同样的天然倾向，唯有最真实的生气或忧愁的人，才能激起人们的愤怒和忧郁。”

人与人相处，除了发自肺腑地表现出真诚，还可以通过一些外在的表现方式让对方感受到你的真诚，如要有自我袒露的精神。心理学家通过试验发现，人们更喜欢自我暴露思想性格的人；而对那种老讲自己如何了不起的人、躲躲闪闪伪装自己的人、过于内向且性格太封闭的人，则不太喜欢。在人际交往中，个人应当有自己的隐私权，但另一方面又需要必要的自我袒露。这是职场沟通的需要，也是对他人表示信任的一种信号。

（二）共情，提高沟通效率

在职场上，同事之间会因为工作产生冲突，上下级会因为任务完成不佳产生冲突，部门之间会因为配合不畅产生冲突。那要如何轻松化解矛盾冲突呢？跟大家分享一种思维模式，叫作共情思维。所谓共情，又称同感、同理心、移情等，就是指理解和分享他人感受并对他人的处境做出适当反应的能力。亨利·福特曾给出沟通的最好建议："成功的秘诀，在于把自己的脚放入他人的鞋子里，进而用他人的角度来考虑事物。"

共情思维在职场中最常见的表现就是从对方的角度看待事物。它是沟通交流的必备能力，如果能很好地掌握它，你将会在人和事两个方面都得心应手，大大地提高沟通效率。

其实，工作就像一场跑步接力赛，无法凭借一己之力独自完成，只有每个参赛者团结合作才能顺利抵达成功的终点。由于每个人看待事物的角度不同，人们在工作中往往会产生分歧，但这并不代表谁对谁错。如果产生分歧的双方能够站在对方的角度看待问题，理解对方的初衷，不仅可以消除分歧，得出对双方都有利的共赢意见，还能提升团队的默契程度。

1. 从上往下的方向，即下级以上级的角度观察自己的工作

工作中，时常会听到有人抱怨上级"要求严苛""眼里容不得沙子"等。但如果能与上级共情，站在上级的角度观察，当下级犯了同样的错误时，恐怕也会责备他做事拖拉、粗心。所以，这时的换位观察能够帮助我们发现自身的错误，而不是抱怨和推卸责任。

2. 从下往上的方向，即上级以下级的角度观察自己的工作

如果上级以下级的角度进行换位观察，也会很容易地发现自己存在诸如指示不清、工作安排不合理之类的问题以及给下级的工作带来的很大的困扰，进而反思并改进自己的管理方法。

3. 从平行的方向，即同事以同事的角度观察自己的工作

同事之间，可能由于工作模式、工作内容和工作流程不同产生冲突，每个人都

习惯性地从自己的角度思考问题，特别是在指标、优先级各不相同的时候，更是很难产生共情。如果你试着以对方的角度换位观察，可能会发现对方是出于严谨小心的心态对待工作，而自己却急于求成。面对重要而不紧急的工作时，我们应该向同事学习其严谨的做事风格。

除了在单位内部需要具备共情思维，共情思维也是优秀人才必备的一种技能。

想想看，那些写出十万以上阅读量的文章，能让你立马转发朋友圈的自媒体，是不是在与你共情，让你觉得这篇文章就是在写你的想法、遭遇或者体验。

微信之父张小龙曾说过："每个产品经理都要有'小白思维'，就是要有把自己切换到用户的角度去思考问题的能力。"他说，他从专家的思维切换到小白思维需要 10 分钟，马化腾更厉害，他只需要 1 分钟，而最厉害的是乔布斯，他可以随时自由地来回切换。

张小龙所说的"小白思维"，其实也是我们所说的共情的思维能力。那如何培养自己的共情思维的能力，美国心理学专家埃利奥特博士提出以下建议。

第一，放下"我"这个角色。在共情中最难的就是放下"我"这个角色。必须先尽可能忘掉自己，关注自己作为他人关系中的角色，然后才有可能努力站在他人的角度思考。感同身受只能无限接近当事人的感知，但永远无法复制，所以先试着放下"我"这个角色。

第二，把焦点放在对方关注的利益与需求上。你一定要意识到什么对于对方是有价值的，对方更在意或在乎什么。

第三，要深入了解和采用他人的价值观。价值观一致，才有达成一致的可能。要想有同理心，你就要为对方的处境感到"心疼"。自己不只是处理事实，也是在评估这些事实对于对方意味着什么。

第四，暂时放下评判的论调，不要只是为了解决问题。如果你面对对方的时候一心只想解决问题，你就不会和他共同感受问题所带来的真正或主观的感受，你会错过和他产生同理心的机会。

第五，要学会聆听对方。只有聆听对方，才能读出对方的内心世界，以便于更好地与对方产生情感上的共鸣。

第六，可以适当披露自己，让对方感知到你也在敞开心扉。

但是，在运用共情思维的时候，要注意共情不是同情，不是向对方表达你的怜悯，不要仅把对方当作弱者来关怀和安慰。这样就不是我们所谓的共情思维了，也自然达不到解决冲突的目的。

（三）慎言，应对职场暗礁

常言道：祸从口出。在职场中，一定要知道哪些话可以说，哪些话不可以说，否则，就会惹出不快和事端。

1. 回避薪水的问题

同工不同酬是常用的手法，也是把双刃剑。用不好，就容易促发员工之间的矛盾，而且最终矛头直指上级。所以，上级对“包打听”之类的人总是格外防备。

如果你碰上这样的同事，最好早做打算。当他把话题往工资上引时，你要尽早打断他。如果没等你拦住他就把话都说了，也不要紧，用外交辞令冷处理。有来无回一次，就不会有下次了。

2. 闲谈莫论人非

职场中，人事关系很微妙，闲谈时一定要谨慎，切忌信口开河，更不能背后说别人的坏话。比如今天你和某同事说“小张能力不行，办不成事”，没有不透风的墙，过不了两天话可能就传到小张耳朵里了。或者你跟一个要好的同事说，怎么整治上司、如何偷懒之类的小伎俩，万一哪天他晋升了，成了你的顶头上司，又或者你成为他的主管，想到从前说过的话，多少都会有点不自在。

3. 野心可有不可露

在公司里大谈人生理想很容易被上级当成敌人或被同事看作异己。因为野心人人都有，但是位子有限。你公开自己的进取心，别人就会把你当作他的竞争对手，在日后的竞争中会使自己处于被动的境地。

做人要低姿态一点，这是自我保护的好方法。你的价值体现在做多少事上，在该表现时表现，不该表现时就算韬光养晦也没什么不好。能人能在做大事上，而不在说大话上。

4. 别和原单位比

常说自己原来单位的好话，不光上级不爱听，其他同事也不爱听。每个人对自己供职的单位多少会有心理归属感，贬损单位，同事很容易以为也在看低他。

就算你说的都是事实，原来单位确实不错，毕竟你现在端的是新单位的饭碗，这么不忘旧情总是不妥的。但也别以为喜新厌旧就好，如果你在同事面前大谈原先同事的不是，情况只会更糟。他觉得你今天能这么议论原先的同事，下次到了别的单位，就会这么议论他。

工作间歇，大家很愿意找些话题来放松一下，为了避开上述问题，最好有意围绕新闻、热点、影视作品聊天。这样话题能放得开，而且不会惹出什么事端。

（四）倾听，赢得他人好感

威尔德定理提出：沟通始于倾听，终于回答。倾听是对他人最好的尊重，有效的沟通需要良好的倾听，多听少说，专心沟通，巧听、妙听，赢得对方的信任。

倾听，赢得他人好感

1. 多听少说，专心沟通

双方在沟通交流中，要多听别人说，听对方谈话中透露的信息。要少说，并不是一味沉默，要有的放矢地附和对方谈话中的关键内容，引导对方对自己的疑问点多说。这样既能多听以表尊重对方，又能少说以能冷静思考。多说是一种急于求成、过于自信的表现，少说会得到他人尊重和受人爱戴。心理学研究表明：越是善于倾听的人，与他人的关系就越融洽。多听少说是赢得他人好感的秘密武器，但对听的要求较高。一是用心听。听的过程中要不断思考，判断对方谈话内容的真正内涵。二是用眼神交流。听的过程中，要学会用眼神交流，注视对方的眼睛，以表示关注交流内容。三是用嘴巴提问。听的过程中，要在合适的时间和合适的场合提出恰当的问题，积极回应对方的交流内容。切记不要随意打断对方的交流内容。

2. 听“弦外之音”，赢他人好感

“听话要听音”，这里的“音”指的是弦外之音，要知道对方话语的隐藏含义，掌握对方的“弦外之音”，准确摸透对方的心思。要听懂对方的弦外之音，就要掌握技巧。一是听声识义。与对方沟通交流时，对方同一句话表示的相关含义有多种，或者甚至会隐含完全相反的含义，要甄别异常声调，通过“听声”，判断异常节点，捕获隐藏含义。二是辨义识图。对方在沟通交流时，会通过不同角度表达不同的交流内容，不同角度的同一句话，会表达出不同的意图，通过“辨义”，发现不同角度的交流内容的异常，结合场合，分析对方的真正意图。倾听有道，听语境场合、听“弦外之音”，是听懂对方的重要技巧。

3. 适时发问，巧妙接茬

多听少说、听“弦外之音”，并不意味着只听不说，必要时或恰当时，需要适当提出疑问，发表自己的见解。“适时”，需要把握接话的时间、把握说的时间、把握插话的时间。接住话茬，巧妙发挥，触动心弦。在沟通交流过程中，需要以下技巧。一是鼓励式发问。当对方感觉你对自己交谈的内容不感兴趣或不愿意听，而陷入了为难或者无法继续的情况时，此时你应用“我很感兴趣”或“我想继续听您的详细内容”等鼓励性话语，打消对方的顾虑，继续深入交流。二是响应式发问。当对方极力表现出让你理解交谈内容时，此时你应给出理解的内容，并发问“是不是我理解的这样?”或“我理解的对吗?”，让对方明确你已经理解，加深好印象，让对方感受到你的诚意，纠正可能的理解偏差。三是平复式发问。当对方在沟通过程中出现愤怒、无法控制自己的情绪时，你应用“我能理解你的愤怒”或“如果换作是我也会很愤怒”的话语，让对方感受到你与他能够感同身受，安慰对方，达到平复情绪的目的。

（五）微表情，捕捉有效信号

微表情沟通

非语言沟通是捕捉对方一瞬间的微表情沟通，即通过观察面部、身体和声音的细微变化揣测对方内心的思想情感的过程，是由个人的潜意识决定的，是深究挖掘之后掩饰不了的心理真相。这里从面部、身体和声音的细微变化来阐述职场沟通中微表情的瞬间变化，捕捉对方沟通的有效信号。

1. 面部微表情，捕捉真相

面部作为表情细微变化的重要部位，任何一种心理情绪的变化，都会在面部表情中“泄露”出来。面部微表情一般包括以下几个方面。

(1)脸部微表情

“脸部是心灵的镜子”“脸部是内心的折射”。通过一个人的脸部表情能够洞察其真实的内心世界。不同的脸型投射出不同的性格。心理学家柯尔曼的“脸部类型的不同性格倾向”理论提出：①肥满肉多的圆形脸的人循规蹈矩、传统保守，工作中适应力较强，求真务实，缺乏创新；②下巴肥满的三角形脸的人性格外向，吃苦耐劳，工作中能歌善舞、八面玲珑，勇于创新；③下颚宽大的方形脸的人胆大过人，有勇无谋，工作中缺乏协调，以自我为中心；④五官端正的方形脸的人崇尚中庸，机智谋略，工作中能力卓越，是领导型人才；⑤尖下巴的倒三角形脸的人孤独内向，心思细腻，工作中爱钻牛角尖，但求知欲望强。职场沟通中面对多变的复杂表情，可以从面部颜色和变化时间上来辨别内心世界的变化。其一，脸部颜色的变化。脸部颜色变较红表明内心害羞、尴尬等，这时候有可能是表达出的内容与内心世界不完全相符；脸部颜色变通红，则表明内心非常愤怒，可能对沟通内容不满或自己表述的内容完全不符事实；脸部颜色变白，则表明对沟通中的内容感到惊讶、恐惧。其二，表情变化的时间。观察对方一个表情的持续时间是判断对方情绪真假的依据之一。

（2）头部微表情

头部，俗称人体的“总司令”，是语言表达下达命令的指挥官。通过观察头部微表情可以得到对方准确的信息。一般而言，头部姿势主要包括三种。一是微抬头，说明对谈话内容保持中立的态度，既不赞成，又不否认，只是伴随着偶尔的轻微点头。这时，谈话需要通过改变策略或改变谈话内容让对方能够从中立转变为支持的态度。二是微低头，说明对谈话内容深表怀疑，并伴有批判性。这时，谈话者需要停止谈话或通过提问的形式了解对方否定的点，运用适当的策略，改变对方的否定态度。三是头部倾斜，说明对谈话内容赞同和支持。这时，谈话者可以将自己的谈话内容简短精练地表达出来，尽快与对方达成共识。但值得强调的是，低头不等于退缩，还有求助、认错的意思。摇头除了否定还有惊讶的含义。点头不仅意味着赞同，还有拉近彼此关系的意思。

（3）眼睛微表情

“眼睛是心灵的窗户”，眼睛传递内心的复杂世界。通过观察眼部微表情可以感受对方的精神状态和内心感受；通过观察对方的眨眼频率可以获取蛛丝马迹。一般而言，眼睛微表情主要包括：一是眼皮微闭，不敢正眼看人，说明心中有鬼或正在撒谎；二是眼睛瞪大，表面坦诚，说明对方正在掩盖自己的不自信，故意表现诚实；三是眼睛斜视，说明对方可能对你的谈话内容不感兴趣，避免被看穿，或者对方可能内心不是很赞成你的观点，犹豫不决，也可能说明对方对你的谈话内容并不在乎。

（4）眉毛微表情

面部中眉毛的表情变化最为明显，眉毛微表情能准确传达瞬息万变的情绪。一般而言，眉毛微表情主要包括：一是眉毛粗大的人，脾气暴躁，令人生畏，一般会喜欢循规蹈矩、按部就班的沟通；二是眉毛细长的人，亲和力强，平易近人，一般会喜欢大胆创新、高效完美的沟通；三是眉心狭窄的人，斤斤计较，一般会倾向于咬文嚼字式的沟通；四是眉尾散乱的人，忧心忡忡，一般会倾向于简短精练、快速高效的沟通。

(5)嘴巴微表情

嘴巴是进食的主要器官，嘴巴开合之间，一个人的心性完全展现出来。一般而言，嘴巴微表情一般包括：一是嘴抿一字的人，性格坚强，永不退缩，一般会注重沟通的结果；二是嘴角微翘的人，交际高手，心胸豁达，一般会倾向于氛围轻松愉悦的沟通；三是嘴唇前撇的人，自尊心强，勇于冒险，一般倾向于尊重自己的沟通；四是咬嘴唇的人，剖析能力强，热衷于分析自己，一般会倾向于倾听多于表达的沟通。

(6)鼻子微表情

鼻子传递了一个人的真性情，通过观察鼻子微表情可以掌握一个人性格的真实写照。一般而言，按照鼻梁的形状，区分鼻子微表情。一是鼻梁短小的矮鼻人，性格开朗，意志不坚定，性情懒惰，一般会倾向于简单快速的沟通；二是鼻梁长直的长鼻人，追求完美，自信骄傲，一般会倾向于高效完美的沟通；三是鼻梁不直的凹陷鼻人，性格外向，自来熟，一般会倾向于完整精练的沟通；四是鼻梁断层的段鼻人，性格顽固、刚烈，不妥协，一般会倾向于按部就班式的沟通。

2. 身体微秘密，透知心理

身体各个部位的细微动作，都在传递着情绪、性格特征。从手部的小手势、腿部的小动作、胳膊的小特征，都能捕捉到对方的内心信息。观察理解身体的微秘密，为双方沟通扫除障碍。身体微表情主要包括以下几个方面。

(1)手

“手势是人的第二张面孔”。双方在沟通交流时，总会无意间伴随着各种各样的手势。不同声音配合不同手势，手势主要有以下几种。一是握紧拳头，表示果断、自信。对方如果在交谈中或交谈结束时出现此手势，表明对沟通结果充满信心，一般会加速高效沟通的进程。二是紧握双手，表示一种焦虑和消极的心态，这时，需要让对方放松心态，可以打断对方或询问是否需要点什么，以减轻对方的紧张感。三是双手平摊，表示诚实、可靠，表明对方在沟通中展示了自己诚实的一面。

(2)臂

双方在沟通交流时，防御或防守是常见心态。双臂的微动作内涵丰富。双臂交叉抱于胸前，表示一种自我保护，自我防御，说明双方之间筑起了障碍，很难进行深入沟通。双臂交叉主要有两种形式。一是握拳式，表明对方强烈的防御状态下的敌对意识，为了确保沟通顺利进行，需要暂停内容，缓和对方的激动情绪，防止沟通恶化而终止。二是抓握式，表明对方的消极、拘谨和紧张情绪蔓延，个体要通过赞扬和肯定让对方摒弃消极情绪，感受到轻松的氛围。

(3) 腿

"腿是会'说话'的"。我们可以通过腿部的微动作，了解对方的内心世界。腿部的微动作主要包括以下几种。一是双腿交叉。扣紧的双腿表现出胆小害羞的特征，一般多见于女性，这时我们需要给对方营造安全的氛围，可以通过叙旧情或复杂人物关系中拉近两人的关系来给对方安全感，让对方在沟通中表现出大胆。二是双腿张开。表示一种男子汉气概和决斗反抗，一般多见于男性，这时我们需要舒缓对方的情绪或者以开玩笑的口吻让对方在轻松愉快的氛围中进行交流。三是双腿抖动。若对方在交流过程中，腿部不停抖动，表示焦躁不安，这时我们需要给对方即将结束此次交流的信号，让对方对整个交流有时间预估，减轻焦躁的情绪。

3. 声音微特征，走入人心

声音是建立亲善关系的有力工具，沟通双方可以通过调整声音，获得好感，达成一致。观察声音元素的微变化，让沟通双方能够读懂对方，并调整声音元素，建立一致性。声音微表情一般包括以下几个方面。

(1) 语调

沟通双方通过声音的语调判断其性格和真正的意图。对方语调变化较大，抑扬顿挫，说明其性格外向开朗。这时，我们需要调整自己的情绪和语调，迎合对方激昂的情绪。对方语调变化不大，平淡中缓慢阐述，说明其性格沉稳不张扬。这时，我们需要稳定自己的情绪和语调，让对方也在平缓中倾听。

(2) 语速

语速是决定双方能否顺利沟通的重要因素。语速过快，会让对方思绪跟不上，也会让自己在过快的语速中，思绪混乱，导致沟通受阻。语速过慢，会让对方觉得节奏不紧凑，甚至有浪费时间的嫌疑，导致沟通效率较低。因此，保持对方接受的语速，是沟通成功的关键点。

(3) 音量

音量是体现声音强弱的内在特征。双方沟通时，对方若是轻声轻语的，我们也应该适度迎合对方的音量，反之，则应该提高音量，迎合对方的“大嗓门”，这样才能促使高效沟通的达成。

三、 实践训练

（一）案例分析

案例 1

细心聆听，注意反应，巧妙创造新话题

李欣今天要去和公司的新客户洽谈。这个新客户是一个大客户，第一次和李欣的公司合作。如果这次合作愉快的话，后续的合作就会容易很多。所以这第一次的洽谈很重要，李欣也做了很多准备。

当她与合作公司的代表见面以后，因为李欣想要为以后的合作打下基础，所以两人寒暄了几句以后，李欣就开始介绍自己公司的运作流程如何优秀，以及产品的创新如何优秀。她滔滔不绝一一道来，但是对方却并没有过多地搭话，只是偶尔应承一声。李欣敏锐地察觉到了对方的不在意，于是慢慢把话题转移到与对方的产品订单相关的话题上去，渐渐地，对方也就有了兴趣。双方针对合作项目进行了一系列的探讨，发现彼此的理念很契合，双方针对对方的想法又产生了新的想法，可谓得益良多。

就这样李欣与客户保持了良好的合作关系，在接下来的每一次合作中都非常愉快，慢慢地该顾客变成了老顾客。

思考：结合案例，谈谈在谈判沟通中，要如何平衡聆听与说话的关系？

分析：

在谈判沟通时，一般情况下，较平均的参与会使双方的交谈更加自然，应尽量避免一方讲得太多或太少。在交流过程中要细心聆听，注意反应，留意对方是否对谈论的话题感兴趣。如果自己很努力继续这个谈话内容，但对方很久才有回应，这时就需要开展新的谈话内容了。案例中李欣一开始就犯了说话过多而聆听较少的错误。当她意识到对方对自己的谈话内容并不感兴趣时，她立即转换了新话题(对方的产品订单)，既激发了对方的谈话兴趣，又能让对方更好地参与到谈话中。

案例 2

如何与同事建立协作关系

李云刚离开学校进公司上班，这是他第一次进入公司上班，他在各方面都是新手，但是他每次和学长聊天时，都会细细地听学长讲公司里的利害关系和小窍门，以及在职场里应该注意的事，因此他对公司有一定的了解，学长特别叮嘱他要和同事和谐相处。

于是在进入公司以后，李云对每个同事都客气相待，每当同事需要帮忙时都会及时伸出援手。渐渐地，李云和同事们打成一片。

后来有一个小组研究的项目，正好是李云关系很好的同事当负责人，该同事协作能力强，工作素养好，又会调节气氛，跟他关系很好的李云自然而然也就入选了。于是进入公司还不到半年的李云就开始崭露头角，这与他和同事之间的友好协作密不可分。

思考：结合案例，说说李云是如何与同事建立协作关系的。

分析：

在职场中，与同事建立良好的协作关系，可以让自己的职场之路更加平坦。案例中，李云通过与同事和谐相处从而与同事建立协作关系。他对每个同事都客气相待，每当同事需要帮忙时都会及时伸出援手，使自己成为一个受欢迎的人。

职场中要做一个受欢迎的人，不是一件容易的事情。职场上的文明礼仪是个人基本修养的折射。不能仅仅为了在岗位上受欢迎而戴上“假面具”，很刻意地微笑，而应当把个人的基本素养自然地、本能地带到工作岗位上。在岗位上以一种平和、积极的心态对待工作和他人。不能闷声不响，也不能太锋芒毕露。不能让他人怀疑你的能力，也不能因为才华的显露而遭遇妒忌。不在办公场所谈私事，人前人后不要说是非，同时尊重同事的兴趣和爱好，不将个人好恶带入职场，注意经济上的细节往来。

案例 3

如何才能让上司了解你的贡献

张蕊进入一家公司已有两年了，但是领导连她的名字都记不住，更别提升职加薪了。张蕊平时的工作仔细认真，做了很多事，非常努力，可是看着一起进入公司的同事加薪升职，自己却像乌龟一样，还在慢慢地爬行，不禁有些沮丧。

为什么张蕊一直不被领导认同呢？第一，张蕊的工作属于幕后工作，平时没有在领导与同事面前露脸的机会，这就失了先机。第二，张蕊是个不爱表现的人，站在人多的地方就紧张，所以每次露脸的机会，她都抓不住，在平时工作中也总是默默无闻的。自然领导就不认识她了。

在职场中，让领导认识你、熟知你，是很关键的。因为你的贡献以及工作的认真程度，只有让领导知道了，领导才会开始赏识你，你才会有升职的空间与机会！

思考：结合案例，说说张蕊如何才能让领导了解自己的贡献。

分析：

案例中张蕊的工作属于不怎么引人注意的幕后工作，在这种情况下，不要对自己的业绩喋喋不休，自以为劳苦功高，而应该通过其他手段让领导了解自己的贡献。例如：①在例行的工作报告中突出自己的成就；②让满意的顾客向领导反映他们的意见；③在社交活动中引起人们的注意，主动参与公司活动；④与那些对你的评价较高的人建立良好的关系。

案例4

诸葛亮“联吴抗曹”的说服术

“联吴抗曹”是诸葛亮提出的重要外交政策，奠定了刘备集团崛起的基础。诸葛亮是怎样说服孙权，达成战略联盟的呢？

公元208年，曹操打算一举拿下刘备和孙权两股势力。以孙权为首的东吴，在应战和投降两个选择之间徘徊不定。此时诸葛亮来到东吴，面见孙权。诸葛亮开门见山，简短分析了当时混乱紧张的局势。之后，故意反激孙权：情况这么紧迫，我希望将军能量力而行，如果有能力与曹操抗衡赶紧趁早定下备战策略；如果没有能力抗衡，也赶紧投戈卸甲，准备投降。现在与曹操面合心不合，当断不断，以后更麻烦。孙权觉得诸葛亮小瞧自己，很生气，便反唇相讥：你千里迢迢来劝我投降，你的主公刘备为什么不投降曹操呢？诸葛亮斩钉截铁地回答：刘备将军是皇室后代，他的英雄才气盖世无双、天下仰慕，绝不可能投降。

于是，孙权被激怒了，说：刘备能做到我也能，我决心抗击曹操。话说到这里，诸葛亮的目标达成了一半。他继续胸有成竹地向孙权分析敌我双方的力量对比，鼓励孙权和刘备联合作战，等曹操兵败之后向北方撤退，就奠定了三分天下的局面。这些话利弊得失分析得客观到位，引起了孙权的共鸣。于是，双方达成了联合抗曹的约定。

思考：案例中，诸葛亮使用了什么方法说服孙权联吴抗曹？在职场上有什么借鉴意义？

分析：

诸葛亮是卓越的政治家，他说服孙权接受建议，既没有威逼利诱，也没有委曲求全，而是用理性的逻辑思考，复盘了局势，每句话都站在对方的立场考虑。他的建议既对自己有利，同时也对别人有利，还把选择的主动权交给了对方。看上去是对方自己选择了答案，实际上诸葛亮早已预料到了结果。

在职场上，不管与客户谈判还是给老板提建议，又或者跟同事做责任划分，总有利益得失、相互博弈的时候。多站在对方的立场上考虑问题，更多地诉诸理性，这样才更容易获得别人的理解和信任，进而使对方接受你的善意，最终达到目标。

案例5

市场部经理“女神养成记”

刘女士是某品牌的市场部经理。她个子很高，很漂亮，很知性优雅，也很善于表达。一天，老板让她在一款定位于女性市场的产品发布会上介绍新产品，一般只有副总裁以上级别的人才能在大型发布会上演讲。此次老板将如此大的任务交给她，她既激动，但想到面对几千人演讲，又非常紧张。于是她请了专业的老师来指导训练她练习演讲。

指导老师录下了她开会的样子，一起反复观看，寻找她的优点和需要改善的地方：她口齿清晰，表述力极强；但因为个子高，稍微含胸；声音细弱。分析了现状后，指导老师为她量身定制了“蜕变计划”。

计划一：练心，克服紧张。

练心，是为了让自己更淡定、更自信。指导老师亲自录了两段录音，早晚内容不同，每段1～2分钟，让她每天听一次。这有点像服药的过程，药性会激发出潜藏的信心。录音中多是一些鼓励的话，如老师会“催眠”她想象自己在舞台上最理想的样子。她特别喜欢张靓颖，都说偶像的力量无穷，于是老师“催眠”她想象自己就是张靓颖，在舞台上挥洒自如，得到观众的热烈掌声。

指导老师这么做，目的在于激发她在潜意识中形成自己最理想的状态，并不断强化自信，心理学称之为“潜意识开发渠道”。通过不断地反复练习，反复输入一个指令，你的潜意识就会慢慢地朝着你的目标前进。指导老师要求她每天听录音，一个多月每天如此，因为这个方法的关键在于重复，如果重复不够，潜意识产生的推动力就不大。

计划二：练声。

“蜕变计划”的第二项从练声入手。刘女士每天比平时早起半小时用来练声。她的声音很细弱，给人的感觉不太沉稳。怎么改变呢？指导老师建议的方法是大声诵读。以发布会相关内容为主要材料，把诵读过程录下来。每周末，指导老师和刘女士会一起观看录像，不断更新计划方案。

诵读能练声，但没有观众，看不到她面对人群时的状态，一个人对着镜头和对着人群讲话的状态完全不同。但是，演讲效果的好坏，最终由观众评判。于是指导老师在大学里找了一帮学生当观众，让她讲一些关于产品的内容，然后录下她的表现。结束后，她们询问学生们对她的印象，再和理想状态对比。

计划三：练体。

每天再早起半小时，练声前的半小时进行形体练习。她很喜欢跳舞，跳舞既能增强体力，又能塑造形体，还能注入正能量。一个月下来，运动给她的身体带来了变化，她比之前挺拔了很多，看起来也更自信了。

计划四：练技。

确认演讲内容后，在指导老师的帮助下，她们做了一个“脚本”，包括读重音的地方、加肢体语言的地方、表情、道具、演示文稿音乐等。照着脚本，她反复练习。即便安排周密，临近发布会时，她还是有些紧张。在她上台前一天，指导老师教了她克服紧张的办法。从身体和思想两个方面着手：尽量把手举高，舒展，调动激情；利用“宇宙思考法”，想象自己离开了地球，越走越远，去了更远的地方，然后在宇宙中俯瞰自己，俯瞰舞台，你会发现一切都很渺小，情绪也就平静了。

蜕变。

发布会当天的装扮也很重要。为了与身穿深色西服的男老板们有所区分，她穿了浅色衣服，而且是裙装。这样能显示出女性特有的柔和，并且可以避免拍照时出现一团黑的情况。发布会当天，身着浅色裙装，盘起发髻的她让人眼前一亮。演讲超乎预料的顺利，所有努力都值了。她自己都有些惊讶自己的表现，有媒体大赞“女神!”。从此以后，老板给了她新的业务——负责日后重要发布会的演讲。

思考：演讲时，要从哪些方面入手来提高演讲水平?

分析：

演讲时，主要从演讲的内容和演讲的技巧两大方面来提高演讲水平。演讲的内容设计很重要，但是却需要长年累月的积淀。演讲技巧却是可以通过短时间的学习获取的，在内容出彩的基础上，配合使用一些技巧，可以使演讲锦上添花。演讲的技巧要从声音、形象、着装等方面入手，同时要使用一些方法克服紧张心理。案例中的“潜意识开发渠道”，或者称为“催眠”，就是克服紧张的很好的方法。练声、练体的最好的方法就是录下来，反复看，找出问题并加以改进。

（二）训练项目

请完成下列单项选择题。

1. 员工经过公司前台，不小心撞碎了玻璃门，领导和你正好经过，领导过去问员工伤着没，到了办公室领导对你说去让员工把门赔了。这时你会怎么跟员工说?

A. 你和领导是亲戚吧?这么关心你，还只让你赔一个便宜的门就好。

B. 人没事儿就好，门也不贵，要不你把门赔了吧。

C. 领导刚刚跟我说让你把门赔了，那么关心你，原来都是装的。

D. 领导挺关心你的，不过公事还是要公办，你把门赔一下吧。

2. 领导宴请外宾，让你事先给外宾准备高档丝巾作为礼物，宴请即将结束时你才发现忘了买，下面的做法你会选择：

A. 主动跟领导承认错误，问领导怎么办。

B. 跟外宾说，领导特别重视您，让定制了一条丝巾，定制好了给您邮寄过去。

C. 掏钱在饭店买一瓶贵的酒当作替代品。

D. 主动跟领导承认错误，并马上出去买。

3. 下面哪句话说明同事真的没时间帮助你。

A. 哎呀，我都忙死啦！

B. 我正要准备做周报，3 点要发给张总。

C. 要不我忙完了手头上的周报，3 点之后帮你好吗？

D. 小张没什么事，你去找他吧。

4. 你听说有同事向领导打你的小报告，你会怎么办？

A. 直接冲到那个同事面前，和他大吵一顿。

B. 向领导说明情况，请领导调查真相。

C. 清者自清，不去理睬，和以前一样干好工作。

D. 向领导打同事的小报告。

5. 领导给你发信息说：“小王，现在有时间吗？”你会怎么回复？

A. 张总，我正忙周报的事呢，稍等好吗？

B. 我不忙，这就来！

C. 稍等，马上来！

D. 张总，您有什么事吗？

PROJECT 6

项目六
商务沟通

PROJECT 6

认知目标

了解商务沟通的概念和特征；了解商务沟通的三种类型；了解商务沟通的对象和作用。

素养目标

领会诚信对于企业的重要意义；领会企业如何处理危机公关；领会合作共赢是商务谈判的终极目标。

运用目标

掌握企业获得消费者信任的方式；掌握广告设计的基本原则；学会妥善处理企业面临的危机；学会基本的商务谈判策略。

任务导入

海底捞做对了什么

某教授曾经在海底捞吃饭时遇到这样一件事：她在点菜时，服务员提醒她菜点多了。

她们人很少，但想试试不同的东西，服务员说每一个都可以点半份，这是她感受到的第一个意外惊喜。

但她点的半份还是很多，服务员又给出一个新的解决方案：如果你特别想品尝这些东西，我帮你直接打包好，你可以回家品尝。

服务员接着又说：你回家品尝这些东西会影响口感，要不我给你这次免单，你下次再来吃。

服务员连着给了三个解决方案，这位教授就变成海底捞的忠实顾客了。很长一段时间只要有朋友来，她就请朋友吃海底捞。后来一个朋友开玩笑说，你除了会吃海底捞还会吃什么？她说就是觉得要回馈那个服务员。

在海底捞，消费者能够享受的服务有：代客泊车、免费擦车；等客区提供擦鞋、美甲等免费服务；为不同人群提供围裙、手机袋、眼镜布、橡皮筋和玩具等；每桌配有一名服务员，负责搭配酱料、添菜；熟悉顾客名字；服务员有权力为顾客换菜、送菜、打折、免单。海底捞提供的服务，让顾客感到宾至如归。

前段时间“海底捞体”火遍网络，“海底捞体”让海底捞又一次成为大众焦点。“海底捞体”的基本模版是：某天我在某海底捞吃火锅，席间我无意间说了一句……(包括但不限于愿望、情绪、态度)，在我结账时……(海底捞员工送亲制玉米饼，送贺卡文字祝福，送礼物，免单等)。

海底捞这个微博段子引发网友的争相模仿，网友们大开脑洞改编“海底捞体”，使海底捞的品牌得到最大限度的曝光。海底捞用这种方式引导顾客进行传播，获得了更多潜在消费者的关注。

想一想

从沟通的角度来看，海底捞的成功符合商务沟通的哪些原则？

一、 知识储备与拓展

（一）商务沟通的概述

1. 商务沟通的概念

商务沟通是指商务活动中的交流、洽谈过程。它主要包含企业为达到一定商业的目的而进行的各种投资、收购、兼并、重组、贸易、合作、会议、培训、聚会、展览、报告等活动。

商务沟通包括企业内部沟通和企业外部沟通两类，由于本教材已将"职场沟通"单独辟章，因此本章所讲的"商务沟通"主要是指企业外部沟通，主要包括三种沟通：一是企业与消费者的沟通，主要形式为品牌建设、广告营销等；二是企业与政府和社会的沟通，主要形式为企业的各类公关活动；三是企业与其他企业之间的沟通，主要形式为商务谈判。

2. 商务沟通的特征

商务沟通的特征主要包括以下几点。

①商务沟通以促进商业利益为最终目标。企业的营销活动、公关处理、商务谈判的目标都是为了开拓市场、降低成本、提高利润，为企业发展创造最佳的内外部环境。

②商务沟通以企业为沟通主体。商务沟通的主体主要包括各类企业，但沟通的过程往往是由企业负责人以及其他特定岗位的个人代表企业实现的，如广告策划部门代表企业进行品牌营销活动，新闻发言人在危机处理过程中代表企业发声，谈判人员代表企业进行商务洽谈等。

③商务沟通过程往往和交易过程相联系。商务沟通包括品牌塑造与广告营销、危机公关和商务谈判。其中品牌塑造与广告营销的目的是促成交易，危机公关的目的是解决交易造成的后续问题，商务谈判的目的是解决纠纷、统一利益。因此，商务沟通的各个阶段与交易过程密不可分。

3. 商务沟通的作用

(1)组织良好沟通，有效维护和强化企业的良好外部形象

企业的外部形象除了企业有意识地传播外，还在企业之间的日常交往和大量

的商务沟通中建立和形成。企业作为为消费者提供产品或服务的主要组织，能够在与消费者之间形成使用与服务关系中建立和发展起来。若企业自身的产品质量好、服务意识强，良好的口碑即刻形成，消费者就会成为该产品的义务宣传员。若企业自身的产品质量差，服务意识弱，消费者则会成为该产品的负面宣传者。此时企业要提高自身产品质量，增强服务意识，缩短产品和服务与消费者的需求之间的差距，“急消费者所急，想消费者所想”，在消费者心目中重新树立良好的外部形象。

(2)充分利用外部资源，构建和谐的竞争和发展环境

一般而言，企业的竞争力与企业的资源配置的优化程度成正比关系，也就是说，如果企业的资源优化程度不高，企业的竞争力就会下降，企业的资源优化程度高，企业的竞争力就会有所提升。因此，企业要充分利用外部优势资源，营造和谐的竞争环境。要提高与消费者的沟通效率和沟通效果，提升消费者对产品和服务的满意度和忠诚度，扩大产品在消费者中的影响力，开发该产品的潜在消费者。

(3)内外部双向互动，及时把握外部公众动态

如今，商业业态不断变革，商务沟通是外部说服、现代媒体、品牌信用以及零售终端等重要的沟通渠道。建立有效的商务沟通，能够化解危机，保证企业生产经营的正常进行。有效的商务沟通是双向的和互动的信息流动，企业与外部组织进行沟通时，要及时了解、掌握外部信息动态，要准确传递企业的营销理念、产品要素及服务重点。这样，企业才能在激烈的竞争环境中生存、发展下去，才能及时准确地把握行业信息，抓住商机，让企业在良性循环中谋求更广阔的发展空间。

（二）商务沟通的类型

1. 品牌塑造与广告营销

(1)广告及广告营销概述

广告是为了某种特定的需要，通过一定形式的媒体，耗费一定的费用，公开而广泛地向公众传递信息的宣传手段。从沟通的角度来看，广告营销则是企业通过广告宣传与消费者沟通的过程。广告营销能力的强弱往往能够直接影响消费者的购买行为。

广告营销从业者要具备对目标消费者的特殊需求、生活方式和生活特性、特殊的文化环境和文化素养、特殊的语言表达和接受方式等方面的认知。广告营销在一

定程度上能够提高广告的销售转化能力和对消费者心智的渗透能力。

(2)广告营销的要素变化

4P 理论诞生于20 世纪60 年代，其提倡者科特勒认为：“如果公司生产出适当的产品(Product)，定出适当的价格(Price)，利用适当的分销管道(Place)，并辅之以适当的促销活动(Promotion)，那么该公司就会获得成功。”这个理论在诞生之后 20 多年的时间里，成为广告营销界的指导性原则。20 世纪 80 年代，美国的劳特朋针对 4P 理论存在的问题提出了 4C 理论，这一理论包括消费者的需求和欲望(Consumer Want and Need)、消费者满足欲求所需付出的成本(Cost)、产品为消费者所能提供的方便(Convenience)、产品与消费者之间的沟通(Communication)。

从 4P 到 4C 营销要素的变化，反映出广告越来越强调以消费者为中心，并且由企业单方面的信息传达转为企业与消费者之间的双向沟通。从商务沟通的角度来看，无论是 4P 营销还是 4C 营销，在商务沟通的过程中均需要充分考虑两者之间的变化，从而提高商务沟通的效率。

(3)广告设计的原则

①真实性原则。

广告作为传达沟通信息的重要载体，是沟通企业、消费者和产品的重要桥梁。广告文案是广告的核心要素，广告文案是否真实可靠，直接决定着消费者是否接收到了真实信息，能否产生相应的心理情绪，进而影响他们的购买意向。

②原创性原则。

在广告营销的过程中，广告文案的制作是关键。广告文案人员要抓住产品或企业与众不同的地方，采取新颖的、独特的创作方式，使广告作品具有生命力，以吸引消费者，促使他们产生购买的冲动。原创性既包括表现手法上的独创，又包括表现内容上的独创。在广告语的创作中，语感很重要，类似顺口溜的语感节奏，不仅会提高信息储存的效率和传播的速度，而且会提升消费者对品牌的好感。所以创作广告语的时候尽量要选择通俗易懂的词语，创作者可以尝试着把自己写的草稿大声念出来，寻找押韵的语感。

③有效传播原则。

广告营销的目的是让消费者产生购买意向。在广告文案创作时，应该结合目标消费者的实际情况，能给消费者一种既熟悉又亲密、朋友般的感觉，达到有效传播的目的。如果人们最终只记住了广告语本身，却忘记了这是哪家企业的广告语，那就与创作的初衷背道而驰了。20 世纪 50 年代初，美国人罗瑟·里夫斯提出了自己的理论，要求广告必须向消费者说明一个“独特的销售主张”(Unique Selling Proposition)，简称 USP 理论，又称为创意理论。其特点是必须向受众陈述产品的特点，同时这个特点必须是独特的、必须能够产生销量的。简言之，可以把 USP 理解为“该产品能给消费者带来什么独特的价值”，也被称为产品的“卖点”。例如，红牛饮料曾经使用过的广告语“困了累了喝红牛”，就体现了红牛这款功能性饮料能够缓解疲劳感的独特卖点。

拓展阅读

华杉用填空法创作汉庭酒店的广告语

华杉是国内知名的广告人，多次获得中国杰出营销奖，创作了很多脍炙人口的经典广告。他为华住集团旗下的汉庭酒店创作的广告语“爱干净、住汉庭”是其中的代表作。他在《华与华方法》一书中，回顾了自己用填空的方法创作这条广告语的过程：

“我们要给汉庭酒店创作一个广告语，根据华与华方法，广告语最好要有品牌名，我们在白板上先写下‘汉庭’，好，开局不错！真棒！我们已经得到两个字了。

下一步，根据传播的基本原理——刺激反射原理，我们需要给消费者一个行动反射，什么行动呢？住酒店啊！那么就是‘住汉庭’了，有没有别的？选汉庭？来汉庭？去汉庭？不！还是‘住汉庭’好！白板上‘汉庭’前面再写上一个‘住’字。好，我们已经得到三个字了。行动反射已经有了，就差购买理由了。

为什么住汉庭呢？我们的购买理由是什么呢？这个之前策略会议已经定了——干净。

这里有个问题，很多人受的广告教育，都是‘说什么，怎么说’，定了说干净之后，他就开始研究怎么说，就越说越远。华与华方法是‘说什么，直接说’。你要说干净，那就说干净嘛，已经说完了，还有什么要说的？没有什么要说的了，剩下的是做，怎么说到做到把酒店清洁干净。

所以我们在白板上再写下两个字——干净。‘净’和‘庭’还正好押韵，不用我们再解决押韵问题了。太激动了！就差一个字了！

大家一起来，什么字？要干净，住汉庭？更干净，住汉庭？真干净，住汉庭？最后创意出了‘爱干净，住汉庭！’

‘爱’字是怎么想出来的，这就是天才的作用了。就像‘怕上火喝王老吉’的‘怕’字，那就是天才。如果‘防上火，喝王老吉’，恐怕就成功不了。因为你一说‘防’，消费者先筑起心理防线防着你，广告是无意识的药丸，一‘防上火’，意识就上来了，我需不需要防上火？这东西能不能防上火？用一个‘怕’字，不仅突破了消费者的心理防线，而且给自己的‘疗效’免责了。”

(4)品牌的视觉化：视觉锤理论

视觉锤：品牌的视觉符号设计

我们生活在现代商业社会中，每天都要接触大量的广告和商标，为什么企业必须要有一个商标呢？因为企业和消费者之间往往没办法用语言进行沟通，而商标作为一种视觉符号，可以实现跨地区、跨国界、跨民族的沟通与理解。关于企业的视觉符号设计有一个非常著名的理论叫作“视觉锤”，这个理论是美国营销大师劳拉·里斯提出的，他把企业的营销策略比喻为一把锤子，而把企业的价值诉求比喻为一根钉子，企业要做的就是通过反复的敲打，将价值诉求植入消费者的心智当中，让消费者轻松快捷地辨认出企业。营销的过程就是敲钉子的过程，而企业的视觉符号就相当于这把锤子，所以这个理论被称为“视觉锤”。

掌握“视觉锤”的原理可以帮助一家企业获得更多消费者的欢迎。“视觉锤”的设计有三大原则，第一个原则是简洁，因为简单的东西更容易被人记住；第二个原则是表达企业的价值诉求，最好能够让消费者在看到商标的时候，就能够明白这家企业的理念和特色；第三个原则是让人印象深刻，可以通过鲜艳的颜色和夸张的动作让人记住这个品牌。

拓展阅读

八种常用的视觉锤素材

可以被视为视觉锤的素材主要有八种。

第一种是商品的包装，我们非常熟悉的可口可乐瓶子就是其中的代表；圣罗兰的口红形状也非常特别，构成了其品牌价值的一部分。

第二种素材是颜色，我们一提到麦当劳这个品牌，脑海中就会非常快速地浮现出红黄两种颜色，可以说这两种颜色构成了麦当劳品牌的象征；欧洲很多国家的国旗也是由不同的颜色组合而成的。

第三种素材是动作，如微信的“摇一摇”就非常让人印象深刻；有一种啤酒，它的口号是“拉开快乐”，通过拉开瓶盖的这个动作让人记住这个品牌。

第四种素材是企业的创始人，我们非常熟悉的“肯德基”“老干妈”等品牌都是以创始人作为品牌的视觉锤。

第五种素材是象征符号，耐克用一个勾作为自己的视觉锤，这像是在已经完成的一项工作之后打上一个勾，也象征着快速运动划过的轨迹。

第六种素材是明星，我们刚才说的乔丹就是其中的代表，明星代言对品牌有着巨大的推动力。

第七种素材是动物，仔细盘点中国知名的互联网企业，你会发现使用动物作为商标吉祥物、产品名和公司名的企业多得难以想象。

第八种素材是公司的历史和传承，如爱马仕创立于 1837 年，最初是开设在巴黎的马具店，为了彰显它 180 年的历史，它使用马车作为商标，极力突出精美的手工和贵族式的设计风格；我们的国窖 1573，也是在用它悠久的历史作为品牌的视觉锤。

2. 危机公关

(1)危机公关的概念

我们日常所说的“危机”一词，指的是“紧急的或困难的关头”，而企业危机通常是指由于企业的变化或社会上特殊事件引发的短时间内波及较广的不良影响。因此，当企业遇到危机时，应该进行危机公关。那什么叫危机公关呢?

企业危机公关是指企业为避免或者减轻危机所带来的严重损害和威胁，有组织、有计划地学习、制定和实施一系列管理措施和应对策略，解决并处理好企业的危机。这里的管理措施和应对策略主要包括危机的规避、控制、解决以及危机解决后的复兴等。

(2) 危机的特征

①突发性。危机往往都是不期而至的，令人措手不及。危机一般是在企业毫无准备的情况下发生的，给企业带来的是混乱和惊恐。

②破坏性。危机出现后可能会带来比较严重的物质损失和负面影响，有些危机将使企业多年苦心经营的成果毁于一旦。

③不确定性。危机事件爆发前的征兆一般不是很明显，企业难以做出预测。危机出现与否与出现的时机是无法完全确定的。

④急迫性。危机的突发性特征决定了企业对危机做出的反应和处理的时间十分紧迫，任何延迟都会带来更大的损失。

⑤信息资源紧缺性。危机往往突然降临，决策者必须做出快速决策，在时间有限的条件下，混乱和惊恐的心理使得获取相关信息的渠道出现瓶颈，决策者很难在众多的信息中找到准确的信息。

⑥舆论关注性。危机事件的爆发能够刺激人们的好奇心理，常常成为人们谈论的热门话题和媒体跟踪报道的内容。企业越是束手无策，危机事件越会引起各方的关注。

3. 商务谈判

压价策略

(1) 商务谈判的概念

商务谈判，是指买方与卖方之间就某一项有形或无形的产品，在产品交换中进行的协商洽谈活动。商务谈判可以是为了促成某一项交易而进行的，也可以是为了解决买卖双方就某一项经济利益引起的争议或争端，从而使得买卖双方获取各自的经济利益而进行的。一般来说，商务谈判者的类型主要包括以下几种。

①供应商。自己不生产商品，但为消费者或组织市场提供商品供应的机构。

②制造商。各种原材料的生产者，通常不通过中间商而直接销售给客户。

③进出口公司。从事国际贸易的专门机构。

④经纪人/代理人。主要促成买卖双方达成交易或受制造商委托开展营销活动的机构，并从中获取佣金。

(2) 商务谈判的特征

①商务谈判要有明确的目标。

在整个商务谈判的工作中，经济利益是谈判双方的最终诉求。在谈判工作的过程中，谈判双方根据自身的利益目标，为各自的利益考虑。但如果只考虑自身利益而不考虑对方感受，就必然在谈判中发生分歧甚至争执。分歧和争执的结果是提高了交易成本。恃强凌弱的不平等谈判更会激起失败方的不满，给企业的发展带来风险。因此在整个谈判工作中要为对方留余地，以此实现谈判工作的双赢局面，达到“让胜利属于自己也属于对方”的目的。

②谈判必须是一种平等的协商活动。

谈判的规格无论高低，参与方彼此的人格和法律地位都是独立和平等的，既不存在上下级的隶属关系，又不存在一方胁迫另一方的问题。谈判各方主体只有在意志独立、地位平等的前提下，才有可能坐下来认真沟通，完整准确地表达各自的观点。

③谈判是一种沟通和博弈的过程。

在谈判中，通过各方的互动，共享信息、增进了解。同时，谈判也是一个说服和被说服的博弈过程。谈判的核心任务是试图说服对方接受本方的观点、所维护的利益及所采取的行为方式，在反复博弈中找到双方都可接受的平衡点。

（3）商务谈判的影响要素

①谈判结果受经验的影响。

谈判经验越丰富，在进行商务谈判的过程中越能够直奔主题，以倾向于解决问题的态度来进行谈判。因此丰富的谈判经验可以使谈判人员在谈判的过程中处于有利地位，甚至可以使用高超的谈判技巧在谈判中取得胜利。

②谈判结果受信任感的影响。

一般而言，并不是所有群体在谈判过程中都采取解决问题的态度，都能取得良好的谈判效果的。通常在谈判过程中，缺乏信任的买卖双方会出现两个极端：要么是在谈判的过程中提出很多不合理的要求，要么是在谈判的过程中做出让人难以理解的让步。因此，谈判的信任感在一定程度上影响了谈判的效率。

③谈判结果受风险偏好的影响。

通常来讲，在谈判的过程中，谈判双方对于自己不确定或不想正面回应的问题会暂时性地回避。如果谈判的某一方更倾向于冒险，此时的谈判结果便具有了不确定性。

④谈判结果受个人魅力的影响。

一般情况下，谈判结果会受到谈判双方个人魅力的影响，如果某一方个人魅力非常大，会更容易促成与另一方的合作。因此，想要在谈判的过程中占据优势，谈判者需要在各个方面提升自己的内涵和素养。

⑤谈判结果受谈判双方相似性的影响。

一般而言，谈判结果受到双方相似性的影响。如果双方在性别、地区、民族、性格等方面有较高的相似性，双方会使用更有利于解决问题的态度投入谈判的过程中。

⑥谈判结果受谈判策略的影响。

在谈判的过程中，谈判策略在一定程度上影响着谈判的结果。如果卖方以一种解决问题的态度与买方进行沟通，买方会更愿意接受这次谈判的结果，原因在于买方在谈判的过程中充分感受到卖方的诚意。在谈判的过程中，可适当调整谈判的态度，更多考虑对方对于这次谈判过程和谈判结果的个人想法，设身处地地去替对方考虑问题，传递给对方一种互利共赢的态度。

⑦谈判结果受谈判气氛的影响

良好的谈判气氛可以有效促进双方在谈判中表达真实的想法，也可以促使双方各自做出让步，最终愉悦地达成合作关系，甚至建立长期合作的伙伴关系。

(4)商务谈判的过程

商务谈判过程一般包括以下五个阶段。

①开局阶段。

有经验的谈判者往往能在开局时很快了解对方的沟通态度和诚意。开局决定了整个谈判的调子和走向。良好的谈判氛围有助于谈判的顺利进行；反之，则会伤及谈判者的感情，影响谈判的进程，甚至会使谈判基础毁于一旦。一般而言，开局阶段应做到：一是塑造良好的第一印象；二是营造洽谈气氛；三是明确开局目标。

②摸底阶段。

开场时，谈判者的注意力会集中在己方利益上而不是试图猜测对方立场上，因此，开场陈述是原则性的而非具体的，应简明扼要；另外，倡议时，要直截了当，双方互提意见，要确认对方底细。

③报价阶段。

报价明确，果断不犹豫，报价要体现差异化；另外，报价要按照一定的次序进行，一般先报影响力较大的，后报可以及时调整的。

④磋商阶段。

磋商阶段是指谈判开局之后到最终签约之前，谈判双方就实质性事项进行磋商的全过程，是整个谈判沟通过程的实质性阶段，也是整个谈判的难点所在。第一，磋商阶段，报价要明确果断、无须解释，可以采取心理价格，打一场有准备的心理战，并灵活地运用中途变价法等，让整个磋商阶段顺序完成。第二，讨价还价。讨价还价是整个商务谈判沟通中最关键、最活跃的一环，是向实际成交价靠拢的过程。谈判参与者能否从谈判中获利、获利多少，都取决于讨价还价阶段的技巧和实力。

⑤让步成交阶段。

在谈判过程中谈判者要做到：一是有原则地让步，双方让步同时进行，步幅相同，适当让步是为了获取利益，让对方明白我方每次做出的都是重大让步；二是有步骤地让步，权衡让步的后果，列出让步磋商清单，保持和谐的谈判气氛；三是必要式地让步，在最需要的时候让步，以乐意换乐意，弃车保帅，保持全局优势。

二、 情感与思维

诚信的力量

（一）诚实的情感，守信的思维

商业经营中普遍流传着一种“商业无道德”的观点，该观点认为商业行为与道德无关，商业活动无须考虑道德问题。对企业来说，追求经济利益才是唯一的“正经事”，谈论道德问题就是不务正业。这种说法尽管有违人们在直觉上的道德感，但它却是商业社会中“牢固的成见”。但从博弈论角度来看，“商业无道德”并不符合企业的长期利益。德国社会学家卢曼在他的专著《信任》一书中指出，信任源于重逢，就是说没有重逢的情景是没有信任的。从这个意义上说，企业想要让消费者重复购买自己的产品，从而实现长期的利润增长，就必须将“诚信”作为品牌价值体系的核心内容。

商业道德的培育，从根本上说，就是要破除所谓的“商业无道德”的观点，改变“利润至上”的商业环境和商业观，塑造“价值优先”的商业文化。

1. 商业诚信的含义

在我国，商业诚信的主要含义包括：要求经营者及市场中介机构，在市场活动中，以诚实信用作为基本的商业标准和根本的行为准则，切实履行《消费者权益保护法》等法律、法规规定的义务，全面、充分履行与消费者的约定义务，守诺践约，反对规避自身义务及各种商业欺诈行为，形成“守信光荣，失信可耻”的市场监督机制。

这一含义包含两层内容：一是合法经营，严格遵守法律法规，绝不触碰法律底线；二是契约精神，严格遵守与消费者之间的承诺和契约，不弄虚作假。

2. 商业诚信的原则

《区块链革命》一书中提到商业领域中的“诚信四原则”，这四条原则是：诚实、考虑对方利益、承担责任和透明性。①

①诚实并不只是一个道德问题，而是一个经济问题。如果企业想在员工、合作伙伴、客户、股东以及公众之间建立信任关系，就必须诚实、准确、完整地将信息与各方交流。企业不能通过忽略某种事实的方式撒谎，或通过增加事情的复杂程度以达到混淆细节的目的。

②考虑对方利益通常是指交易方会诚心诚意地进行价值的交换，这需要建立在对各方利益、需求及感受的考虑上，需要在彼此间心存善意，建立信任关系。

③承担责任意味着对利益相关方做出明确的承诺，并严格恪守这个承诺。个人和机构必须展示出他们有信守承诺并承担违约责任的决心。

④透明性意味着以公开透明的方式运作。若市场上有“他们在隐藏什么事情”的想法时，就说明企业运作的透明度不高，最终可能会失去外界的信任。

3. 建立信任感的方式

从博弈论角度来看，要想让一个承诺变得不可背弃，不能靠言辞修饰，而应该让失信者付出巨大的代价，所以企业可以通过以下方式提升可信度，释放清晰的市场信号。

---

① ［加］唐·塔普斯科特，亚力克斯·塔普斯科特：《区块链革命：比特币底层技术如何改变货币、商业和世界》，90页，北京，中信出版集团，2016。

①建立和利用信誉。企业可以通过长期保持一致性来建立信誉，从而向市场传递一种信号：我长期坚持这样做，今后仍然会这样做。如果企业使用欺诈手段，那么多年坚持建立起来的信誉就将毁于一旦。

②写下合同。通过法律文书的方式将企业守信践诺的责任明确，实际上相当于用公共权力约束企业。

③让失信者付出巨大代价。比如，一些企业开展的“假一赔十”活动，就是用高昂到难以承受的代价来传达“我不敢失信，所以我不可能失信”的信号。

④通过团队合作建立可信度。社会关系是比经济利益更重要的资源，一些企业会加入同行业协会。这种行为也在向消费者释放诚信的信号：企业一旦失信，将面临被同行唾弃的风险，而失去同行业的认可无异于自我毁灭。

（二）用户至上的情感，营销的思维

《孙子兵法》中有一句名言：“夫未战而庙算胜者，得算多也，未战而庙算不胜者，得算少也。多算胜，少算不胜，而况于无算乎！”这段话的意思是说在作战之前必须经过精心的分析谋划，两军对垒，胜利就属于分析谋划更为充分的那一方。在商务沟通过程中，也遵循同样的规律：商务沟通必须经过精心周密的谋划才能发挥出更好的效果。商务沟通前的准备工作主要包括：熟悉商务沟通环境、了解商务沟通对象、分析商务沟通障碍。

1. 熟悉商务沟通环境

企业生存在客户、供应商、经销商、政府、竞争对手、金融机构、社会公众团体等共同组成的社会大环境中，这些外部因素是企业的利益共同体和相关者。因此，企业必须与组织外部进行良好有效的沟通。对组织外部环境的分析就是为了通过剖析外界相关者的特点而采取相应的沟通策略。

在与政府沟通前，需要正确地认识政府的地位和功能。这样才能采取恰当的沟通策略。通常，企业与政府沟通的态度都较为谨慎和实事求是。

在与客户沟通前，需要充分认识客户的价值，掌握客户的需求特点和心理特点。沟通过程中需要与客户多接触，仔细聆听客户的意见和想法，了解客户的需求，通过合适的渠道向客户传递和交流信息。

在与竞争对手沟通前，更需要对对方的主要产品、优势、存在的缺陷、企业文

化等各个方面了如指掌。这样才能做到知己知彼，百战不殆。

2. 了解商务沟通对象

在了解沟通对象之前，要进行沟通主体的自我认知和定位。在自我认知和定位过程中，主要是分析沟通者的可信度，即让大家感受到它是值得信任的。

在此基础上，对沟通对象进行了解分析，主要分析以下几个方面的内容。

①沟通对象对背景资料的了解：重点是分析有多少背景资料是沟通对象需要了解的，他们已经了解了多少沟通的主题，能够理解多少相关专业术语。

②沟通对象对新信息的需求：分析沟通对象对于沟通的主题需要了解什么新信息，以及他们还需要多少细节和例证。

③沟通对象的期望和偏好：沟通对象的期望和偏好主要在于分析在沟通风格和渠道上，对方更偏向于哪一种。

④沟通对象对信息的感兴趣程度：分析对方对信息的感兴趣程度，对比较感兴趣的信息可以直奔主题。

⑤要求的行动对沟通对象而言是否容易做到：对方表示行动很难做到时，可将行动细化为更小的要求，尽可能简化步骤，并提供可遵循的程序和问题检验标准。

拓展阅读

市场细分理论

市场细分理论诞生于20世纪50年代，被称为营销学中继“消费者为中心观念”之后的又一次革命。市场细分是指企业根据企业自己的条件和营销意图把消费者按不同标准分为一个个较小的、有着某些相似特点的子市场的做法。

企业进行市场细分是因为在现代市场条件下，消费者的需求是多样化的，而且人数众多，分布广泛，任何企业都不可能以自己有限的资源满足市场上所有消费者的要求。通过市场细分，向市场上的特定消费群提供自己具有优势的产品或服务已是现代营销最基本的前提。

消费者人数众多，需要各异。企业可以根据需要按照一定的标准进行区分，确定自己的目标人群。市场细分的主要依据主要有地理标准、人口标准、心理标准和行为标准，根据这些标准将市场细分为地理细分、人口细分、心理细分和行为细分。

3. 分析商务沟通障碍

所谓沟通障碍，是指信息在传递和交换过程中，由于信息受到干扰或误解，而导致沟通失真的现象。产生沟通障碍主要是由沟通双方和沟通信息两大方面造成的。从沟通双方来看，信息发送者的沟通障碍主要包括语言障碍、表达障碍、文化障碍和心理障碍；信息接收者的障碍主要包括兴趣障碍、情绪障碍、知识与经验障碍、偏见障碍、信任障碍等。从沟通信息来看，一方面沟通信息障碍是认知障碍。在沟通过程中，如果信息的内容是认知性的，那么信息传播双方的教育程度和生活背景、成长经历就不能相差太大，否则就会产生沟通障碍。另一方面是信息泛滥导致的沟通障碍，太多的信息导致无从判断。条件的限制无法有效筛选，从而无法有效沟通。对信息的认知、识别和筛选尤为重要。

（三）真诚的情感，共赢的思维

在商务沟通中，与竞争者、上游供货商、下游经销商等之间的协商谈判是常有的事。随着社会经济的发展进步，商务谈判的共赢理念逐渐被人们推崇，共赢理念对商务谈判的顺利进行具有重要的促进作用。在商务谈判中，谈判双方并不是绝对的对立关系，从一定意义上讲，谈判双方既是竞争关系，又是合作伙伴关系。商务谈判中寻求双方的共同利益点，实现共赢是双方企业长期合作的基础。然而，在实际的商务谈判活动中，谈判双方往往过于坚持自己的利益，不肯做出丝毫让步，致使谈判陷入僵局甚至导致谈判的最终破裂。要想改变这一状况，就必须树立起共赢理念，正确处理好谈判过程中的各种关系，将共赢理念真正落到实处，最终达到双方的互惠互利的目标。

合作共赢

1. 共赢理念概述

商务谈判中的共赢理念就是通过谈判，寻求双方都能够满意的方案，最终实现共赢目标。共赢谈判强调的是“你赢了，但我也没有输”。就商务谈判的总体目标而言，实现共赢是最好的谈判结果。

经典案例

如何通过沟通实现共赢

有一个妈妈把一个橙子给了邻居的两个孩子。这两个孩子便讨论如何分这个橙子。两个人吵来吵去，最终达成了一致意见：一个孩子切橙子，而另一个孩子选橙子。结果，这两个孩子按照商定的办法各自得到了一半橙子，高高兴兴地拿回家去了。

第一个孩子把半个橙子拿到家，把皮剥掉扔进了垃圾桶，把果肉放到果汁机上榨果汁喝。另一个孩子回到家把果肉挖掉扔进了垃圾桶，把橙子皮留下来磨碎了，混在面粉里烤蛋糕吃。

从上面的情形我们可以看出，虽然两个孩子看似公平地各自拿到了一半，然而，他们各自得到的东西却未物尽其用。这说明，他们在事先并未做好沟通，也就是两个孩子并没有申明各自利益所在。没有事先申明价值导致了双方盲目追求形式上和立场上的公平，结果，双方各自的利益并未在谈判中达到最大化。

我们试想，如果两个孩子充分交流各自所需，或许会有多个方案和情况出现。可能的一种情况，就是遵循上述情形，两个孩子想办法将皮和果肉分开，一个拿到果肉去榨汁，另一个拿皮去烤蛋糕。

然而，经过沟通后也可能是另外的情况，恰恰有一个孩子既想要皮做蛋糕，又想喝橙子汁。这时，如何能创造价值就非常重要了。结果，想要整个橙子的孩子提议可以将其他的问题拿出来一块谈。他说："如果把这个橙子全给我，你上次欠我的棒棒糖就不用还了。"其实，他的牙齿被蛀得一塌糊涂，父母上星期就不让他吃糖了。

另一个孩子想了一想，很快就答应了。他刚刚从父母那儿要了五块钱，准备买糖还债。这次他可以用这五块钱去打游戏，才不在乎这酸溜溜的橙子汁呢。

两个孩子的谈判过程实际上就是不断沟通、创造价值的过程。双方都在寻求对自己最大利益的方案的同时，也满足对方的最大利益的需要。

2. 如何实现共赢

(1)树立共赢理念

谈判者首先要树立共赢理念，认识到商务谈判并不是争得你死我活，而是寻求双方利益的切合点，这是商务谈判实现共赢的首要保证。缺乏这一思想观念，商务谈判就难以真正取得成功。

（2）换位思考，相互理解

要想在谈判中取得共赢，换位思考是必然的。谈判中索取无度，漫天要价或胡乱杀价，会导致谈判充满火药味和敌对态势。谈判双方应将心比心，相互体谅，使谈判顺利进行并取得皆大欢喜的结果。因此，谈判双方在认真思考自己需要和利益的同时应该站在对方的角度考虑一下对方所希望获得的利益。如果谈判双方在具体问题上可以采取灵活的态度，问题就能迎刃而解。换位思考还要求保持冷静的情绪，避免情绪的大幅度波动，尤其是当谈判陷入僵局的时候，不能针锋相对。避免争吵，应尽可能地寻求双方利益的共同点，多站在对方的立场上思考问题。

（3）准备替代方案，寻求共赢的最佳方案

在商务谈判过程中，谈判双方都会拿出对自己最有利的方案，一旦损害到对方的利益，必然会引起对方的不满，因此，在谈判过程中应该准备替代方案，当自己认为的最佳方案难以通过时，可以降低自己的利益要求，拿出第二个方案。经过双方协商、妥协、变通后出现的替代方案往往使双方谈判者脱离情况不乐观的谈判，拥有更多的选择权。

（4）对事不对人，就事论事原则

商务谈判过程中要把握的另一个重要原则是对事不对人，就事论事。当谈判双方各执己见时，谈判往往容易出现僵局。无论双方为了维护各自的利益争论多么激烈，也无论讨价还价多么苛刻，始终都要将人的问题与实质利益区分开来，绝不能话不投机，恶言相向，甚至对号入座，进行人身攻击。可以从认识、情绪和沟通三个方面来处理问题。

①正确地提出看法。可以尝试以下方法：共同讨论彼此的见解和看法；不要推断对方的意图；不要因为自己的问题责怪对方；寻找一些化解冲突的机会；一定要给对方留面子，尊重对方的人格。

②保持适当的情绪，营造融洽的谈判气氛。尤其是在激烈的争执中，人们往往认为事关重大而有受到威胁的恐惧感，这种恐惧感会产生愤怒。所以，当双方的认识出现偏差时，要学会控制自己的情绪，千万不能针锋相对，否则只会导致激烈的争吵。双方应达成共识，增强彼此的信心，化解分歧，尽可能达到共赢。

③增进沟通。文化和历史背景不同、语义理解困难、误解及沟通过程中噪声的干扰，都可能使人们出现沟通障碍。有时候双方意见出现分歧未必一定是由于利益冲突，因此，要明白发生分歧的原因出在哪一个环节，对症下药才能有效地解决双方之间意见不一致的问题。

（5）学会适当让步

在商务谈判过程中，存在利益冲突是客观事实，学会适当让步是实现共赢的必要条件。但是，学会适当让步并不意味着一味地忍让，而是用自己的让步换取更大的回报。据统计，在谈判过程中，约有 85% 的让步都在最后 15% 的时间内做出的。虽然不做无谓让步，但是要明白让步不是对等的，且不宜让步次数过多，应当让对手感觉己方是在艰难情况下让步的。学会让步要求在商务谈判过程中学会利益交换，也就是说在自己做出某个让步的同时，可以提出另一个有利于自己的条件，以此作为交换。例如，双方在价格方面争执不下的时候，卖方可以做出适当让步，同时引入付款方式、付款期限、交货方式等交换条件。

（四）化危为机的思维

在商业竞争日益激励、环境纷繁复杂的今天，企业危机公关是不可避免的话题。在处理危机事件时，情感思维方式将直接决定危机公关的效果。

1. 危机公关要避免六种不当行为

为了让信息更易于被受众接受，当事方在发布信息时，一定要避免以下不当行为。

危机公关有讲究

长篇大论。人们在危机面前往往会十分焦虑和恐慌，没有心情听长篇大论。因此，当事方应当亮出“底牌”，给公众吃“定心丸”。等他们的心情逐渐平静下来，再向他们提供更多的信息。

“绕圈子”。直接进入关系最密切的信息，不要以背景介绍开场。在提供有关具体行动的信息时，尽量使用肯定句，避免使用否定句。换言之，你应该尽可能直接告诉公众应该做什么。

只说一次。要不停地重复信息，不断地重复意味着可信度和持久的影响，广告学中最重要的概念是“覆盖面”和“频率”。信息是否得到有效接收，与信息达到的范围和发布的频率有密切的关系。

居高临下。涉及相关政府部门或组织时，尽量用“我们”进行表述这样更具有亲和力。在危机爆发之初，最重要的问题是目标受众的切身利益是否受到损害，是否有扩大影响的可能性，不要在此时谈论投入了多少资金用于处理危机，这不能说明当事方重视此危机的程度，谈论具体的措施比谈钱更有说服力。

推断或预测。不要讨论所谓“最坏（或最糟）的情况”，不要回答任何假设性问题，坚持以已知事实为依据的原则。任何主观臆断都会让发言人陷于被动，损害其公信力。

不严肃的态度。虽然幽默有助于缓解人们的精神压力，但我们应当注意，幽默通常适合“关起门说话”的私人场合。危机期间在面对媒体和公众时，使用幽默往往会产生适得其反的效果。在眼前的危机还未平息时，可能会因不适当的幽默引发另一场危机。

2. 危机公关中的立场和态度

在处理危机事件时，无论是以书面还是口头的形式发布信息，都必须鲜明地体现出以下四个要旨。

第一，同情和关注。

承认自己感到恐惧、悲伤、痛苦和困惑，从而赢得受众的共鸣，使其更容易接受相关的信息。这种同情和关注还体现在当事方所采取的具体对策和所掌握的具体情况上。

第二，能力和权威性。

在危机传播中，新闻发布者应当交代基本背景资料，这是在危机过程中表明权威性和赢得公信力的捷径。诚然，能在危机发生之前就已经与受众建立起互信的关系是再理想不过的了。如果做不到这一点，那么可以寻找一个目标受众信赖的“第三方”（最好是受众群中的“意见领袖”），让他表达对发言人及其所代表的组织的信任，从而通过“第三方”的中介作用赢得受众的信任。

第三，坦诚和开放。

坦诚和开放并不意味着什么话都说，或者在时机不成熟的时候发布信息。一方面，发言人应当采取务实的态度来对危机事件进行回应。如果你所在的公司不允许你发布信息或者做出评论，不要用“无可奉告”一类的外交辞令来搪塞，应该向公众解释此时为何没有可供发布的信息（例如，信息还有待核实，你所在的公司还未得到发布信息的许可等)。总之，要让媒体和公众明白：在危机期间谨慎从事，可以确保救援工作万无一失。在解释的过程中，尽量避免使用专业术语或者模棱两可的委婉语。那样做往往会让人觉得你缺乏诚意，也可能增加公众的不安全感。另一方面，发言人也不能表现出一副居高临下的架势，对受众进行说教或者发号施令，而应当为受众提供足量的信息和各种选择，让他们自己做出判断和决策，这就是所谓的“参与性传播”。

第四，责任感和奉献精神。

一方面承认危机造成的负面影响；另一方面不回避表达处理危机的难度和必须付出的代价。相关负责人应当在第一时间到危机现场处理善后事宜。随着时间的推移，媒体对危机事件的关注程度可能会逐渐降低，报道量会相应地减少，因此，有关部门应该把后续的信息通过各种渠道传递到“目标受众”(受到危机影响的社群)当中。这类工作一直要坚持到危机得以圆满解决的那一天。

经典案例

两次石油泄漏事故中的危机公关

1989年3月24日，当时全球第一大石油公司埃克森公司的一艘超大油轮瓦尔迪兹号在阿拉斯加威廉王子湾附近触礁，大量原油泄出，在海面上形成了巨大的油污带。原本风景如画、盛产鱼类、海豚海豹成群的威廉王子湾生态环境遭到严重破坏，至今未能彻底恢复。

事件发生后，埃克森发言人说公司有一整套应对漏油事故的程序，但电视画面却揭露这些程序形同虚设。当被问及公司董事长劳伦斯·洛尔何时可以接受电视专访时，他却说“没有时间做那种事”。事发一周之后，媒体关注度越来越高，时任美国总统布什出来讲话，说这次漏油事故是一个“环境大悲剧”。到了这时埃克森下属运输公司的董事长才赶往出事地点附近的小镇去开新闻发布会。当被一些目击现场惨状的记者和渔民戳穿谎言时，他与之唇枪舌剑争辩。后来埃克森总公司的董事长终于亲自接受电视台采访，当被问及未来几天清污计划是什么时，他说：“董事长的职责并不是去读每一份具体技术计划。”原来他根本就没有读相关报告！他不向事故当地政府、受害的渔民和企业道歉，还推脱责任，说最初几天没有及时喷洒驱散剂是当地政府阻挠造成的，甚至还说事情闹到这种地步，是媒体炒作的结果。

由于补救措施不力，事态迅速恶化，污染区越来越大。据估计，整个事件原油泄漏量达1100多万加仑，造成25万只海鸟、2000多只海獭和至少22只鲸死亡，成为当时美国历史上最大的原油泄漏事故。加拿大和美国当地政府、环保组织以及新闻界对埃克森公司置公众利益于不顾的恶劣态度极为不满，发起了一场“反埃克森运动”，埃克森公司一下子陷入被动境地。此次事故埃克森公司直接经济损失包括清理费、补偿金、诉讼费和罚款总共达43亿美元。公司形象更受到破坏，股票市值缩水，第一大石油公司的位置瞬间旁落。

二十多年后，2010年4月20日深夜，英国石油公司在美国墨西哥湾作业的“深水地平线”号海上钻井平台发生爆炸，造成11人死亡。爆炸发生后几个小时，英国石油公司全球董事长亲自对死者家属表示慰问，并表示全力支持当时实施钻井作业的承包商跨洋公司做好善后处理。过了两天，钻井平台沉没，那时还不知道用于防止原油喷涌而出的防喷器未起作用，美国海岸警备队发言人称未发现原油泄漏迹象，但公司还是做了最坏打算，派出应急处置小组开赴事故现场。4月22日，当得知有原油泄漏之后，公司立即启动泄漏应急处置预案，并开始扮演主角，调集大量资源防止油污扩散。4月29日，美国海岸警备队说公司“是一个负责任的油污泄漏者”。

但是，英国石油公司还是出现一些危机公关中的大忌。第一，故意对事情的严重性轻描淡写。5月11日，一篇文章引用公司领导海伍德的话说：“墨西哥湾很大，与那里的水体相比，泄漏的原油和我们喷洒的驱散剂很少。”5月31日，他反驳一些科学家所讲的海水表面以下发现大绺的原油，争辩说，看你怎样定义“大绺”，我们并不认为水面以下有大量油污。第二，凸显自己的委屈。5月31日，海伍德对电视镜头说“没有人比我更希望这事早点结束，我想要回归我的生活”。这件事被美国人抓住不放，因为那些死难者、受影响的渔民、旅游业者的生活还能回来吗？第三，推卸责任。海伍德说“这不是我们造成的事故，当时现场作业人员、设备、操作都是承包商跨海公司的，但我们要负责任”。第四，对科技的凸显超过人文关怀。公司网站和新闻发布会总是向人们详细讲解他们目前所采用的科技手段和措施。好的危机公关要求清楚地阐述自己所采取的措施，但片面强调科技，不凸显人文关怀，显然会造成负面反响。第五，对一些有很大不确定性的技术措施未能给公众提前打好预防针。每周全世界都在关注新解决方案会不会管用，结果一次一次地失望。

三、 实践训练

（一）案例分析

案例 1

海尔砸冰箱

1985 年的海尔还叫青岛电冰箱总厂，那时张瑞敏也初来乍到。一个朋友要买冰箱，挑了很多台都有问题，于是张瑞敏立马让人把仓库里的 400 多台冰箱检查一遍，发现有 76 台冰箱存在问题。

当时冰箱称得上是稀罕物，不合格或者次品可以优惠卖给职工，对企业员工也是一种福利。然而，张瑞敏却宣布，这些冰箱要全部砸掉，而且由生产这些冰箱的职工亲手砸掉。他带头抡起大锤，职工们只能挥泪砸掉自己的福利。

对于冰箱存在的质量问题，张瑞敏没有逃避和掩饰，而是积极地面对和解决；对于职工们的过错，张瑞敏也没有粗暴地开除，而是通过砸冰箱这一举措，让员工树立品质意识。这一事件之后，海尔员工明白了产品质量的重要性，而在消费者层面，海尔重视品质这一点深入人心，品牌形象得到大大提升。

（案例来自《海尔转型：人人都是 CEO》，中信出版集团。）

思考：为什么张瑞敏砸冰箱的做法可以赢得消费者的认可？

分析：

张瑞敏砸冰箱的做法从三个方面体现了讲诚信的企业精神。

1. 公开砸毁冰箱，是在向社会公众传递“质量就是生命”的信号，也是主动接受社会公众监督的表现。

2. 将存在质量问题的冰箱砸毁，是一种“过度惩处”的手段，其高昂的代价表达了张瑞敏狠抓产品质量的决心。

3. 由生产这些残次品的职工亲手砸冰箱，具有长远的警示意义，是对员工最好的诚信教育。

案例2

农夫山泉的营销语言

2000年左右，中国水市竞争格局基本上已经成为定势。以娃哈哈、乐百氏为主导的全国性品牌基本上已经实现了对中国市场的占有，正是在此时，农夫山泉的出现改变了中国水市竞争格局，成为强劲的后起之秀。

农夫山泉独家买断了千岛湖五十年的水资源开采权，然后围绕这个战略动作开发产品卖点。1997年，在正式的广告语启用之前，农夫山泉通过调研制定了好几条广告语，像“千岛湖源头活水”“好水喝出好健康”“我给孩子喝的水”等都是备用广告语。不过，从市场的反馈来看，消费者对“农夫山泉有点甜”的识别度最高。随后，农夫山泉以这条广告语，在央视投放了大量的电视广告，一举奠定了在纯净水市场的地位。

那么“农夫山泉有点甜”这句广告语到底好在哪里呢?

第一，它朗朗上口、便于记忆；第二，除了代表着品牌名本身之外，“有点甜”最大化地呈现了产品的差异化特点。第三，往深层说，这句广告语还蕴藏着人们对静谧、恬适生活状态的向往。

1998年，农夫山泉提出了天然水的营销概念。

在宣传上，农夫山泉首次提出了“我们不生产水，我们只是大自然的搬运工”。也就是从那时开始，农夫山泉在消费者心中的定位，逐渐地转移到了“天然水”上。

即便到了现在，每当说到农夫山泉，消费者就会联想到“水源地建厂、水源地生产”的标签符号，与其他饮用水品牌构建起足够的差异化。

值得一说的还有农夫山泉的包装策略，农夫山泉首先瓶盖上创新，利用独特的开瓶声来塑造差异。2015年，农夫山泉宣布推出玻璃瓶高端水，正式进入高端水市场。此后的四年里，农夫山泉将玻璃瓶升级为“生肖瓶”，凭借着晶莹剔透的玻璃材质、上窄下宽的瓶身设计，以及精雕细琢的母子猪图案，再加上吉祥美满的生肖祝福，成为金砖国家会议、G20峰会的专用水。采取“只送不卖”的营销策略，赚足了口碑和关注度。

最后说一说农夫山泉的故事营销，农夫山泉较早地在视频网站上运用“五秒过后可跳过广告”的设计，并且获得了极大的成功。

从表面上看，用户选择跳过广告，对于品牌商来说绝对是一笔损失。但是，农夫山泉却有着自己的盘算。

首先，农夫山泉的广告其实是微电影。

一直以来，农夫山泉都希望可以向外界呈现一个更加真实的农夫山泉。为此，农夫山泉不仅曝光了自己的生产车间，让消费者直观地感受一瓶水从取水到成品的全过程，而且还在普通员工上做文章。

农夫山泉根据不同地区、不同岗位员工的真实故事，拍摄了长度为两三分钟的微电影。这样一来，既可以让外界进一步了解农夫山泉这个品牌，又可以通过真实的故事拉近与消费者的距离。

其次，让用户“不看广告”，反而激发了其看广告的欲望。

农夫山泉先后推出了《最后一公里》《一个人的岛》《一百二十里》《一天的假期》等微电影广告。不过，让人没想到的是，尽管用户可以选择跳过广告，但是根据品牌方的反馈来看，真正选择跳过广告的用户不到30%。

也就是说，好的广告、好的营销创意本身，其实都能够助力品牌传播。而且，普通人物故事的内容，可以让品牌更加具有生命力。

（案例来自：《视频红利：由制作到传播，教你如何抓住视频红利》，机械工业出版社。）

思考：还有哪些企业擅长做品牌建设？请试着分析它们的成功秘诀。

分析：

国内外许多企业都擅长品牌建设，其中较为经典的如可口可乐公司、海尔集团，这些企业在市场定位、品牌价值、广告宣传语、符号体系设计、客户服务等方面的成功经验都非常值得研究和借鉴。

（二）训练项目

①找一家你经常去消费的饭馆或理发店，帮他们设计一句特点鲜明、朗朗上口的广告语。

②有哪些商标和广告让你印象特别深刻？能否用视觉锤理论分析它们的成功之道？

③假如你是一家电器厂的总经理，现在你们厂生产的一批洗衣机出现了质量问题，有很多消费者反映你们生产的洗衣机洗坏了他们的高档衣物，你该如何应对这次危机？

④回顾你在购物过程中最成功的一次压价经历，试着分析你压价成功的原因。

PROJECT7

项目七
网络沟通

PROJECT 7

认知目标

了解网络沟通的概念、特点及形式；了解互联网时代的舆情特点；理解网络沟通的含义及区别；掌握网络沟通的常见类型及技巧。

素养目标

掌握网络沟通技巧及网络沟通礼仪，能够做到文明沟通；认识到网络语言暴力的伤害，自觉维护网络环境。

运用目标

能够运用不同的网络沟通形式进行不同层面的沟通，提升沟通效果；能够正确把握网络舆情，明辨舆情信息的可信度，提升识别网络陷阱的能力，有效防范网络诈骗。

任务导入

小娜的一天

伴随着清晨的阳光和急促的闹钟声，小娜睁开朦胧的双眼，迎接全新的一天。她拿起手机看了一下时间，之后便打开了微信，查看未读、未回复的消息；阅读《人民日报》公众号推送的“新闻早班车”；再去朋友圈为昨晚朋友们写下的“深夜感慨”点赞和评论。

起床洗漱之后，小娜打开“天气”软件，根据温度挑选合适的衣服。开车沿着手机导航规划的“避免拥堵路线”，很快便到达公司。进入公司，第一件事就是打开“钉钉”完成上班打卡，顺便审批了下属提交的出差申请。打开办公室的电脑，邮箱显示收到了公司总部发来的工作安排通知，还有客户发来的项目进度反馈。对这些文件进行简单处理之后，小娜将各部门接下来的工作要点通过微信发送给各部门负责人，又使用微信与客户沟通了项目遇到的瓶颈，并约定了见面商讨的时间和地点。

午饭之后是短暂的休息时间，小娜在休息室喝着咖啡刷微博、刷抖音。作为一位资深的“吃瓜群众”，明星大咖的情感生活总会成为她茶余饭后的谈资；当然，抖音上有趣的小视频也是她每天必不可少的“休闲小点”。

晚饭之后，小娜打开手机淘宝发现心仪已久的裙子正巧有促销活动，在与店铺客服沟通了尺码和活动细则之后果断下了单。“叮咚……”付款完成的同时也收到了一条短信，内容是：“【友情提示】支付成功通知，您在×××店铺购买的“××××”商品已支付成功。请勿相信以订单异常为由的退款要求，谨防诈骗。”在和出差的爱人视频聊完天之后，小娜准备休息了。睡前，她还是习惯性地拿出手机看一遍微博、公众号推文还有朋友圈……

想一想

你从小娜的身上是否找到了自己的影子？案例中都出现了哪些网络沟通的形式呢？网络沟通给我们的日常生活带来了便利的同时，是否也带来了一些潜在的“危险”？我们要如何利用网络进行有效沟通，又该如何规避网络沟通带来的“危险”呢？

在当今时代，网络作为沟通的重要桥梁，对人们的日常生活方式以及心理产生了重要影响。网络的本质在于沟通，或者说传播和交流。正是通过沟通，网络才将各种社会行为主体连接起来，进而对社会、经济、文化以及生活等层面产生影响。

一、 知识储备与拓展

网络沟通你了解吗？

（一）网络沟通概述

1. 网络沟通的概念

网络作为传播媒介，和人类沟通行为结合就形成了网络沟通。网络沟通的定义可以概括为：在虚拟的环境下，通过运用互联网和计算机技术这种工具进行的文字、图片、声音、视频的交流和沟通的方式。网络沟通的主体一般包括个体、群体、企业、政府和国家等。

2. 网络沟通的特点

任何事物都有两面性，网络沟通也不例外。作为一种依赖互联网、计算机技术的新兴的沟通方式，网络沟通突破了时间和空间的界限，使人与人之间的沟通不再受到时间和空间的限制。在给人们的生活带来便利的同时，一些新的社会问题也在逐渐显现，这一切都与网络沟通的特点密不可分。网络沟通的特点可以概括为以下几点。

①虚拟性。

网络的迅速发展和全面渗透，彻底改变了人们的沟通方式，使之摆脱了地理空间限制，聚集在一个共同的非物理化的空间。依托这种非物理化的空间，人与人之间的沟通、互动便可以形成虚拟性社会关系网络。因为这种虚拟性，人们在沟通时可以演绎不同的角色，体会不同的情景，设计不同的身份，构建不同的自我。网络沟通的主体是真实性和虚拟性兼具的矛盾统一体。

②隐蔽性和匿名性。

沟通是发送和接收信息的过程，必须有发出者（信源）、信息和接收者（信宿）三个要素。在网络沟通中，特殊的网络技术手段使人们沟通的隐蔽性和匿名性得以实现。在私密环境中介入网络公共领域，对于构建网络内生活方式和网络外生活方式都具有重要作用。它既可以通过塑造全新的虚拟角色改变网络内生活方式，又可以通过虚拟角色产生的心理体验改变网络外的生活方式。

③平等性和互动性。

在网络沟通中，信息的发出者和接收者不受阶层、社会地位、身份等的影响，可以和一个或多个对象进行自由平等的交流。平等地参与网络交流是网络互动的前提条件。传统大众媒介常使人们成为被动的信息接收者，缺乏互动的空间，而网络则提供了便捷、间接的互动空间，使人们能够更主动地参与交流、发表看法。

④多样性。

如今，微信、微博、QQ 等网络通信类工具已是人们生活中不可或缺的部分。网络的发展不断丰富着人们的沟通方式，更拉近了人与人之间的距离。人们可以通过不同的网络通信工具了解朋友的最新动态、结识新朋友、记录生活点滴。人们有多样的方式去表达自己的情绪情感，在不同的群体中完成各种角色的转变。网络通信工具还可以完成多人会议、学习知识、了解行业动态，甚至完成购物支付。在日常的网络沟通中，人们不仅可以传输文字，还可以传输静态的画面、动态的影像和实时的音频，可以说是集广播、电视和报纸的功能于一身。

⑤开放性。

网络中的信息资源具有开放性的特点。以数字化为特征的现代网络信息技术，使人类的沟通不再受时空的限制，任何个人、任何群体和组织都可以在任何地方发布并接收信息。人们可以通过网络获得并使用众多的信息资源，同时人们沟通的内容、形式更加开放和自由。

⑥超时空性。

互联网消除了时空距离，使人类的沟通打破了时空的界限。然而，值得注意的是，网络沟通方式压缩物理时空的同时增加了心理时空。网络可以使“远在天涯”变成“近在咫尺”，也可以使“近在咫尺”变成“远在天涯”。网络压缩时空的特性可以使网络沟通过程变得十分迅速。但实际上，网络沟通会由于打字速度等技术因素和单方面中断交流等社会因素而产生沟通时滞。

（二）网络沟通的形式

1. 电子邮件

电子邮件，又称为电子信箱，是指邮件服务商向用户提供电子邮件收发服务，核心价值在于实现用户之间的信息传递和沟通交流。它是一种用电子手段提供信息交换的通信方式。通过网络的电子邮件系统，用户可以用非常低廉的价格（不管发送到哪里，都只需负担电话费和网费即可），以非常快速的方式（几秒钟之内可以发送到世界上任何你指定的目的地），与世界上任何一个角落的网络用户联系，这些电子邮件可以是文字、图像、声音等各种方式。同时，用户可以得到大量免费的新闻、专题邮件，轻松地搜索信息，这也是任何传统的方式无法比拟的。正是电子邮件的使用简易、投递迅速、收费低廉、易于保存，使得电子邮件被广泛地应用，它使人们的交流方式得到了极大的改变。另外，电子邮件还可以进行一对多的邮件传递，同一邮件可以一次发送给多人。最重要的是，电子邮件极大地满足了人与人通信的需求。

2. 网络论坛

网络论坛最主要的功能是用户可以自由发布主题和回复帖子，内容主题不限，交互性强。

网络论坛最早是用来公布股市价格等信息的，当时网络论坛连文件传输的功能都没有，而且只能在苹果机上运行。早期的网络论坛与一般街头和校园内的公告板性质相同，只不过是通过网络来传播或获得消息而已。一直到开始普及之后，有些人尝试将苹果计算机上的网络论坛转移到个人计算机上，网络论坛才开始渐渐普及开来。近些年来，由于爱好者们的努力，其功能得到了很大的扩充。

通过网络论坛系统可随时取得各种最新的信息，也可以和别人讨论各种有趣的话题，还可以发布一些“征友”“廉价转让”“招聘人才”及“求职应聘”等启事，更可以召集亲朋好友到聊天室内高谈阔论。

3. 网络新闻

网络新闻是突破传统的新闻传播概念，在视、听等方面给受众全新的体验。它将无序化的新闻进行有序的整合，并且大大压缩了信息的厚度，让人们在最短的时间内获得最有效的新闻信息。网络新闻的发布可省去平面媒体的印刷、出版环节。

4. 即时通信

即时通信是指能够即时发送和接收互联网消息的通信方式。自 1996 年以来，特别是近几年，即时通信的功能日益丰富，逐渐集成了电子邮件、博客、音乐、电视、游戏和搜索等多种功能。即时通信不再是一个单纯的聊天工具，它已经发展成集交流、资讯、娱乐、搜索、电子商务、办公协作和企业客户服务等为一体的综合化信息平台。

最早的即时通信软件是我找你(ICQ)，ICQ 是英文中 I seek you 的谐音，意思是我找你。几名以色列青年于 1996 年 7 月成立公司，并在 11 月份发布了最初的 ICQ 版本，在六个月内有 85 万用户注册使用。早期的 ICQ 很不稳定，尽管如此，还是受到大众的欢迎。美国在线也将即时通信功能包装在网景浏览器上，而后微软更将即时消息软件 Windows messenger 内建于 Microsoft Windows 系列操作系统中。腾讯公司推出的腾讯 QQ 也迅速成为当时中国最大的即时通信软件。

伴随着手机技术的更新发展，即时通信产品也由个人计算机(PC)即时通信向手机客户端转移，保证用户永不离线，实现无缝连接的多端信息接收，让用户随时随地都可与好友保持畅快有效的沟通。此外，即时通信逐渐向普通网站、客户端软件提供免费、稳定、灵活的聊天服务。将即时通信(IM)技术集成到社区、论坛、游戏以及普通网页当中，使用户浏览网站时可以进行即时交流，提高网站访客的活跃度、网站用户黏度以及游客的转化率。

在我国，用户群体比较庞大的即时通信工具有微信、QQ、钉钉等。其中，微信支持跨通信运营商、跨操作系统平台通过网络快速发送免费(需消耗少量网络流量)语音短信、视频、图片和文字。截至 2016 年第二季度，微信已经覆盖中国 94% 以上的智能手机，月活跃用户达到 8. 06 亿，用户覆盖 200 多个国家、超过 20 种语言。此外，各品牌的微信公众账号总数已经超过 800 万个，移动应用对接数量超过 85000 个，广告收入增至 36. 79 亿人民币，微信支付用户则达到了 4 亿左右。到 2018 年 2 月，微信全球用户月活数已突破 10 亿大关。

5. 其他社交类网络沟通形式

(1)微博

微博是一种基于用户关系信息分享、传播以及获取的通过关注机制分享简短实时信息的广播式的社交媒体、网络平台，用户可以通过电脑、手机等多种移动终端接入，以文字、图片、视频等多媒体形式，实现信息的即时分享、传播互动。

(2) 短视频

短视频即短片视频，是一种互联网内容传播方式，一般是在互联网新媒体上传播的时长在 5 分钟以内的视频传播内容。随着移动终端的普及和网络的提速，短、平、快的大流量传播内容逐渐获得各大平台、粉丝和资本的青睐。短视频内容融合了技能分享、幽默搞怪、时尚潮流、社会热点、街头采访、公益教育、广告创意、商业定制等主题。由于内容较短，短视频可以单独成片，也可以成为系列栏目。

近年来特别受欢迎的短视频平台主要有抖音、快手、秒拍、美拍等，而短视频平台崛起的原因主要有以下两个方面：一是因为互联网基础设置不断完善，能够适应短视频社交平台的广泛应用；二是视频这一介质包罗万象，直观，易于理解，富有表现力，它可以囊括文字、图片、声音等，非常符合移动互联网时代内容碎片化的特征。因此近年来，以抖音为代表的短视频板块注定成为互联网的一抹亮色。

（三）网络沟通的技巧

网络沟通的技巧

网络上的信息传播比传统途径更加迅速、范围更广、影响面更大。不同的沟通对象、不同的沟通工具、不同的沟通场合都需要不同的沟通技巧。下面以不同的沟通工具为分类依据，有针对性地列举一些网络沟通中的技巧。

1. 关于电子邮件

(1) 主题

主题应当精练，不要发送无主题和无意义的电子邮件。写邮件时，尽量将主要的信息安排在第一屏可以看到的范围内，以易于浏览和阅读，内容越短越好，尽量少占用收件人的时间。

(2) 称呼

注意称呼，避免冒昧。在给不熟悉的人发送邮件时，请使用恰当的语气、适当的称呼和敬语。在给不认识的人发送邮件时，请介绍一下自己的详细信息，或者在签名中注明自己的身份。

(3) 正文

注意邮件正文书写和语法的正确，避免使用不规范的语言和表情符号。使用简单易懂的主题可以准确传你的电子邮件的要点。

（4）回复

因为邮件容易丢失，应当小心查问，不要无理猜测并暗责对方，在自己做到及时回复邮件的同时，不要对他人回复信件的时效性做过分期许。

（5）转发

不要随意转发电子邮件，尤其是不要随意转发带附件的电子邮件，除非你认为此邮件对于别人的确有价值。在病毒泛滥的今天，除非附件是必需的，否则应该避免带附件，在正文中应当包含附件的简要介绍。邮件要使用纯文本或易于阅读的字体，不要使用花哨的装饰，最好不使用带广告的电子邮箱。

（6）群发

如果不是工作需要，尽量避免群发邮件。特别不要参与发连环信这种活动（如把这条消息发送给 10 个好友）。群发邮件容易使收件人的地址泄漏，因此最好使用邮件组或者暗送。两个人商量事情牵涉第三方时，应该将邮件抄送给第三方。

2. 关于即时通信软件

①不要随便要求别人加你为好友，除非有正当理由。也应当了解对方加不加你为好友是他的权利。

②在对方状态为“忙碌”的时候，不要打扰。如果是正式的谈话，不要用“忙么”“打扰一下”等开始一段对话，而是把对话的重点压缩在一句话中。

③如果谈工作，尽量把要说的话压缩在 10 句以内。

④不要随意给别人发送不加以说明的链接。随意发送链接地址是一种很不恰当的行为，属于强制推送内容给对方，而且容易让他人的计算机感染上病毒。

3. 关于博客和论坛

①尊重别人的劳动，不要随意转载，不要否定对方的知识水平，不要使用侮辱性质的语句。

②遵守网络文明，不要随意判断人。不要断章取义，不要留下一句“楼主火星”“鉴定完毕”等鉴定师语言，不要抓住对方的一句话发挥，要认真阅读后发言。

③通过网络论坛、新闻组传递信息时，为了扩大宣传，除了好的标题、高质量的内容之外，在信息内容的最后，可以留下联系方式，一般是电子邮箱地址、电话等，在联系人信息中不要留全名，以免带来不必要的麻烦。

（四）网络沟通礼仪

网络已经走进了千家万户，给人们带来了便捷。在日常生活与工作中，网络聊天工具也扮演着越来越重要的角色。利用网络通信软件进行聊天，不能彼此真正面对面地沟通，也就缺少了肢体语言、目光、表情等非语言信息，容易造成不必要的误会。因此，在网络聊天时，一定要注意礼仪，这样可以避免发生矛盾。我们将网络沟通礼仪总结为以下几点。

1. 记住"人"的存在

互联网给予来自五湖四海的人们一个聚集的地方，这是科技发展的结果。同时，网络的这种"虚拟性"往往会使得人们忘记自己是与真实的人在进行沟通。网络沟通一定是建立在人际沟通的基础之上的。即使对方是无法见面的陌生人，也不应该让自己的言行变得粗劣和无礼。在现实生活中如何与人沟通，在网络上也应该如此。

2. 言行一致

在现实生活中大多数人都是遵纪守法的，在网络环境下也应该如此。网络不是法外之地，网络环境中的道德和法律与现实生活是相同的，不能面对网络就降低道德标准。

3. 入乡随俗

同样是网络，不同的论坛、不同的交流群、不同的即时通信工具都有着不同的规则。在一些论坛里可以说的话在其他地方可能就不合时宜，所以在发言之前请记住"入乡随俗"。如果有明确的论坛规则、群规等规则，一定要认真阅读并按照规则进行发言交流。如果没有相关的明确规定，建议不要莽撞发表言论，先观察别人的发言交流情况，对交流氛围和基本情况有所了解之后再进行发言交流。

4. 尊重他人的时间

很多人在生活中遇到困难或问题时，喜欢在网络中通过提问寻求答案，这时候需要注意的是，在提问之前先花一些时间自己去搜索和研究一下，很有可能在网络上很容易地找到答案。在网络沟通中，可以自己解决的问题，就不要给他人添麻烦，不要以自我为中心，浪费他人的时间和资源。

5. 让自己在网上留下好印象

网络环境具有虚拟性和匿名性，在交流过程中，一言一语就是在对方心中形成印象的唯一途径。在网络环境中进行发言或评论之前，也需要认真思考再发声。如果对某些领域不是很了解，应该先去搜索一下相关的知识，再进行发声。那些不假思索、口不择言发表评论的人，看似在追求言论自由，但其实在旁人看来是没有思考能力的。

当然，在网上发帖评论时也应该注意语法和用词，不要故意挑衅，发表煽动性言论，使用不文明用语。

6. 尊重他人隐私

网络隐私是隐私在网络中的延伸，是指自然人在网上享有的私人生活、私人信息、私人空间和私人活动依法受到保护，不被他人非法侵犯、知悉、搜集、复制、利用和公开的一种人格权；也指禁止在网上泄露某些个人相关的敏感信息。

网络环境中存在侵犯他人隐私的现象主要是由网络的特性决定的，作为全球媒介的网络是不分国界、具有开放性的。相应的软件在开发出来以后，就能够很容易地收集和储存相关信息。常见的侵犯网络隐私的主要表现为：通过网络宣扬、公开或转让他人隐私，即未经授权在网络上宣扬、公开或转让他人或自己和他人之间的隐私；未经授权收集、截获、复制、修改他人信息。

我们作为普通的网络使用者，在日常的网络沟通过程中也要注意保护自己和他人隐私，要做到未经允许不公布他人的个人信息。

二、情感与思维

（一）网络流行语与网络畅聊

网红语言知多少

网络语言是伴随着网络的形成和普及而诞生的，网络流行语是网络语言的精髓所在，可以说它代表了一个时期的网络文化。网络语言是网络的高效便捷在语言上的体现，是为了提高网上聊天的效率或幽默等特定需要而采取的方式，久而久之就形成了特定的语言。2010 年 11 月，网络语“给力”一词登上了《人民日报》头版头条，网友惊呼“太给力了”。从最初的“火星文”到如今的流行语，网络语言越来越被大众接纳。网络流行语之所以被称为一种文化，正是因为它有着独特的魅力。第一，方便输入，如在网上说“再见”，一般用数字“88”代替，用的时间久了也就约定俗成了。第二，不少网络用语有它自身的意义，例如，人们用“菜鸟”形容能力欠缺的新手，用“灌水”形容在论坛上滥发帖子。

1. 网络流行语的特点

（1）具有时效性

网络流行语就是指在某一段时间内，被大部分网友广泛使用，广为流传的话。网络流行语并非凭空出现，反映的是一种社会现象以及大众在一个时期的心理特征。它是每一个时期使用最多的网络语言。这也就决定了网络流行语具有鲜明的阶段性特征，每个阶段都会出现新的网络流行语。网络流行语是社会公众对现实社会的折射，可以说是对民间话语的反映。

每一个时期都有能够反映一个时代特性的流行语。中华人民共和国成立初期，“解放”“土改”“三大改造”等是流行的词汇；20 世纪 70 年代，“改革开放”“实践是检验真理的唯一标准”是最有代表性的流行词汇；到了20 世纪80 年代，大家说得最多的就是“小喇叭开始广播啦”“有事儿您呼我”等；到了20 世纪90 年代，“因特网”“炒股”等词汇开始盛行，也是从那时起，网络开始极大地影响并改变着人们的生活。

21 世纪是互联网时代，互联网时代有很多属于这个时代的鲜明特点。在众多的特点中，网络流行语无疑是具有代表性的。“土豪”“女汉子”“友谊的小船说翻就翻”……很多网络流行语来自社会热点现象。这种网络语言流行通常有集中性和及时性，当新的社会热点出现，它将被新的网络流行语取代。可以说，每一个流行语的背后，都有一个独特的故事，都是一个独特的世界。这一个个独特的故事，组合在一起，用另外一种方式，凸显了这个时代的特点。

（2）具有谐音性

网络流行语有很大一部分都存在谐音现象。最简单的例子，在互联网出现初期，有一段时间盛行以数字代表汉字含义，如聊天结束的“88”代表“拜拜”，“521”代表“我爱你”，“55555……”代表“呜呜呜呜……”等。谐音原本就是一种智慧，尽管这种智慧有些难上大雅之堂，但“使人们开心”是网络流行语产生的一个重要因素，因此，这些听起来不严肃、不庄重的谐音就成为网络流行语产生且流行起来的巨大推动力。

除了数字谐音，很多汉字谐音也非常常见。“杯具”原指盛水的器具，因和“悲剧”谐音，词性就变多了，可以用作形容词、名词等。许多年轻人在互联网上，甚至生活中常常使用“杯具”来替代“悲剧”描述人、事、物。

虽然网络流行语的谐音性并不是普遍的，但是在未来很长一段时间，谐音仍然是网络流行语产生和受欢迎的巨大推动力。

(3)具有广泛适用性

网络流行语是有生命的，它也自带传播属性，极易引发广泛传播。如近年来比较火的“友谊的小船说翻就翻”“一言不合就……”等，这类语言都是特别典型的案例。

网络流行语之所以能够广泛适用，每个人都可以并乐于用，主要在于它具有较强的构词能力，可以和多种词组搭配使用，如“佛系”，就可以构成“佛系人生”“佛系父母”“佛系养生”“佛系购物”等，以至于它可以在生活场景中频繁出现。

2. 网络流行语言的成因

那么究竟什么类型的语言比较容易成为网络流行语呢？我们来分析一下网络流行语的成因，在《引爆流行》一书中曾提到三个法则，分别是个别人物法则、附着力因素法则、环境影响法则。

个别人物法则是指信息传播的途径。网络流行语通常具有深厚传播影响力的背景，无论是影视作品、书籍还是游戏、广告等，首先必须处在一个流行空间里，否则没有办法被传播开来。比如，某些同样是源于网络的流行词汇、访问量大的客户端使用的流行语更加广为流传。个别人物法则最重要的是在这个背景下，有一些关键性的人物群体，他们的存在促成了网络语言的广为流传，这部分群体可总结为联系员、内行和推销员。

联系员——可以说是交友广阔，涉足许多不同领域，将这些领域联系到一起的人。比如，在我们身边总有一些为我们提供各种消息来源的“小灵通”，长期在外活动，各种赴会，QQ 常亮，电话不断。一般像这样的人消息都比较灵通，认识的人也广，也爱说话。

内行——用一个词形容就是“专业”，有时候三个臭皮匠是抵不了一个诸葛亮的。

推销员——有没有买了东西回去后又后悔的时候？选择的时候有没有人在旁推荐呢？这就是推销员的魅力所在了。

附着力因素法则是指信息本身易于记忆，且记忆具有持续性。日常生活中有什么是让人难以忘怀的呢？可能包含感官感受、运动、联想、幽默、性、夸张、恐惧、强烈的刺激物等，比如，“看看也是醉了”这句话里面就包含了：动作(看、醉)，感受(醉，本指喝酒后的晕眩、难受等感受，还可能有陶醉的含义)，夸张，共鸣(有些事的确让人无以言表……)，简单，刺激，黑色幽默等。简短的一句话包含了如此多令人难忘的因素，怎能不让人印象深刻，难以忘怀?

网络流行语自身具有比较强的代表性和代入感，无论在什么语境什么话题下都可以无缝接入。我们经常会发现一些迅速而广泛流行的句子是“万能”的。比如，提什么问题都可以在后面加上一句“元芳，你怎么看”，它的含义和情绪表达是具体又模糊的，这样的句子在使用情境和情感方面没有限制。网络流行语在初期流行阶段，经过一部分人频繁和大量地使用，也会形成范围更广泛的二级扩散。例如，很多动漫里的句子最早只在爱好者圈子里传播，逐渐再扩散到大众范围，形成二级、三级扩散。环境影响法则是环境对人们的影响具有敏感、暗示性强的特性。我们对环境的敏感比我们想象的强烈得多，我们对环境的屈服也比我们想象得要多。

3. 慎用网络语言

虽然网络流行语丰富了我们的网络生活和沟通形式，能够为我们的日常沟通增添色彩，但是在某些情况下，如一些正式的沟通场合(商务沟通、文章发表等)，网络流行语的使用也是需要适度的，否则反而会影响沟通效果。曾经有一位作家提到过：尽量不要在文字中使用当下的网络流行语言，这和老生常谈的语言纯洁性关系不大，而是时过境迁，那些网络流行语过气以后，再回过头来看这些夹杂了流行语的文章，会尴尬无比，这种尴尬感常常会毁掉一篇本来可以称得上是优秀的文章。所以，网络流行语要在适时的场合适当地使用，才会起到事半功倍的效果。

总的来说，网络流行语是一个时代的印记，承载了每个人在某个特定时期的青春、梦想和记忆，更有着一些埋藏在心底的故事。它的诞生和流行反映着一个时期社会和人们生活的状态，是值得记忆和珍藏的。

（二）网络情感与高效沟通

1. 网络情感概述

网络情感，简单地说就是以网络为媒介发展的情感，最常见的就是人们非常熟悉的“网恋”。在互联网聊天刚刚兴起的时候，人们发现在聊天室能够结识天南海北的人，全国各地的网吧里年轻人都在网上聊得火热，网恋也因此出现。网络大大地增加了两个距离遥远的人相识、相知、相爱的可能性，也为年轻人寻找更加适合自己的伴侣提供了更好、更便捷的途径。

网络情感的范围很广泛，“网恋”只是其中的一小部分。随着时代的发展、智能手机的普及，网络聊天已经成为大多数人沟通感情的工具。恋人、朋友、夫妻、父子、陌生人之间都更加倾向于通过网络来进行沟通。即使是每天在一起的夫妻，在遇到一些面对面难以表达的问题时，也可以通过网络聊天的形式来沟通进而解决问题，这些其实都属于网络情感。

2. 网络情感沟通的特点

网络聊天之所以为大众所接受和普遍应用，主要是因为其非实时性和非面对面两个特点。

第一，借助网络沟通，我们可以更加完整地组织语言，把自己想表达的意思编辑清楚再发送出去，对方接收到信息之后，可以思考之后再给予回复，没有了面对面交流的紧迫感，反而可以提升沟通效果。比如，夫妻吵架时，两个人如果都在气头上你一言我一语地吵起来，反而会忽视对方说了什么，而更加关注对方恶劣的态度，从而使争吵升级。所以，如果两个人静下来，试着通过网络聊天的形式，把语言组织好，把问题说清楚，也是一种解决问题的好方法。

第二，沟通双方无法面对面的时候，可以借助网络来完成沟通，从这个角度来讲，网络拉近了人与人之间的距离。在没有网络的时代，我们思念远方的亲人，只能通过书信或者长途电话的形式来表达。但是现在我们只需要一部智能手机，就可以和天南海北的亲人、朋友随时随地地沟通，甚至还可以视频通话，缩短心与心之间的距离。现在，网络沟通越来越多地被应用在各行各业，单位内部建立网上职工群，方便职工在群里沟通、通知各类事宜，大大提升了工作效率，也增强了职工之间的凝聚力。

网络聊天对于社会的发展和进步都有着至关重要的作用。但是，凡事都有其两面性，物极必反。现在越来越多的人开始依赖手机和电脑，过度依赖网络聊天，而忽视了面对面沟通的意义。很多人手机上聊得火热，真正见面了反而不知道说些什么。曾经网上有件很有意思的事情，是说一桌子人围坐在一起吃饭，大家互不说话，都在手机好友群里聊天，多么讽刺。从这个角度来讲，网络聊天在一定层面上弱化了人们面对面沟通的能力和意识，这也是个值得深思的问题。

3. 怎样提高网络沟通的效率

网络沟通效率

互联网作为开放的网络平台，人人都可以依托互联网开展网络上的沟通与交流。随着互联网技术的不断发展，互联网沟通逐渐成为人们沟通和交流的主要方式。网络沟通的优势有以下几点。

①效率高，可以通过聊天工具远距离沟通。

②可以有足够的时间分析语言及其含义，考虑问题全面。

③能与多方同时沟通。

④对于不善于言谈的人，网络沟通可以帮助他更好地表达自己的想法。

网络沟通也有不好的一面：一方面它可能会弱化人们语言沟通的能力，有的人在网上侃侃而谈，可是现实中可能并不擅长沟通；另一方面网络沟通可能会为一些不怀好意的人提供便捷，进而促使网络诈骗的产生。

网络聊天是有其独特的魅力的，可以促进人和人之间的感情沟通，但并不是所有的情形都适合网络聊天。想要借助网络聊天提升我们的沟通效率需要注意以下几点。

①要认清形势，分析当前状况是不是适合网络沟通。

我们每个人会处于各种各样的状况中，比如，当我们和亲人朋友聚会的时候，语言沟通才是促进感情的最好方式，如果在这个时候我们还在低头网上聊天，反而会使聚会变得尴尬进而失去意义。

②要根据对象，判断适合的沟通模式。

与经常接触的朋友、同事、领导进行沟通时，更倾向于直接的语言表达。领导大多喜欢反应快、语言表达能力强的员工，所以我们还是要选择以语言沟通为主、网络沟通为辅的方式。从这个角度上讲，口才在任何时候都是一项重要的能力。为了更好地表达自己，就要锻炼自己的语言表达能力，从而实现高效沟通。亲人、朋友或者伴侣之间，可以灵活选择沟通的形式，主要根据距离和场合来选择，比如男女之间表白的时候，为了避免面对面表白可能被拒绝的尴尬，也可以选择用网络聊天的形式来表白。

③要注意表达方式。

因为网络沟通过程中的两个人面对的都是屏幕，我们只有通过文字来判断对方的情绪，所以在编辑文字的时候，一定要清楚地表达，不要含糊不清。这样容易使对方误判自己的情绪状态，进而影响沟通效果。

④要选择时机。

我们要考虑聊天对象的时间是否合适，不应该在休息时间发消息打扰对方。这会让对方反感。当得知朋友的好消息，应该在第一时间送上祝福。这会让朋友的幸福感提升，升华友谊。

总而言之，网络是一种媒介，需要我们合理地利用，才能起到事半功倍的效果。

（三）网络舆情与行为自律

1. 互联网时代的舆论特点

舆论是特定时间和空间中，公众对公共事务或话题形成的意见和态度的集合。舆论是社会评价的一种，在一定程度上反映社会的心理。随着互联网的飞速发展，网络舆论在社会中和人们的生活中发挥着越来越重要的作用。人们在博客、微博、论坛参与热点话题的讨论，对社会报道发表评论，转发一些文章……这些行为都是参与到公众舆论的形式。

（1）意见领袖

互联网时代，舆论的形成过程与传统媒体时代有着很大的差异，最显著的不同在于：意见领袖的作用更加突出。总有一些意见领袖通过他们的传播扩散、解释加工、协调干预使自己的意见引起大量网民的注意。其实，意见领袖由来已久——1940 年，美国总统大选期间，学者已经发现“意见领袖”的存在，并影响着大选的结果。意见领袖体现了大众媒介与人际传播的结合，可以较为有力地提供新信息。

在传统媒体时代，意见领袖更多的是现实交际中的人，而在新媒体时代，公众有更多的话语权，但面对海量的信息，公众就需要寻找一个人帮助他筛选信息、研判事实，这就出现了意见领袖。

（2）新媒体时代网络舆论的特点

①互动性强。

新媒体的在线调查、网友评论、网友留言等功能，都可以让人们对新闻事件进行评论、互动与交流。而传统的电视、广播、报刊等媒介互动性不足，高高在上的姿态也使得大多数的草根阶层很少也很难触及。

②可观测性。

新媒体的舆论都是真实存在的，可以简单直接地进行观察，不像传统媒体需要通过社会调查等方式才能了解舆论的动向。但是，新媒体时代舆论的可观测性，也为一些居心叵测的人控制舆论提供了可能。现在有很多人从事的工作就是与控制舆论相关的，如利用水军扩大自己公司、产品等的知名度；利用互联网删帖的机制，控制负面言论的发布等。对于大众而言，舆论的可观测性是一把双刃剑。对于政府而言，舆论的可观测性有利于政府对舆论进行监测，同时也便利了政府对舆论的控制。政府做好舆论监控，有利于促进社会和谐，促进科学发展，维护长治久安。政府部门利用舆情监测系统对网络言论进行监控。当舆情事件出现时，监测系统及时预警，通知相关人员介入，关注事态起因和发展，以便及时应对和解决。

③互联网作为公共讨论空间，赋予了公众平等的话语权。

网络环境的匿名性，打破了传统传播过程中的群体压力，受众可以不用担心因与大多数人意见不同而被孤立的情况发生，这使得更多的人愿意通过互联网来对某一事件、现象或人物发表自己真实的看法，但是，过度沉溺于这种环境中不能自拔，会对受众的自身发展甚至对社会产生一定的消极影响。

(3)网络舆论存在的问题

①缺少批判理性。

无论在论坛还是在微博，我们不难看到一些短小精妙的评论，但是他们仅仅表达了自己对事件的态度，往往忽略了摆证据、事实的说理过程。有时候，甚至是一些缺乏经验基础和逻辑上站不住脚的帖子反倒被广泛拥护。为此，我们要学会发掘新闻舆论中现象与本质的关系，把合理的批判性以及实事求是的态度融入这个过程中来。

为什么我们会缺少批判理性呢？从制度解释，制度未能提供一个充分的信息环境；从技术方面解释，互联网并不适合承载太多的说理，如微博有140字数的限制，从这方面看，无论在篇幅上还是论点展示上，互联网都更适合浅度阅读和碎片化的表达。

②商议质量不高。

在微博的热点事件中，很容易发现网友对话题的评论是一种不商议、自说自话的状态，甚至可能发展为一场微博的骂战，其中充斥着语言暴力、人格攻击，缺乏对他人的尊重。

③意见极端化。

互联网更容易使有相同观点的人聚集在一起，使得观点更加极端。网民更容易只选择与强化自己的观点或具有相同意识形态的人进行互动，最终导致群体内部的态度走向极端化。

2.“网络语言暴力”伤害不容小觑

《人民日报》微博曾发布过的一段名为《一段测试告诉你，语言的杀伤力到底有多可怕》的视频，引发了社会的广泛关注。视频中20名路人模仿网络暴力者通过手机对3名形象鲜明的嘉宾进行点评，结果“暴力狂”“头脑简单”“装可爱”等一系列谩骂的评语不断。当网络暴力走进现实时，3位嘉宾愤然离席。在测试视频里，嘉宾看完网友的评价后说：“当语言暴力没有发生在你身上的时候，你觉得没什么，自己切身体会之后，其实要花很多时间去慢慢消化，肆意的评论有可能会对别人造成无法挽回的伤害。”

许多网友都感受到了网络语言暴力的杀伤力。有网友说：“你只是动了动嘴皮子，就能往他人心上扎上一刀，你满脸的毫不在乎背后是他人心头滴下的血。”网络较强的开放性和相对的隐匿性，使得一部分网友一言不合就开骂，他们可能只会感受到发泄情绪带来的快感，却不曾想网络语言暴力可能会影响到他人的正常生活和心理健康。

网络语言暴力的产生有时出于个人原因，如个人的愤怒心情，或偏见、故意、发泄等。很多人喜欢把自己定位为“道德判官”，在不一定切合实际的情况下，他们带着情绪，针对一些人或事，在网上发表意见。这些意见可能让当事人感受到无形的压力、监视力、监控力，让人彷徨不安、焦虑、抑郁，甚至产生轻生的想法。网络语言暴力还可能对人造成生理上的影响：使人吃不下、睡不好，摧残自信心，引发高血压、高血糖，持续时间长了，可能引发精神疾病等。

(1)与“网络语言暴力”相关的法律

在网上发表不当言论或需承担法律责任。在网络上发表不当言论可能侵犯他人的隐私权、名誉权，情节严重的，甚至涉嫌侵犯公民个人信息罪、侮辱罪和诽谤罪。

网民日常发表言论不得使用侮辱他人的词汇或者捏造事实诽谤他人，否则侵犯他人的名誉权。根据《刑法》第二百四十六条的规定：“以暴力或者其他方法公然侮辱他人或者捏造事实诽谤他人，情节严重的，处三年以下有期徒刑、拘役、管制或者剥夺政治权利”。

此外，在网络上发表言论不得提供、公开他人个人信息。2017 年 10 月 1 日起实施的《民法总则》第一百一十一条规定：“自然人的个人信息受法律保护。任何组织和个人需要获取他人个人信息的，应当依法取得并确保信息安全，不得非法收集、使用、加工、传输他人个人信息，不得非法买卖、提供或者公开他人个人信息。”“人肉搜索”就是典型的侵犯他人隐私权的行为，将从他人处获取的公民个人信息发表在网络上，也侵犯了他人的隐私权。

在网络沟通过程中不得随意转发未经核实的、涉及他人个人隐私、侮辱诽谤他人的言论。《最高人民法院关于审理利用信息网络侵害人身权益民事纠纷案件适用法律若干问题的规定》第十五条规定：“雇佣、组织、教唆或者帮助他人发布、转发网络信息侵害他人人身权益，被侵权人请求行为人承担连带责任的，人民法院应予以支持。”该规定第十条还规定了依据转载主体所承担的与其性质、影响范围相适应的注意义务认定过错及其程度。因此，在网络上随手转发他人信息，若该信息涉嫌侵犯他人权利，转发者也将可能承担连带责任。

（2）面对网络语言暴力的处理方式

从心理层面来说，该如何看待、处理网络语言暴力呢？

①要弄清楚网络语言是否针对自己，因为有些语言可能是泛化的，如果与自己无关则不必在意。

②分析这些语言背后的目的性、是否有事实根据。

③评估对自己的影响，跟亲朋好友商量如何解决，把伤害降到最低点。

④避免对号入座，盲目对骂、跟风。

⑤事后检讨自己，在工作、生活中有无他人谈及的问题，进行反思，努力做好。

⑥如果不幸遭受网络语言暴力，并出现应激反应时，要尽快到专业医院寻求治疗。

从法律角度来说，遭受网络语言暴力的情况时，应当首先将他人的不当言论保存下来（可截图等），必要时可对他人发表的不当言论证据做公证，增强证据的公信力。及时联系侵权人及网络服务平台，要求删除侵权言论，停止侵权行为，避免扩大影响，必要时，向法院提起诉讼，利用司法制度维护自身权益。

3. 如何在网络世界中明辨是非、坚守底线

随着网络的不断普及，人们已经习惯从网络获取大量信息，网络为不同利益群体表达诉求提供了开放的平台，为公民有序参与社会公共事务提供了便捷的接口，也成为监督政府行为和领导干部的新渠道。人们可以随时随地通过网络求新求知、交流思想，在网络论坛、博客、微博等平台自由发声。但随时随地，绝不意味着可以随心所欲；自由发声，也不意味着可以编造谣言，甚至泄私愤、诋毁他人形象。

但是，网络中总有一些别有用心的人，利用网络的便利散布谣言，误导大众，而这些别有用心的人，很大一部分都是为了制造噱头，诋毁一些处于对立面的人或者企业。尤其对于一些企业之间的竞争，不良的信息可能会带来击垮性的效果。有些纯属是为了博取点击率而编造谎言，不久被别人看出端倪，众人这才大呼上当，人们在面对自己经历过的事时更加趋向于用主观进行判断。他们的行为不仅对企业造成了难以估计的损失，也大大地伤害了网络的信誉度。很多消费者在看到食品的负面报道时，已经开始习惯相信和愤怒，而失去了理性分析。例如，曾经在微博上热传的“注射西瓜”，造谣者将图片上西瓜剖面的经络称为注射痕迹，一时间网络上质疑四起，消费者对谣传中的西瓜种植及售卖的信任度一下子降到冰点。因此，消费者要擦亮双眼来明辨是非。

在网络世界中，要正确认识好奇心和从众心理，发展独立思考和自我控制的能力，学会在比较复杂的社会生活中做出正确选择，做到明辨是非。那么，如何明辨是非呢？第一，要全面理解是非善恶的标准，具有明确的价值观；第二，对来自各方面的社会信息，我们要在头脑中运用良知的标尺加以判别；第三，对大众的言行我们要分清是非，不能无原则地一概相信；第四，要坚持自己的正确意见，即使做错了事情，自己也要承担应该承担的责任；第五，要自觉遵守制度、规则和程序。

身为网民，我们要对自己的言论负责，做有道德、有责任、有担当的网络公民，共同创造和维护和谐文明的网络社会。理性、负责任的网络发声，自然会赢得网友们的支持。但如果是为了个人私利、不理智地胡乱编造谣言，不仅污染网络环境，而且败坏社会风气，扰乱社会秩序，这样的行为必定会受到社会公众的谴责。

国家层面也一直非常重视网络文化的建设。当前，国家正积极加强和创新网络社会管理，网络监管部门要组织力量，综合运用技术防范、行政监管和法律等手段，

全面加强网络监管，依法惩处传播有害信息的行为，营造良好的网络文化。各地、各单位也要组织开展系列普法宣传教育活动，补上网络法规教育这一课，提高公民的法制意识，引导公民正确利用网络资源，理性表达诉求；同时，密切关注单位人员的思想动态，建立健全本单位舆情分析研判机制，善于排查矛盾，认真研究，着力化解纠纷、解决问题，维护健康的网络环境。

（四）网络陷阱与理性思维

“网络陷阱”套路深

1.“网络陷阱”套路之深，令你防不胜防

网络已经深入千家万户，成为许多人生活中必不可少的一部分。网络为我们的工作和生活提供了方便和快捷，但网络骗子也逐日增多，并且更加疯狂，各种骗术接踵而来，网络陷阱此起彼伏。这里让我们了解一下网络陷阱到底有哪些，并且总结一些网络陷阱防范小贴士。

(1)网络陷阱的主要类型

①网络钓鱼。

网络钓鱼是指不法分子通过大量发送声称来自银行或其他知名机构的欺骗性垃圾邮件或短信、即时通信信息等，引诱收信人提供敏感信息(如用户名、口令、账号ID或信用卡详细信息)，然后利用这些信息假冒受害者进行欺诈性金融交易，从而获得经济利益。

②木马病毒。

特洛伊木马是一种基于远程控制的黑客工具。它通常会伪装成程序包、压缩文件、图片、视频等形式，通过网页、邮件等渠道引诱用户下载安装。如果用户打开了此类木马程序，用户的电脑或手机等电子设备便会被编写木马程序的不法分子控制，从而造成信息文件被修改或窃取、电子账户资金被盗用等危害。

③社交陷阱。

社交陷阱是指有些不法分子利用社会工程学手段获取持卡人个人信息，并通过一些重要信息盗用持卡人账户资金的网络诈骗方式，如以信用卡中心名义打来的“提升信用卡额度”等诈骗电话。

④伪基站。

伪基站一般由主机和笔记本电脑组成，不法分子通过伪基站能搜取设备周围一

定范围内的手机卡信息，并通过伪装成运营商基站，冒充任意的手机号码强行向用户发送诈骗、广告推销等短信。

⑤信息泄露。

目前某些中小网站的安全防护能力较弱，容易遭到黑客攻击，不少注册用户的用户名和密码便因此泄露。如果用户的支付账户设置了相同用户名和密码，则极容易发生盗用。

（2）网络陷阱防范小贴士

①不要轻信陌生信息。

手机银行不存在过期问题，也不会要求客户登陆手机银行网站办理升级等事项，请不要相信此类短信，更不要登录假冒网站。如有疑问，请停止操作。

②谨防钓鱼网站欺骗。

不轻信低价网购，不在对方通过QQ以低价、退款手续费、验证等理由发送的付款页面上进行交易，不接受电脑远程控制；网购支付前务必仔细核对账单号和支付金额；为手机安装杀毒软件，并定期升级。

③妥善保管个人信息。

开通短信口令时，务必确认接收短信的手机号为本人手机号码，不要轻易透露个人信息，如姓名、银行卡号、身份证号、手机号、短信验证码等。

④当心木马病毒。

不要轻易点开未知来源的文件、图片、视频等，下载软件包时到正规应用商城下载。

⑤二维码别乱扫。

不要轻信陌生人发来的二维码信息，如果扫描二维码后打开的网站要求安装新应用程序，则需谨慎，不要轻易安装。

(3)掉进网络陷阱的处理措施

如果真的不小心掉入了网络陷阱，财产受到了损失，一定要冷静！一旦发现被骗，要在第一时间联系银行、支付机构，采取相应应急措施(修改密码、转出剩余资金、冻结账户等)，同时向当地警方报警，尽可能将损失降到最小，防止更多的人被骗。

2. 面对网络诈骗，如何做到理性思维

网络诈骗新陷阱

(1)网络诈骗概述

网络诈骗，是以非法占有为目的，利用互联网采用歪曲事实或者隐瞒事实真相的方法，骗取数额较大的公私财物的行为。网络的虚拟性打破了传统犯罪中犯罪人与被害人面对面的互动关系，网络使用的人际关系系统和社会认知都不同于现实生活。最突出的特点是犯罪过程中犯罪人与被害人的互动关系。在这个互动中，被害方对诈骗事件的认知评价，是整个诈骗过程的关键点。

一般情况下，一个完整的犯罪由犯罪主体、犯罪对象、犯罪行为、犯罪结果、犯罪时间等要素组成。网络诈骗以计算机网络为媒介和工具，其发生空间具有虚拟性特征。这就决定了其在犯罪主体、犯罪对象、犯罪行为、犯罪结果、犯罪时间等方面均呈现出独有的特征。

网络诈骗从根本上讲属于犯罪的一种网络异化形式。从刑法角度讲，诈骗罪的构成要素主要为行为人的欺诈行为导致被害人产生认知错误、被害人基于错误认识导致财产损失。从心理历程角度讲，就是被害人产生的认知引起相应情绪体验，导致相应行为意志的过程。被害人最初形成的错误认知用认知评价理论来讲，就是指被害人对于经历的初评价。

拉扎勒斯曾提出认知评价理论。他认为，认知活动指导情绪活动，使人们可以对环境中刺激事件的意义有所了解，来选择适当的、有价值的一系列相应的动作组合。因此人们需要不断地评价刺激事件与自身的关系，主要有三个层次的评价：初评价、次评价和再评价。初评价是指人确认刺激事件与自己是否有利害关系，以及这种关系的程度。人们在处于清醒状态时这种评价随时随地都会发生，这是人的生存的一个重要方面。次评价是指人对自己反应行为的调节和控制，主要指人们能否控制刺激事件以及控制的程度。人们对刺激事件做出行为反应会根据主观条件和客观社会规范来考虑行为的后果，选择有效的措施和方法。再评价是指人对自己的情绪和行为反应的有效性和适宜性的评价，是一种反馈行为。如果再评价结果表明行为是无效的或不适宜的，人们就会调整自己的次评价甚至初评价，同时相应地调整自己的情绪和反应行为。认知评价一方面决定了情绪体验的强烈程度，另一方面还决定了会不会产生情绪以及产生何种性质的情绪体验。被害人对犯罪行为的

初评价，决定其是否按照犯罪人的意愿产生错误认知。若不产生错误认知，也就不会导致最终的被害。倘若产生错误认知，就会进入下一个阶段，产生相应的情绪反应。

初评价决定着被害人是否产生错误认知，次评价与再评价决定着被害人是否会在诈骗行为过程中产生怀疑。在真实案件中，犯罪分子为了消除被害人的怀疑，达到让受害者信任自己、放松警惕的目的，常常会处心积虑地再制造一个信任链或者是信任网，来迷惑被害人的次评价和再评价，导致被害人的行为意志越发强烈，最终上当受骗。

从案件类型的角度来讲，以短期连贯作案手法为主的案件类型，包括网络盗号诈骗、网络中奖消息诈骗、网购购物等形式。被害人主要处于短期应激模式中，且刺激事件较为强烈。受害人主要集中于中老年女性和社会化水平相对较低、侥幸心理较强的人群。这一部分人群的情绪控制力较弱，若预先没有对相关事件进行了解，会迅速产生错误认知，情绪易感性极强，产生时间紧迫的压迫感，急于尽快处理犯罪分子制造的危机事件。

从被害人的角度来讲，女性在有关情感卷入的类型案件和短期危机事件类型的案件中容易受骗，如网络婚恋交友诈骗和网络购物诈骗。由于其社会角色特征，女性的社会化水平普遍低于男性，思维模式更偏向感性，易于情感带入，且带入程度较深。男性的情绪控制能力较强，思维模式更加理性和多元化，对于应激事件的处理会更加冷静。尤其是社会化水平较高的中老年男性，遭受网络诈骗后上当受骗的概率是最低的。

（2）网络诈骗防范措施

针对网络使用过程中有可能遇到的一些具体情况，提供以下八点防范措施供大家学习和参考。

①通过网络通信工具与亲朋好友联系时，对方若提出关于钱物的需求时，务必要通过电话或其他方式与当事人进行核实。有时候对方的需求可能不直接指向钱财，而是通过索取账号、密码、身份证号、手机号码等方式，此时无论对方如何表明身份，千万不可轻信大意。将通信工具中的好友修改为自己能够辨认的备注名称。不随便添加陌生人为好友，不随便打开陌生人发来的网址链接和邮件。

②在网络上与陌生人交友时，要保持正确的心态，避免光环效应的影响。

③若以找结婚对象为目的，要尽可能将网络上的虚拟恋情现实化，考察对方的真实身份和生活环境。将虚拟身份现实化恰恰是对感情和婚姻最真诚的表现。倘若对方犹豫不决或找各种理由推脱，则要慎重考虑，及时抽身。在虚拟交往现实化之前，切不可做任何自我牺牲。

④在进行网络购物时，要使用正规网站的链接，对商品进行支付时要使用正规的网络支付方式，不要点开陌生人提供的网址链接。接到自称为客服的电话时，倘若对方要求你提供任何私人信息或进行财产处理，都不要盲目听从，一定要先打官方网站提供的客服电话进行核实。

⑤通过网络进行商业活动时，要仔细考察对方身份和公司资质的真实性，不可轻信由对方提供的电话号码和网址链接。切记君子爱财取之有道，大诱惑往往也是大陷阱。违规违纪的事，即使收益再高都不要轻易碰触。

⑥购买基金、股票、黄金等理财时，要通过正规金融企业办理手续。不要贪图某些网站声称的高收益、低风险，不要被骗子一次两次的甜头迷惑，也不要抱有还能回本的侥幸心理。倘若已经尝试的，要立刻抽身，避免更大损失。

⑦不要利用网络查阅违禁网站，如色情网站、迷信网站等。违禁网站极有可能存在不正当收益行为，尤其利于网络诈骗行为的实施。

⑧平时可多了解网络诈骗案件的犯罪手法。例如，淘宝用户，不论买家还是卖家都尽量多地浏览淘宝论坛中对于用户的提示帖，里面时常会有淘宝客服或用户发布的各类全新手法提示。可以通过微博关注公安提示信息，或通过新闻报道进行了解。除此之外，还可以登录网络犯罪举报网站、法律案例网等相关专业网站进行查阅。

三、 实践训练

（一）案例分析

案例 1

网络沟通带来的好处

小桓同学学习好，动手能力强，但性格怯懦，不善言辞，不敢在生人面前发表自己的意见。他很苦恼，总想改变这一点，爷爷鼓励他利用网络技术为班级建一个主页，在不需要面对面的虚拟社区里锻炼自己的人际沟通能力和管理能力。由于技术好，设计的页面精美漂亮，讨论的话题贴近同学生活，他很快成为同学们喜爱的版主。网上交往的成功带动了网下的交流。渐渐地，小桓课堂发言的声音响亮了，课间常和同学聚在一起交流。他由衷地感到，是网络给人际交往提供了新的平台，帮他克服了现实交往中的弱点。

思考：小桓利用网络克服了现实交往中的什么弱点？在现实交往中，我们还有哪些问题可以借助网络的帮助得以解决？

分析：

小桓利用网络克服了现实交往中的“性格怯懦，不善言辞”的弱点。在现实交往中，我们还有许多问题可以借助网络的帮助得以解决。例如，好朋友之间闹矛盾，都不好意思向对方道歉时，可通过QQ、微信、短信等形式留言表达自己的想法。你觉得面对面交谈说不出口的事情，都可以先通过网络来交往。网络交往可成为现实交往的前奏和缓冲地带，可节省时间，避免尴尬。

案例2

网络交往需谨慎

小波非常聪明，对一切新鲜事物都充满好奇，是网络游戏的高段位选手。他无心学习，每天满脑子装的都是游戏。他不屑与周围同学发展友谊，觉得他们太幼稚，在网上结交了很多对游戏感兴趣的朋友。有一天，玩完游戏，一同上网的网友向他发出邀请，一起去抢钱用于上网。小波答应了，几天后，小波和他的网络朋友因合伙抢劫被抓进了派出所。

思考：网友的邀请可能给我们带来危险，我们应该怎样理智地面对？过分沉迷于网络，会给我们的生活带来哪些负面影响？

分析：

要做出判断，他们邀请你要做的事情是否违法违纪、违背自己的原则与意愿。对于违法违纪、违背自己原则的事情，一定要果断拒绝。

网络游戏能满足人们在现实生活中无法拥有的成功感，加之很多网络游戏充满暴力，让玩家容易冲动同时产生攻击心理、报复心理、好胜心理。沉迷于网络还可能使人在现实生活中变得没有爱心、对生活没有目标、冷漠自私、缺乏责任感。网络游戏可以玩，不过，我们要有节制地玩，时间一到，立即下线，不要有丝毫留恋，只有这样我们才能做网络的主人。

案例3

警惕“航班延误赔偿”诈骗

王先生收到一条某航空公司发来的航班改签退票短信，承诺免费办理改签退票业务且补偿人民币300元。王先生拨通电话与之取得联系，对方要求提供银行卡号及收到的短信验证码，王先生操作完毕后发现其银行卡内的4999元钱被转走。

思考：王先生被骗的原因是什么？以后遇到类似的诈骗电话应该怎么处理？

分析：

随着外出游玩的市民增多，购买飞机票发生改签或退款的情况也随之增多，诈骗分子通过非法渠道掌握事主出行信息，通过发送短信等方式告知事主航班改签，取得事主信任后，再诱骗事主转账，骗取钱财。王先生就是由于自己疏忽大意，防范意识较低，轻信对方短信内容，也没有同官方客服咨询改退签的情况，最后导致被骗。

处理方法：

1. 接到此类短信或电话后，可拨打官方客服电话，咨询航班是否有变化，不要与短信中留的联系方式进行沟通。

2. 凡是涉及验证码、网银密码、转账等相关信息不要告诉对方，此情况一律为电信网络诈骗。

（二）训练项目

请完成下列情境讨论题。

情境一：小王最近发现同学总是在他背后指指点点，一天小王的好朋友告诉他有人在微信朋友圈传他的流言，小王要如何解决？

情境二：小李某天收到一个陌生电话，对方称自己是某公安局的，小李因为涉嫌某个刑事案件需要接受进一步调查，小李该如何对待此事？

情境三：小东突然收到好友小王的微信，说自己需要交英语四级考试费，但是最近没有钱了，向小东借 500 元，小东该如何处理此事？

后　记

本书是面向高等职业院校开发的公共素质课教材，旨在培养学生的人际沟通能力。教材的编写以通识教育为目标，体现科学性、新颖性与创新性，在保证知识体系相对完整的基础上，采用任务驱动式设计，融合案例教学，突出情景式学习，将理论知识的学习与任务完成有机结合。教材内容设置“想一想”“连线职场”“互动空间”“拓展阅读”等栏目，强化所学知识与技能，增强教材的可读性。同时，各章节任务均配有媒体资源，引导学习者“身临其境”地学习与思考，在交互体验与感悟中学习与成长。

本教材由陈志平教授主持编写，莫淑坤教授参与了本书的框架设计与内容编排以及审阅、统稿工作；金文超和赵春燕老师参与了书稿的审定工作；王继磊老师带领的团队为系列微课的制作、编辑等提供技术支持。

全书由绪论、认识本原、人际沟通、家庭沟通、学校沟通、职场沟通、商务沟通、网络沟通八个部分构成。各部分执笔人具体分工如下表。

各项目分工一览表

部分	编写内容	执笔人
绪论	一、本教材概述 二、人际关系与人际沟通 三、人际沟通与人的发展	金文超 莫淑坤
项目一 认识本原	一、知识储备与拓展 (一)人际关系 (二)人际沟通 1. 人际沟通的本原 2. 人际沟通面面观 3. 公共文化视野下的人际沟通	金文超 陈志平

续表

部分	编写内容	执笔人
项目一 认识本原	一、知识储备与拓展 (二)人际沟通 2. 人际沟通面面观 (1)人际沟通的历史变迁 (2)人际沟通的文化传承 (3)跨文化沟通	赵春燕
	二、情绪和情感与思维在沟通中的体现及影响	杨　慧
	三、实践训练	
项目二 人际沟通	一、知识储备与拓展 (一)人际沟通的基本原则 (二)人际沟通中的社交礼仪 (三)人际沟通的策略与技巧	李阳阳
	二、人际沟通中的心理因素 三、实践训练	杨　慧
项目三 家庭沟通	一、知识储备与拓展 (一)家庭成员间的沟通 (四)与子女的沟通	王　慧
	一、知识储备与拓展 (二)与父母的沟通 (三)与伴侣的沟通 二、情感与思维	刘　婷
	三、实践训练	王　慧 刘　婷
项目四 学校沟通	一、知识储备与拓展	刘　婷
	二、情感与思维	杨晶晶
	三、实践训练	刘　婷
项目五 职场沟通	一、知识储备与拓展	林海华
	二、情感与思维	王　媛
	三、实践训练	林海华

续表

部分	编写内容	执笔人
项目六 商务沟通	一、知识储备与拓展	谭宏旭 林海华
	二、情感与思维	张雨馨 王　媛
	三、实践训练	谭宏旭
项目七 网络沟通	一、知识储备与拓展	李子钰
	二、情感与思维	朱晓琳 尹　飞
	三、实践训练	尹　飞

参与本书配套微课制作的人员有：马赫、尹飞、王媛、王慧、田蕴、朱晓琳、刘婷、张力、李子钰、李阳阳、张雨鑫、杨晶晶、杨慧、其木格、金文超、林海华、金铭、赵春燕、宣磊、敖凤博、谭宏旭。

值本书出版之际，谨向各位编写者和微课制作者的辛勤付出表示衷心的感谢！本教材的编审、出版也得到了北京师范大学出版社、国家开放大学数字化学习资源中心、内蒙古广播电视大学的大力支持，在此一并表示感谢！

编写组

2021 年 1 月